KB041376

쇼펜하우어의 『의지와 표상으로서의 세계』 입문

쇼펜하우어의 『의지와 표상으로서의 세계』 입문

로버트 L. 윅스 지음 | 김효섭 옮김

서광사

이 책은 Robert L. Wicks의 *Schopenhauer's 'The World as Will and Representation'* (Bloomsbury Publishing Plc., 2011)을 완역한 것이다.

쇼펜하우어의 『의지와 표상으로서의 세계』 입문

로버트 L. 윅스 지음
김효섭 옮김

펴낸이 | 이숙
펴낸곳 | 도서출판 서광사
출판등록일 | 1977. 6. 30.
출판등록번호 | 제 406-2006-000010호

(10881) 경기도 파주시 회동길 77-12 (문발동)
Tel: (031) 955-4331 | Fax: (031) 955-4336
E-mail: phil6161@chol.com
http://www.seokwangsa.co.kr | http://www.seokwangsa.kr

제1판 제1쇄 펴낸날 · 2014년 11월 20일
제1판 제2쇄 펴낸날 · 2023년 2월 10일

ISBN 978-89-306-1408-5 93160

어떤 고통도 더 이상 그의 밖에 있지 않다.(§68)

옮긴이의 말

이 책은 로버트 L. 윅스(Robert L. Wicks)의 『쇼펜하우어의 「의지와 표상으로서의 세계」 입문』(*Schopenhauer's The World as Will and Representation*)을 완역(完譯)한 것이다. 주지하듯이, 『의지와 표상으로서의 세계』는 19세기 서양 철학을 대표하는 주요 철학자 중 한 사람으로 손꼽히는 쇼펜하우어의 주저이며 역작이다. 이 책에서 쇼펜하우어는 인간의 삶과 세계에 대한 그의 심오하고도 날카로운 철학적 통찰을 제시하는데, 바로 이런 이유에서 이 책이 아직까지도 많은 이들이 주목하는, 서양 철학사의 걸작들 중 하나로 자리매김하고 있는 것이다.

그럼에도, 이 책은 방대하고 난해한 내용을 담고 있기 때문에 철학에 대한 어느 정도의 소양을 갖춘 독자들도 이 책을 정독해나가는 것이 결코 쉽지 않다. 본 입문서에서 로버트 L. 윅스는 꼼꼼하고 정확한 원저 독해를 바탕으로, 원저의 내용을 최대한 평이하면서도 명료하게 해설하고자 노력한다. 원저의 내용에 대한 친절한 해설에 덧붙여, 윅스는 그 책이 탄생한 배경과 그것이 서구 문화 전반에 미친 간과할 수 없는 영향에 대해서도 유의미한 정보를 제공한다. 쇼펜하우어의 사상에 심도 있게 접근하고자 하는 독자들에게 이 입문서는 적잖은 도움을 줄 수 있을 것이다.

역자는 이 책을 번역하면서 많은 경우, 특히 문장이 너무 길어 직역 시 의미파악이 곤란해질 수 있는 부분에서 의역을 시도하였다. 당연히 그래야겠지만, 의역을 하는 과정에서 역자는 우리말 표현이 어색하지 않고 매끄러우면서도 원저가 의미하는 바에 충실하고자 나름 많이 애썼다. 오랜 시간 이렇게 공을 들여 번역을 했음에도 역자의 능력 부족으로 오역이 있을 가능성을 배제할 수 없는데, 만약 번역 상의 문제를 발견하게 될 독자가 있다면 기탄없이 역자에게 지적해 주었으면 한다.

끝으로, 이 책을 출판해 주신 서광사에 깊이 감사드린다. 특히 여러 모로 부족한 역자에게 이 책의 번역을 제안해 주시고, 원래의 계획보다 작업이 훨씬 지체되었음에도 인내하며 기다려 주신 이숙 부사장님과, 철저하게 원고를 검토하면서 수많은 오류들을 바로잡아 주신 편집부의 한소영 선생님께 이 자리를 빌어 감사의 말씀을 전한다.

2014년 10월

울산대학교 14-207 연구실에서

김효섭

차례

감사의 말

나는 그간 쇼펜하우어 철학에 관한 나의 강의들을 수강했던 오클랜드 대학교(University of Auckland)의 학생들에게 이 책을 바친다. 이들보다 더 성숙하게 주의 깊고, 호기심에 차 있으며, 사려 깊은 학생들은 상상하기 어렵다. 나는 이렇게 좋은 사람들과 쇼펜하우어의 생각에 관해 소통할 수 있는 그토록 많은 기회들을 가져 온 것에 대해 나의 행운과 감사를 표하고 싶다. 그 학생들 중에는 엘라 버튼(Ella Burton), 유리 캐드(Yuri Cath), 크리스 채트랜드(Chris Chetland), 나비 초우(Navi Chou), 스테파니 콜린스(Stephanie Collins), 샘 개빈(Sam Gavin), 라자세카 고빈다메논(Rajasekhar Govindamenon), 아네스 김(Aness Kim), 신 킨슬러(Sean Kinsler), 에이시아 마히나(Aisea Mahina), 스콧 맥브라이드(Scott McBride), 토마스 맥과이어(Thomas McGuire), 소피 밀른(Sophie Milne), 해리슨 미첼(Harrison Mitchell), 에밋 파커(Emmet Parker), 저스틴 필브로우(Justyn Pilbrow), 조단 레이네(Jordan Reyne), 제프 로슈(Geoff Roche), 젠 센(Chen Shen), 스티브 센(Steve Shen), 호헤파 데 푸루(Hohepa te Puru)/조셉 J. W. 스튜어트(Joseph J. W. Stewart), 릴린드 타이리(Rilind Tairi), 데이비드 티더리지(David Titheridge), 샤프란 탐스(Saffron Toms), 앤드류 트리그(Andrew Trigg), 크레이그 왓탐(Craig Wattam), 뮬레스 웹스터(Myles Webster), 다니엘 윌슨(Daniel Wilson), 브리그넬 우드(Brignall Wood), 아나타샤 밴스(Anatasha Vance), 그리고 벤자민 영(Ben-jamin Young)이 있다.

또한 나는 이 책을 나의 은사님들 중 한 분께 헌정하고 싶다. 그는 내게 쇼펜하우어가 아닌 생명을 가르쳐 주신 스승님이시고, 그렇게도 큰 감화를 주며 가르쳐 주셨던 생물학적 의미에서의 생명뿐만 아니라, 삶을 살 만한 가치 있게 만드는 것으로서의 의미에서도 생명의 스승님이 셨다. 이 책을 다미앵-듀튼 한센병 구호 협회(Damien-Dutton Society for Leprosy Aid)의 설립자이신 하워드 E. 크로우치(Howard E. Crouch)(1919-2007) 선생님께 바친다.

하와이의 몰로카이(Molokai) 섬 한센병 환자 마을에 사셨고 거기서 돌아가신 다미앵(Damien) 신부님(1840-89)은 헌신과 연민의 본보기 셨다. 여기에서, 쇼펜하우어의 도덕 철학의 맥락에서, 그 헌신과 연민의 덕을 기리는 것은 적절하다.

마지막으로, 나는 지난 30년 간 나의 친구이자 스승이었던 이반 솔(Ivan Soll)에게 감사를 전하고 싶다. 그는 나뿐만 아니라 많은 다른 사람들이, 쇼펜하우어를 철학적으로 살아 있고 영향력 있는 사람으로 만드는 데 학문적 에너지를 쏟도록 큰 영감을 주었다.

뉴질랜드 오클랜드에서
2010년 7월 4일

1
장
전후맥락

아르투르 쇼펜하우어(Arthur Schopenhauer)(1788-1860)는 그의 주
저인 『의지와 표상으로서의 세계』(*The World as Will and Representa-
tion*)를 1818년, 그의 나의 30세에 출간하였다. 이 책을 출판할 때, 그
는 그 자신이 서양 철학사에서 가장 위대한 인물들로 꼽히는 플라톤과
칸트의 철학 사상을 이전에는 성취되지 못한 일관성의 수준으로 발전
시켰다고 확신했다. 그래서 쇼펜하우어 저작의 독자들은 그를 "플라톤
주의자" 혹은 "칸트주의자"로 부르고 싶어 할 수도 있을 것이다. 비록
어떤 사람들은 실제로 그를 이런 식으로 바라보고 있지만 이는 그의 철
학적 관점의 기본 방향을 잘못 나타내는 것이다. 왜냐하면 쇼펜하우어
가 플라톤과 칸트의 철학적 관점에 도입하는 혁신은 너무도 급진적이
어서, 이 두 선배 철학자들은 그가 결론적으로 제시하는 세계관이 그들
자신의, 훨씬 덜 참회(懺悔)적인(repentance-oriented) 관점들과 근본
적으로 다르다고 보았을 것으로 생각되기 때문이다. 플라톤은 만물이
영원한 개념적 형상들의 체계에 이성적으로 의존하며, 그것들 중 최상
의 것이 선(善)의 형상이라고 믿었다. 이러한 형상들은 완전한 원, 삼
각형, 구형, 용기, 신앙심, 아름다움 등과 같은 이상적 유형들(ideal
types)인데, 모두 우리의 일상적 세계에 영향을 미치는 패턴들로서 서
있다고 간주되고, 그것에 견주어 세계의 가변적 대상들과 사건들이 가
늠된다. 칸트는 세계의 기반에 대해 비교적 우호적인 관점을 가지고,

자연적인 장면들의 배후에 있는 영원하며 자비로운 최고의 지성을 도덕적인 확실성으로서 요청한다.

전혀 낙관주의적이지 않게도, 쇼펜하우어는 우주의 핵심이 맹목적이고, 무시간적이며, 무의미한 충동일 뿐이라고 주장한다. 우리가 그 배후에 오직 힘 밖에 없는, "강력하고 자연적"(raw)이거나 "순전한" 의지력에 대해 말할 때 그런 것처럼, 이 실재(reality)를 기술하는 데 있어 그가 내놓을 수 있는 가장 적합한 단어는 "의지"(Will)이다. 우리가 불만족스럽고 "더 많은 어떤 것"에 대해 (그 "어떤 것"이 무엇인지도 모른 채) 굶주려 있다고 느낄 때 그러하듯, 쇼펜하우어가 의지를 하나의 "결여"라고 묘사하는 것도 중요하다. 인간의 정서로부터 비유를 끌어들이자면, 공허한 좌절과 불특정한 갈망의 느낌들이 쇼펜하우어의 세계관에 적합한 모형이다. 하지만, 모든 것을 추동하는 것은 그 자체로서 더욱 가혹하다: 의지는 무의식적이고, 무자비하고, 도덕과 무관(amoral)하고, 무지하며, 근본적으로 목적이 없다. 물질적으로 유복한 환경에서 출생했으며, 금전, 교육, 문화, 여행 경험, 혹은 직업적 기회의 부족으로 고통스러워 해 본 적이 없는 쇼펜하우어와 같은 사람들에게 있어, 이는 의외로 차가운 형이상학이다. 그의 부친인 하인리히 쇼펜하우어(Heinrich Floris Schopenhauer)는, 쇼펜하우어가 열일곱 번째 생일을 맞은 후 채 두 달도 지나지 않았던 1805년 4월에 사망하기 전까지, 줄곧 단치히(Danzig)와 함부르크 항에 기반을 둔 부유한 상인인 동시에 선주(船主)였다. 하인리히 쇼펜하우어는 그의 아들을 국제무역과 관련한 직업을 갖게끔 잘 준비시켰다. 쇼펜하우어의 어머니인 요하나 쇼펜하우어(Johanna Trosiener Schopenhauer)는 단치히에 잘 정착한 가문의 딸로서, 세련된 지성과 사교성, 그리고 작가로서의 인상적인 능력들을 겸비하였다. (붓다, 즉 고타마 싯다르타 왕자의 그것과 충분히 비교될 수 있을 정도의) 이렇게 유복한 양육 환경과 문화적 배경에도 불구하고, 쇼펜하우어는 성장하여 편안한 물질적 배경이 가져다줄 수 있는 정신적 빈곤에 대해 생각하기에 이르렀다.

그의 부친이 별세한 후, 쇼펜하우어는 상업적인 훈련을 2년 더 충실히 지속하였다. 하지만 그의 모친 덕에, 그는 사업가로서의 미래를 뒤로하고 학문적인 연구에 그의 시간을 쏟았다. 21세가 되어 괴팅겐 대학교에 입학했고, 처음엔 의학을 전공했으나 이후 철학으로 전공을 바꾸었다. 바로 여기에서 플라톤과 칸트의 철학을 접하게 되었으며, 물리학, 천문학, 화학, 식물학, 해부학, 생리학, 심리학, 인종학, 그리고 사학 등 실로 다양한 과목들을 공부했다. 그의 생애동안 쇼펜하우어는 과학에 대한 관심을 계속 유지했다.

괴팅겐 대학교에서 쇼펜하우어에게 철학을 가르친 교수는 고틀로프 슐체(Gottlob Ernst Schulze)(1761-1833)였는데, 독일 철학 전통에서 그의 위치는 쇼펜하우어가 철학 연구에 돌입했던 학문적 맥락을 알려준다. 슐체가 철학적 기초를 가장 잘 닦는 방법이 플라톤과 칸트를 주의 깊게 공부하는 것이라고 쇼펜하우어에게 조언하였다고 알려져 있고, 쇼펜하우어는 성실하게 그의 조언을 따랐다. 슐체 자신은, 많은 영향을 끼쳤던 동시에 논쟁거리였던 칸트의 『순수이성비판』(1781/87)에 반동적이었던 포스트-칸트주의자들의 전통 안에서 활동하였다. 그 중 일부는, 카를 라인홀트(Karl Leonhard Reinhold)(1757-1853)가 그랬던 것처럼, 칸트의 이론을 유지하고 강화하기 위해 그의 주요 주장들을 재구성하고 있었다. 다른 이들은, 슐체가 그랬듯이, 이 존경스런 재구성 작업에 논박하려 애쓰고 있었다. 또 다른 이들은, 피히테(1762-1814), 셸링(1775-1854) 그리고 헤겔(1770-1831) 등 주도적인 독일 관념론자들이 그랬듯이, 칸트의 결론을 넘어 새로운 최첨단의 철학을 발전시키는 중이었다. 이후 쇼펜하우어가 피히테, 셸링 그리고 헤겔의 낙관주의를 거부했고 그 자신은 그저 칸트의 주요 통찰들을 발전시키고 강화하고 있다고 생각했음에도 불구하고, 칸트의 철학을 풍부한 상상력으로 확장시킨 자들 중 한 명으로서 자리매김하게 된다.

이러한 칸트주의적인 문화적 풍토 안에서, 슐체는 칸트 철학을 이성적으로 재구성하고자 한 주도적 인물들 중 하나인 라인홀트에 도전하고, 세계의 토대, 즉 "물자체"(thing-in-itself)에 대한 칸트의 입장을 비판한 회의주의자였다. 쇼펜하우어는 슐체의 논증들을 수용한 후, 그것들을 「칸트주의 철학 비판」("Criticism of the Kantian Philosophy")이라는 제목이 붙여진 『의지와 표상으로서의 세계』의 내실 있는 부록에서 재현한다. 그리고 이 (슐체의) 논증들은 쇼펜하우어 자신이 칸트와 멀어지게 된 계기로서 기능하게 된다.

1811년, 쇼펜하우어는 피히테의 강의를 듣기 위해 괴팅겐을 떠나 베를린으로 향한다. 피히테는 당대의 주도적인 철학자로서 베를린 대학교 철학과의 초대 학과장직을 맡고 있었다. 쇼펜하우어가 피히테의 과목들에 대해 지니고 있었던 성의는 주목할 만한 것이었다. 그는 피히테의 강의를 조금도 빠짐없이 공책에 옮겨 적었고, 그 훌륭한 철학자의 메시지를 이해하고자 최선을 다했다. 그러나 쇼펜하우어의 이 성실한 노력은 결국 피히테에 대한 그의 환상이 깨지며 끝났다.

피히테는 우주를 이성적 의지의 활동으로 이루어지는 장엄한 사유-과정으로 보았다. 그 이성적 의지의 끝없는 반성과 결과적인 자기-발전은, 정합적이고 철저히 통합된, 도덕적 세계 혹은 사실상의 지상 낙원으로의 점진적 진보를 구성한다. 이러한 철학적 비전(vision)을 위한 피히테 자신의 논증들은 (부분적으로는 그것들의 불명료함으로 인해) 쇼펜하우어에게 별 인상을 주지 못했다. 피히테의 내재적인 낙관론이 쇼펜하우어의 심리적인 기질과 배치된다는 것 역시도 한몫을 했다. 그럼에도 불구하고 우리는, 쇼펜하우어가 23-24세에 보였던 학문적인 노력의 산물로서, (약 200페이지에 달하며 그 자체로 짧은 한 권의 책이 될 수 있는) 1811년부터 1812년까지의 피히테의 강의들을 필기한 노트를 가진다.

쇼펜하우어는 결국 피히테의 강의들을 포기했는데, 이는 쇼펜하우어가 피히테의 일반적인 철학적 스타일이 근본적으로 잘못된 곳으로 향하고 있다고 믿었기 때문이다. 피히테의 철학적 스타일은, 이후 셸링과 헤겔에 의해 생산적으로 수정되고 발전된, 반대와 화해의 논리(혹은, 피히테 자신이 기술하는 방식대로 하자면, "정, 반, 합"의 논리)에 기초하고 있는 것이었다. 이러한 변증법적 스타일에 대한 쇼펜하우어의 반대를 가늠할 수 있게 하는 한 척도로서, 그가 그 스타일 안에 숨어 있다고 지각한 준(準)-유신론적인(quasi-theistic) 관점에 대한 혐오는 말할 것도 없이, 우리는 그의 이후 저술에서 쇼펜하우어가 이 철학자들을 "수다쟁이", "허풍선이", "사기꾼", 그리고 "허접한 글을 쓰는 사람" 등의 말을 써가며 조롱한다는 것에 주목할 수 있다. 그의 철학적 논거들은 (피히테의 강의실에서의 실망스러운 경험들을 회상하면서 쓴) 1813년의 박사학위 논문, 『충족이유율의 네 가지 근원에 관하여』(The Four-fold Root of the Principle of Sufficient Reason)에서 그가 전개한 무신론적 입장 속에서 찾을 수 있다.

우주가 앞으로 훨씬 더 자기-의식적이고 이성적으로 될 사유 과정이라는 그들의 공유된 신념 때문에, 그 독일 관념론 철학자들(즉, 피히테, 셸링, 헤겔)은 범신론, 즉 "모든 것이 신이다."라는 생각과 연합된다. 그 철학자들에 따르면, (자신들의 빛에 의해) 현 세대는 완전한 자기-의식을 향한 우주의 극적인 여행의 선두에 서 있다. 그들은 모두,

신(즉, 세계)이 아직 그 자신을 완전히 구현하고 인식하지 못하였고,
비록 세계가 그것이 광물들과 기체들로 이루어진 무생명의 덩어리였던
때부터 발전해 오고 있음에도 불구하고, 사회-정치적인 지상의 천국은
아직 오지 않았다고 주장한다. 신에 대한 이와 같은 관점, 특히 그것의
현세적인 인본주의는 복잡하고 이상하며 매력적인 동시에 논쟁을 유발
한다. 하지만 피히테, 셸링, 그리고 헤겔은, 그들 각각의 신에 대한 관
점이 시공을 초월한 전지전능하고 완전히 선한 인격적 존재라는 전통
적 신의 개념으로부터 상당히 멀어져 있음에도 불구하고, 유신론적인
정서를 보존하려는 시도를 했다고 평가받을 수 있다.

이와 반대로, 쇼펜하우어는 『의지와 표상으로서의 세계』에서 신비주
의의 풍미를 곁들인 무신론적 철학을 표현한다. 그는 이 책을 1818년
에 완성했고, 그로부터 6년 전에 피히테의 강의를 열성적으로 들었는
데, 우리는 그가 정확히 언제 무신론자가 되었는지에 대한 질문을 던짐
으로써 쇼펜하우어의 지적인 발전 과정의 그림을 그려볼 수 있겠다.
1808년부터 13년까지의 그의 사적인 기록이 약간의 유신론적 공감을
포함하고 있다는 것은 흥미로운 사실이다. 거기에서 그는 신의 개념을
참조하여 이론화하고 있고, 그 개념을 인지하고 있으며, 그것의 상징적
사용을 수용하고 있다[1].

그로부터 20년 후의 관점에서 자신의 젊은 시절을 되돌아보며, 쇼펜
하우어는 그가 17세였고 대학을 입학하기 전인 1805년, 그도 붓다처럼
삶의 비참함과 가련함으로 인해 고통받았다고 회고한다. 아마도 그러
한 경험으로, 그는 그때 이 세상은 무한하게 선한 신이 아니라, 잔인하
고 회심의 미소를 짓는 악령의 작품에 불과하다는 신념을 갖게 되었을

---

1 *Manuscript Remains*, Vol. 1, §15 (1809-10), p. 11, §37 (1812), p. 24 그리고
§81 (1813), p.44.

것이다.[2] 비록 그의 초기 노트에 수록된 내용들은 그가 그 이후에도 몇 년 동안, 적어도 1813년까지는, 일종의 유신론을 지녔다는 것을 시사한다. 그렇지만 44세의 쇼펜하우어의 관점에서 보면, 그는 10대 때 이미 인상적인 무신론적 계기들을 지녔다. 이러한 자세한 내용들은 주목할 필요가 있는데, 이는 쇼펜하우어의 무르익은 철학이 바로 이런 종류의 혼재된 정서들을 드러내기 때문이다. 그는 신이 존재한다는 것을 부정하지만, 그의 철학은 전통적 도덕이 잘못된 것임을 인정할 만큼 멀리 가진 않았다. 그는 세계의 본체가 의지라고 말하지만, 우리가 의지의 압박을 최소화할 때 신비로우면서 해방적인 상태가 일어날 수 있음도 인정했다.

쇼펜하우어는 나폴레옹 군대로부터의 공격을 예상하여, 1813년 5월 베를린을 떠난다. 바이마르(Weimar)에 있던 모친을 짧게 방문한 후, 6월에 인근의 작은 마을인 루돌프스타트(Rudolfstadt)로 이사했는데, 여기서 이후 세 달 동안에 걸쳐 박사학위 논문을 집필할 계획이었다. 이 논문은 인간 지성과의 관련 속에서 규정되는 필연적 결합관계(necessary connection)의 네 가지 유형들을 검토하는 것이었으며, 그의 연구는 신이 존재하는가와 같은 물음이 논리적 증명과 표준적인 철학적 논의를 초월해 있다는 것을 포함한다. 쇼펜하우어는 이 논문의 초판에서 신에 대해 논하지 않지만, 1847년에 나온 개정판에서는 "절대적으로 필연적인 존재"의 개념이 자기-모순적이라는 주장을 예리하게 덧붙인다. 이는, 초판이 출판된 1813년 중반기 즈음에는 그의 무신론이 이미 잘 정착되었음을 시사한다.

박사학위 논문을 완성하고 바이마르로 돌아간 후, 쇼펜하우어는

---

2 쇼펜하우어는 그의 1814년 노트들에서 이 생각을 반복적으로 제시한다. *Manuscript Remains*, Vol. 1, §213, Dresden, 1814, p.130.

1813년 말과 1814년 초에 인도의 철학적·종교적 작품들을 접하게 되었다. 바이마르 도서관에 남아 있는, 쇼펜하우어가 대출한 도서 기록으로 볼 때, 그는 『바가바드기타』(*Bhagavadgita*)를 1813년 12월에 처음 읽었고, 몇 달 후인 1814년 3월에 『우파니샤드』(*Upanishad*)를 읽었다.[3] 이 텍스트들은 쇼펜하우어에게 매우 강한 인상을 남겼는데, 왜냐하면 그는 거기에서 자신의 박사학위 논문에서 독자적으로 발전시켰던 관점과 일치하는, 유사한 정신세계와 마주쳤다. 당시 인도의 종교는 세계에서 가장 오래되고 심오한 종교들 중 하나로 꼽혔기에, 그 자신의 관점이 인도의 종교적 문헌에 내재되어 있음을 발견하자마자, 쇼펜하우어는 이 권위 있는, 기대치 않았던 지지와 함께 그 자신의 철학적 비전이 진실과 맞닿아 있다고 확신했다. 아울러 그의 철학은 그 신화 중심적이고 이미지 과잉의 종교적 텍스트들이 제시하는 것보다 훨씬 명료하고 논리적으로 깔끔한 표현을 제공했다.

인도의 종교적인 텍스트들은 유신론적인 지문들과 무신론적 지문들의 혼합을 포함하는데, 쇼펜하우어가 『의지와 표상으로서의 세계』에서의 인용을 위해 그것들로부터 끄집어 낸 특정한 발상들을 고려할 때, 무신론적인 생각들이 그의 주의를 끈 것이 분명하다. 이 생각들은 (1) 나무, 바위, 길, 사람 등으로 이루어진 일상적 세계가 허구적이거나 꿈과 같은 것이라는 신념(쇼펜하우어는 이미 플라톤, 칸트, 셰익스피어, 칼데론[Calderón]의 저술들로부터 이러한 생각을 수용한 바 있다.) (2) 세계의 토대에는, 그것의 "내적인" 본질과 "외적인" 본질들(즉, "아트만"[Atman]과 "브라만"[Brahman])사이에 직접적인(immediate) 구분이 존재한다는 생각, 그리고 (3) (요가적인 수행에서 그러하듯) 심리

적인 거리두기의 태도를 채택함으로써, 우리는 개인적인 구원을 성취할 수 있다는 명제를 포함한다. 쇼펜하우어에게 있어서 함의는 이런 것이다: 비록 외적인 세계란 꿈과 같은 것이고, 그 세계는 그것의 꿈같은 외양보다 더욱 실재적인 내적 본질을 지니고 있다 할지라도, 우리가 외적인, 꿈같은 세계에 의해서나, 그것의 원천이 되는 내적인 세계에 의해 너무 소모되지 않도록 주의한다면, 우리는 어느 정도의 해방과 계몽을 성취할 수 있다.

1814년부터 1818년까지, 쇼펜하우어는 드레스덴(Dresden)에서 거주했는데, 그는 이곳에서 4년이라는 시간에 걸쳐 『의지와 표상으로서의 세계』를 집필하였다. 쇼펜하우어는 그가 26세였던 1814년 말엽에 이미 거의 모든 중심적 생각들을 형성하였으며, 이후 3년에 걸쳐 그의 통찰들을 발전시켰고 정교화 했다. 주도적인 질문들 중 하나는 플라톤의 형상이나 칸트의 불가지의 "물자체" 중 어떤 것이 그의 이론의 기반을 이룰 것인가 하는 것이었다. 쇼펜하우어는 종국에 후자 쪽으로 이끌렸으나, 그는 물자체를 알 수 있는 것으로 간주하고 그것을 "의지" (Will)라 부르며 칸트와 대조를 이루었다.

세계가 궁극적으로 선하며 그것이 (심지어 전쟁 중에도) 저절로 점진적으로 좋아지고 있다는 낙관론을 무너뜨리고자, 쇼펜하우어는 우리의 일상적 세계가 근본적으로 악한 장면이라고 묘사한다. 그것은 희망 없이 좌절을 불러일으키고, 죄악으로 가득 차 있고, 기만적이며, 허무하고, 고통스럽다. 그가 사용하는 가장 강력한 단어들 중 하나는 *hup-oulos*인데, 이 고대 그리스어는 붕대를 걷어내서 고름과 썩은 살로 가득한 채 곪아가는 상처를 보여 주는 이미지를 표현한다. 이는 그가 세계의 가장 아름다운 표면 아래에서 본 것이다.

『의지와 표상으로서의 세계』의 극적인 지점 중 하나인 §68에서, 쇼펜하우어는 라몬 룰(Ramon Lull)(1232-1315)의 이야기를 끌어들인다. 이 남자는 욕정에 가득 차 유부녀인 암브로시아 엘레오나오라 데 카스텔로 데 게네스(Ambrosia Eleonaora de Castello de Genes)를 부단히 쫓아다닌 끝에 결국 그녀와 단둘이 함께 있게 되고, 그의 억누를 수 없는 욕망을 채우는 것을 강렬히 기대한다. 그녀는 블라우스를 벗었는데, 이는, 룰의 기대와는 반대로, 그녀의 가슴이 암에 의해 흉측하게 제거되어, 그가 더 이상 접근하지 말아야 한다는 것을 보여 주기 위함이었다. 너무도 놀란 룰은 이후 참회의 길에 들어서게 되었고, 아시시의 성 프란시스(St. Francis of Assisi)의 삶을 그의 삶의 모델로 삼았다.

이렇게 삶 자체를 변화시키는 이미지들과 외상적인 체험들은 쇼펜하우어의 철학을 이해하는데 있어 핵심적인 감정들을 포함한다. 왜냐하면 그것들은 어떻게 한 개인의 한때 압도적이고, 충동적이며, 미혹하던 욕망들이 즉시 중지되고, 그것들에게 등을 돌리며, 잠잠해질 수 있는지를 보여 주기 때문이다. 쇼펜하우어가 보기에, 경악 속에서 자신의 본능적인 욕구들로부터 되돌아오고 그것들이 곧바로 소거되도록 하는 경험은 계몽의 경험과 다르지 않다.

쇼펜하우어는 강력한 예시들을 사용하지만, 그것들은 무수한, 덜 극적인 경우들로 확장된다. 여기에는, 사람들이 처음 희망을 기획하고 목표를 위해 열심히 일하며 가치 체계를 구성하고 자신의 삶에 의미를 부여하지만, 결국에는 오직 목표가 성취되었을 때 그들이 이전에 상상했었던 것보다 덜 만족스럽다는 것만을 발견하는, 모든 종류의 실망스러운 에피소드들이 포함되어 있다. 쇼펜하우어는 더 나아가, 이러한 각성(disillusionment)의 경험이 인간의 상황을 묘사한다고까지 말한다. 그는 삶이라는 일상적인 게임은 양초만큼의 가치도 없다고 굳게 믿는다.

『의지와 표상으로서의 세계』를 잇는 쇼펜하우어의 저술들은 1818년에 그가 형성한 세계관에 의존한다. 그의 다음 작품, 『자연 안에서의 의지』(*The Will in the Nature*)(1836)는 18년 후에 출간되었는데, 이 책에서 그는 동시대의 과학적 관점들이 어떻게 그의 철학을 지지하는 지를 보여 주기 위해 노력하고, 생리학, 해부학, 언어학, 천문학에 덧붙여, 염력, 마술, 중국 철학 등의 비주류의 영역들도 탐구한다. 이렇게 다양한 탐구들은 모두, 익명적인 의지가 모든 것의 이면에서 작동함을 보여 주는 것을 지향점으로 삼는다.

곧이어 윤리학의 영역이 쇼펜하우어의 주의를 끌게 되고, 1839년에 의지의 자유에 대한 논문을 발표하여 상을 받기도 한다. 1년 후, 그는 도덕의 근간에 관한 또 한편의 논문을 작성하게 되는데, 이 논문은 그 이전의 것과 함께 묶여 『윤리학의 두 가지 근본적인 문제들』(*The Two Fundamental Problems of Ethics*)(1841)이라는 제목하에 출판되었다. 그의 무신론에도 불구하고, 쇼펜하우어는 우리가 다른 이에게 해를 끼쳐서는 안 되며, 연민의 감정이 핵심적인 도덕적 감정이라는 생각을 버린 적이 없었다.

『의지와 표상으로서의 세계』 출간 이후, 쇼펜하우어는 줄곧 그 책의 제 2권의 발행을 고려했고, 20년에 걸쳐 이를 위한 노트들을 계속 축적해 나갔다. 1844년, 그는 고대하던 제 2권을 발행하기에 이르렀는데, 이 작품은 제 1권의 내용을 설명하고 발전시킨 논문집이다. 제 2권의 논문들 중 많은 것들은 독립적인 작품들로서 그의 철학적 관점에 대한 좋은 입문서 같은 역할을 한다. 특히, 「삶의 덧없음과 고통에 대하여」("On the Vanity and Suffering of Life")와 「살려는 의지의 부정의 교의에 관하여」("On the Doctrine of the Denial of the Will-to-Live") 같은, 제 1권의 4부를 동반하는 논문들은 많은 정보를 제공한다.

1814년에 발행된, 1813년 박사학위 논문의 상당히 확장된 개정판을 차치하고, 쇼펜하우어의 마지막 주요 작품은 두 권에 달하는 논문집인 *Parerga and Paraliponema*(1851)이다. (이 제목은 "부가적이고 보충적인 글들"[Accessories and Supplements]이라고 번역될 수 있다.) 『의지와 표상으로서의 세계』의 제 2권처럼, 이 책을 이루는 논문들은 그가 이전에 표현했던 생각들을 더욱 발전시킨다. 그는 덜 형식적이며 더 많은 독자들에게 접근할 수 있는 방식으로 이 마지막 저서를 집필했고, 그렇기 때문에 철학적으로 어느 정도 인정받기를 일평생 기다린 끝에, 그가 결국 그의 이전 저술들이 이 작품을 통해 더 넓은 독자층의 관심을 끄는 것을 목도하게 된 것은 그리 놀라운 일이 아니다. 현재, 가장 빈번히 재판(再版)되는 그의 논문들은 이 1851년 작품에 실렸던 것들로서, 여성과 자살에 대한 논문들을 포함한다.

쇼펜하우어의 생애는 유럽의 수많은 정치적 변화들과 때를 같이한다. 그러나 공정하게 말해서, 그의 철학은 어떤 특수한 사회적·정치적 환경들로부터 독립하여, 그리고 그것들을 넘어서 무시간적으로 서 있도록 기술되었다. 나폴레옹(Napoleon Bonaparte)에 대한 그의 견해는 이 점을 분명하게 한다. 쇼펜하우어에 따르면, 나폴레옹은 자신의 욕구들을 실현할 수 있는 힘이 탁월한 사람이었다. 하지만 그는 그 자신이 초래한 고통을 생각해 볼 때 나쁜 사람이었다. 그의 1812년 러시아 침공에 연루된 인간과 동물의 고통만을 놓고 보더라도, 그 고통은 차마 파악이 어려울 정도로 컸다. 하지만 쇼펜하우어는 나폴레옹을 특별한 경우로 보지 않는다. 그는 나폴레옹이 보통의 인물이고, 인간 본성의 확대된 예일 뿐이라고 간주한다. 쇼펜하우어의 관찰에 따르면, 어떤 이들은 다른 사람보다 착하게 행동할 수 있지만, 전체적으로 보면 나폴레옹은 평균적 인간의 한 사례가 된다.

쇼펜하우어 철학에 대한 전체적인 감(感)을 표현하기 위해, 『의지와

표상으로서의 세계』 제 2부에 등장하는 한 이미지와 함께 이 도입부를
마무리 하는 것이 좋을 것 같다. 쇼펜하우어는 프란츠 융훈(Franz Wil-
helm Junghuhn)(1809-64)의 저술들을 참조하는데, 후자는 자바(Ja-
va)에 체류하는 동안에 큰 거북이들의 유골들로 넓게 덮인 들판을 마
주하게 된다. 그 모든 거북이들은 알을 낳기 위해 바다로부터 올라온
후 들개들에 의해 산 채로 잡아 먹혔던 것이다. 어떻게 이 잔혹한 장면
이 몇 세기에 걸쳐 반복되어 왔고, 그것이 거북이들에게는 얼마나 무시
무시한 것인지에 대해 성찰하며, 쇼펜하우어는 과연 그 의미가 무엇인
지를 자문한다. 마치 그 거북이들은 개들에 의해 죽임을 당하기 위해
태어난 것과 같다. 이와 유사하게, 볼테르가 언젠가 관찰했듯이, 파리
는 거미에 의해 죽임을 당하기 위해 태어난 것과 같다. 쇼펜하우어에
의하면, 어떤 의미도 존재하지 하지 않고, 임박한 천국 같은 세상도 없
으며, 수천 년을 가득 채워 온 고통에 대한 그 어떤 영광스런 정당화도
존재하지 않는다. 그가 보기에, 일상의 세계는 근본적으로 이제껏 그랬
던 것과 동일한 방식으로, 즉 폭력적인 악몽으로 남아 있다. 우리는 그
악몽에서 깨어나야 하며, 그것으로부터 어느 정도 해방되고 도피할 수
있도록 해야 한다. 쇼펜하우어의 『의지와 표상으로서의 세계』를 보다
자세하게 탐구함에 따라, 우리는 왜 그가 진실은 바로 이런 것이라고
확신하는지를, 그리고 형언할 수 없는 평온한 상태 속에서의 구원이 어
떻게 최종적 목적이 되는지를 알게 될 것이다.

2 장
주제들의 개관

서문과 칸트주의 철학 비판의 개요

쇼펜하우어는 "단일한 사유(a single thought)"를 표현하는, (관념적으로 보았을 때) 시작도 끝도 없는 하나의 유기적 통일체(organic unity)로서 그의 책을 구성하기 때문에, 그는 우리가 그것을 두 번 읽기를 권한다. 이렇게 유기적으로 통합된 구성은 이전 철학들의 구성방식과 다른데, 그것들의 대부분은 확실하다고 가정되는 토대를 놓으면서 시작하고, 준(準)기계적인 방식으로 그 근원적 기초로부터 그 이상의 철학적 내용들을 뽑아내거나 발전시키거나 쌓아 올리면서 진행해 나간다. 유기적 통일성을 강조하며, 쇼펜하우어는 그의 전임자들에 비해 더욱 생동감 있는 철학을 제시하기를 희망한다.

칸트의 철학이 보여 주는 객관(대상)-지향적인, 과학적인 특성에도 불구하고, 쇼펜하우어는 칸트에 의해 영감을 받았고, 시간과 공간에 대한 칸트의 주장들에 의해 특히 매료되었다. 칸트가 보기에, 시간과 공간은 우리의 마음으로부터 독립한 실재가 아니고, 오히려 인간 정신의 해석적인(interpretive) 양상들이다. 우리가 지각할 때 우리는 항상 해석하고, 결과적으로 우리의 지각에 영향을 미칠 시간과 공간이라는 형식을 끌어들이기 때문에, 우리가 구성하는 일상적 경험의 세계는 사물이 실제로 어떻게 존재하는지를 나타내지 않는다. 그것은 다만 실재(reality)가 인간의 시-공간적인 렌즈를 통해 어떻게 나타나는가를 드러낼 뿐이다. 이러한 이유로, 쇼펜하우어는 일상적 삶이 꿈과 같은 허상이라 믿는다. 쇼펜하우어의 이와 같은 믿음은, 일상적 세계를 단순한 외양들의 세계라고 칭한 칸트로부터 유래한다.

칸트와 쇼펜하우어의 관점들 이면에 있는 주된 생각을 이해하기 위해서, 우리는 우리 자신이 다른 사람에게 이야기하는 상황을 상상해 볼수 있다. 우리의 이야기를 듣는 사람의 밖에 있는 우리 자신의 관점에서, 우리는 그의 신체적인 움직임을 관찰하고 그의 목소리를 들을 수 있으며, 원칙적으로는, 그 사람의 몸을 이루는 모든 원자들을 살펴볼수도 있다. 이러한 외부적인 수준에서 우리가 얼마나 많이 그 사람에 대해 고찰하든지 간에, 우리는 결코 그 사람의 의식을 직접 관찰할 수는 없다(그 사람의 의식은, 아마도 우리의 그것처럼, 그 사람의 경험의 중심에 있으며, 그 사람 자신에게는 결코 하나의 객관적 대상으로서 경험되지 않을 것이다).

우리의 외부적인 관점에서, 우리는 그 사람의 파악가능한 외양만을 지닐 뿐이고, 이런 의미에서, 그 사람의 의식은 우리에게 영원히 보일 수 없는 채로 남아 있다. 진실로, 우리의 의식은 모두 서로에게 보일 수 없다. 이것은, 과학적 관찰을 통해서 사물의 내부적 본질을 밝히려 애쓸 때 칸트와 쇼펜하우어가 파악하는 것과 동일한 종류의 접근불가능성이다. 이들에 따르면, 그러한 노력은 부질없는데, 이는 (적어도 우리의 시선이 우리 자신이 아닌 대상을 향할 때) 우리에게 주어지는 것은 직접적으로 다룰 수 있는 외양뿐이라고 결론 내리게끔 한다.

칸트가 저술활동을 한 것은 1700년대 후반이기에, 그는 여전히, 서로 인과 관계에 있는 물리적 대상들로써 배타적으로 세계를 해석하는 과학적 세계관에 집착하고 있었다. 이 세계는 시계와 같은 하나의 거대한 기계로 간주되는 일상적인 세계이고, 그래서 칸트의 철학은 (객관적) "대상"(objects)과 "원인"(causes)등을 언급하는 구절들로 가득하다. 한 중요한 지점에서, 절대적인 대상, 즉, 물자체(thing-in-itself)는 우리의 지각이나 외양의 통각을 초래한다고 말하면서, 칸트는 이러한 개념들을 형이상학적인 실재들에 적용한다.

쇼펜하우어는, 칸트가 "대상"과 "원인"의 개념은 불확정적이며 사변적인 방식으로 쓰일 수는 있어도 물자체에 적법하게 적용될 수 없다고 주장한다는 것을 우리에게 상기시킨다. 쇼펜하우어에 따르면, 이 주장은, 만약 우리가 실질적인 방식으로 이러한 조건을 언급하려 한다면, 우리가 "대상"이나 "원인"이라는 말을 사용해서는 안 된다는 것을 의미한다. 쇼펜하우어가 보기에, 물자체는 대상도, 어떤 것이 발생하도록 하는 원인도 아니다. 결과적으로 우리는 물자체와 우리의 경험 간의 관계를 기술할 대안적인 어휘를 요한다. 쇼펜하우어는 차후 "인과성"(causality) 대신에 "객관화"(objectification)와 "발현"(manifesta-tion)이라는 용어를 도입함으로써 대안적인 어휘를 제공하고, 우리들 내부의 근원적인 정신(fundamental spirit), 즉 의지(Will)가 우리에 의해 경험되는 세계를 우리 자신을 통해 조형한다고 말한다.

제 1부, §§1-16의 개요
제 1부는 『의지와 표상으로서의 세계』의 본격적인 시작이라고 할 수 있는데, 쇼펜하우어는 단도직입적으로 "세계는 나의 표상이다."라고 주장한다. 이로써 그가 의미하는 바는, 우리 앞에 주어진 세계가 "표상"(rep-resentation) 혹은 "대상"(object)으로서 객관적으로 고려될 때, 그것은 단지 우리들의 기억의 바다와 결합된 우리의 직접적인(immediate) 지각들의 집합에 불과하다는 것이다. 이러한 지각들과 기억들은 우리 자신을 반영하는데, 왜냐하면 그것들은 우리가 사물을 필연적으로 경험

하는 방식에 따라서, 즉 시간과 공간 안에서, 그리고 인과 관계에 있는 대상들로서 구조화되기 때문이다. 우리의 감각경험들은 주관적이고, 감각경험을 구조화하는 방식 역시 주관적이며, 그 경험들의 원천이 무엇이든 간에, 그것은 정신과 독립한 객관적 대상이 될 수 없다. 쇼펜하우어에 따르면, 이 점은 칸트 철학에 대한 그의 비판이 이미 보여준 바와 같다.

이와 같이 전제한 다음, 쇼펜하우어는 우리가 아는 유일한 대상은 우리의 표상이거나 심상(mental images)이고, 그 표상들과 일치하며 그것들을 넘어선 어떤 것도 존재하지 않는다고 적는다. 구체적으로 말해, 마음과 독립한, 자유롭게 부유하는 심상이란 존재하지 않는다. 이와 달리 주장한다는 것은 모순적일 수밖에 없는데, 왜냐하면 모든 심상들은 어떤 마음 안의 심상이기 때문이다. 세계는 "표상"이고 모든 표상은 그것을 지니는 주관을 전제로 한다.

그 직접적으로 알려진 표상들은 지각경험을 구성하고, 쇼펜하우어에 따르면, 이러한 지각을 토대로 모든 것은 구축된다. 그는 이 토대를 "직관적인" 혹은 "지각적인" 지식이라고 부른다. 그것은 우리의 지각경험으로부터 만들어진 추상적 개념들의 총체와는 구별되는데, 후자는 모두 그 경험의 파생물 내지는 조합에 불과하다. 쇼펜하우어가 보기에, "지각"은 "개념화"(혹은 개념적 사유)(conception)에 대해 철학적이고 경험적인 우위를 점한다. 이런 면에서, 쇼펜하우어는 그 자신의 '유기적 통일체'의 이상으로부터 이탈하며, 더 토대-지향적인 스타일의 철학을 표방한다.

제 1부의 많은 내용은 어떻게 지각이 중요한 방식으로 개념화를 선행하는지를 보여 주고자 한다. 전통적 관점과는 대조적으로, 하지만 칸트의 입장과는 일치된 방식으로, 쇼펜하우어는 수학과 기하학은 추상

적인 정의와 논리적 함축에 기초하지 않으며, 시간과 공간의 구조에 기반한다고 주장한다. 또한 쇼펜하우어에 따르면, 칸트 철학의 순전히 개념적인 부분, 즉 칸트의 오성(understanding)에 대한 이론은 대부분 공허하고 파생적인 추상적 개념들의 구성체이고, (그 이론상에서) 유지될 가치가 있는 것은 단지 지각과 직접적이고 중요하게 연결된 측면, 즉 인과성의 개념뿐이다.

쇼펜하우어는 더 나아가, 순수한 개념적 사유에 기초한 칸트 철학의 또 하나의 영역인 칸트 윤리학이 윤리적인 인식의 본질을 잘 드러내지 못하고 있다고 주장한다. 이성에 기초한 윤리학이며 그래서 칸트 윤리학의 사촌 격이라 할 수 있는 스토아학파의 윤리학 역시 계몽된 삶으로의 길을 제대로 제시하지 못하고 있다고도 주장된다. 쇼펜하우어는 많은 스토아적인 통찰들과 결론들을 수용하지만, 스토아주의자들이 그들의 도덕적 목적을 성취하기 위해 사용한 이성적 수단들을 거부한다.

제 1부의 말미에서, 쇼펜하우어는 객관적인 사물에 대한 관점으로서의 과학이 우리에게 형이상학적인 지식을 제공할 수 없다는 생각을 발전시킨다. 과학은 충족이유율(the principle of sufficient reason)에 의지하는데, 이는 과학이 철저히 인간과 관련된, 그래서 우리가 알 수 있는 한에서 물자체의 구조 안에 존재하지 않는 필연적인 관계들에 기초한다는 것을 의미한다. 쇼펜하우어에 따르면, 과학은 이렇게 형이상학적으로 별 희망이 없는 기초를 지니기 때문에, 우리가 찾는 형이상학적 진리와 인식에 도달하기 위해서 우리는 표상으로서의 세계가 제공하는 사물의 객관적인 표면을 꿰뚫어 보아야 할 필요가 있다. 그리고 이는 철학적인 진리를 위해서 우리가 우리의 바깥보다는 안을 들여다보아야 한다는 것을 함의한다.

제 2부, §§17-29의 개요

제 2부는 수학, 기하학, 경험으로부터의 추상적 개념의 도출, 그리고 인과성의 개념에 기초한 모든 철학은 사물의 내부적인 본질(the inner nature of things)에 대한 통찰을 제공할 수 없다는 주장을 반복하며 시작한다. 이러한 학문 영역들은 피상에 연연할 뿐 결코 그것을 꿰뚫지 못한다. 형이상학적 인식을 얻기 위해서, 우리는 다른 통로를 따라 사물에 접근해야 한다.

세계 내 사물들의 실제적인, 내재적 본질을 파악할 수 있는 방법을 찾으며, 쇼펜하우어는 세계의 무수한 사물들 중에서 사물의 본질에 그가 직접 접근하도록 해 주는 것이 하나 존재하는데, 그것은 바로 그 자신의 몸이라는 것을 깨닫는다. 가장 근원적인 수준에서 자기 자신의 내재적 본질을 느낄 때 그는 그것을 "의지"(Will)라 칭하는데, 이는 그가 그 자신이라고 생각하는, 강력하며 자연적인 추동의 의미를 드러내기 위함이다.

그가 그 자신의 지각의 장(場) 안에 있는 여러 표상들 중 하나의 내재적 본질을 파악했고, 이러한 통찰이 그의 철학에서 매우 중요하다고 확신하며, 쇼펜하우어는 다른 모든 표상들도 동일한 종류의 내재적 본질을 지니고 있음이 틀림없다고 추론한다.

다수성(multiplicity)의 모든 형식들이 충족이유율에서 비롯된다는, 그 원리에 대한 자신의 이전 설명을 되새기고, 그것은 사물의 실제적인 본질이 아닌 사물이 우리에게 드러나는 방식을 결정한다고 덧붙이며, 쇼펜하우어는 지각의 장 전체가 "하나"이고 의지는 유일한, 통일적인 실재라고 주장한다. 의지는 지각적 표상의 장으로서 자신을 드러낸다. 그것은 그러한 장의 "원인"은 아니다. 그것은, 얼음 조각과 수증기가 항상 H_2O라는 의미에서의 "물"인 것처럼, 지각적 표상들의 장**이다.**

의지는 무시간적 활동들(timeless acts) 혹은 플라톤적 형상들의 집합 안에서 자기 자신을 드러낸다. 이 형상들 각각은 시간과 공간 안에서 우리가 경험하는 개체들의 가지적(可知的)인 성격(intelligible character)이다. 플라톤적 형상들의 위계는, 무생물의 본질에서부터 식물, 동물, 그리고 인간의 그것들에 이르며, 따라서 그 형상들 간의 조화롭거나 조화롭지 못한 관계들도 포괄한다. 형상들의 사례들, 예컨대 개별적인 고양이들, 새들, 거미들, 파리들, 선과 악은 이러한 조화와 부조화를 반영하고, 부조화적인 형상들의 경우에는 그 사례들이 시-공간적인 세계 안에서 영원히 투쟁한다. 이렇게 서로 싸우는 개체들은 사물들의 보다 넓은 틀 안에서는 중요하지 않다. 왜냐하면 영구적인 형상들 사이의 긴장과 균형이 외양들의 세계를 지배하기 때문이다. 결과적으로, 꿈 같은 시-공간적인 세계는, 난폭함과 고통으로 가득한 경기장(arena) 안에서 부상하고 몰락하고 순환하며 영원히 회귀하는, 항상 서로 경쟁하고 투쟁하는 개체들의 세계이다. 이 난폭과 고통의 경기장은 본질적으로 아무런 목적이 없다. "의지"가 무엇을 목표로 하는지를 묻는 것은 아무 의미가 없다. 그것은 목적을 지니지 않는다. 표상으로서의 세계가 무의미하기에, 쇼펜하우어는 세계의 부침, 출생과 죽음, 욕망과 실망으로부터의 일시적인 해방과 구원을 찾고자 한다. 이것이 우리를 제 3부로 이끄는데, 여기에서 쇼펜하우어는 미적인 인식을 내부적인 평온과 초월의 양식으로서 도입한다.

요컨대, 제 1부와 2부는 인간의 상황이 그칠 줄 모르는 욕망의 감옥이라고 묘사한다. 제 3부와 4부는 시-공간적 억류와 고통의 세계로부터 자유로울 수 있는 다양한 방식들을 기술한다. 이러한 점에서, 『의지와 표상으로서의 세계』의 전반부는 자연적으로 주어진 제약들에 관한 것인 반면, 후반부는 자유에 대한 요청에 관한 것이다.

제 3부, §§30-52의 개요

주관과 객관의 구별은 개별적인 수준이나 보편적인 수준에서 발생할 수 있다. 개별적인 수준에서, 우리는 시-공간적인 대상(객관)들과 욕망의 일상 세계 안에 존재한다. 보편적인 수준에서, 우리는 우리 자신이 무시간적인 대상, 즉 플라톤적인 이데아들을 인지하는, 욕망과 시간으로부터 상대적으로 자유로운 주관이라는 점을 깨닫는다. 쇼펜하우어에 따르면, 플라톤적 형상을 파지(把指)하는 것은 미를 파악하는 것과 같은데, 그 이유는 아름다움이란 한 대상의 완전하고 영구적인 형상(form)의 직접적인 제시(presentation)이기 때문이다. 미적인 체험은 욕망과 덧없는 만족의 일상적인 세계로부터 우리를 일시적으로나마 유의미하게 꺼내 주며, 우리가 시간이 정지한 것만 같은 평온함의 영역 속에 자리 잡게끔 한다.

대부분의 사람들은 일상의 사물들 속에서 빛나는 이러한 형상들을 파지할 수 있는 강하고 일관적인 능력을 결여하고 있지만, 그 능력을 천부적으로 타고난 예술적 천재들은 그들 자신의 형상들에 대한 관조의 내용을 예술작품 속에서 재현할 수 있다. 그렇게 그들은 타인들이 예술작품의 제시를 통하여 어느 정도의 평화를 얻을 수 있도록 돕는다. 이러한 점에서, 예술적 천재들은 인류의 고통을 덜어 주는 봉사를 행한다.

예술작품 주제들의 범위는 플라톤적 형상들의 전체적 위계에 달할 수 있다. 그리고 어떤 형식의 예술은 다른 것들에 비해 그 위계(서열)의 특정한 수준에 적합하다. 건축은 무생물성의 하위 형상들을 가장 잘 표현한다. 플라톤적인 형상들을 표현하는 그 외의 예술 형식들, 예를 들어 조각, 회화, 그리고 시 등은 광범위한 형상들을 그들의 주제로 삼는다. 하지만 형상들의 위계에서 위를 향해 올라갈 때, 시적인(혹은 문학적인) 예술은 인간성이라는 다양한 측면의 형상을 표현할 수 있는

가장 적합한, 최상의 방법으로서 등장한다. 시적인 예술의 영역 안에서
도, 비극은 정점에 머문다고 할 수 있는데, 그 이유는 이 시적 예술의
형식이 인간 존재의 본질적인 고통을 예술적으로 가장 명료하게 드러
내기 때문이다.

　음악 예술은 우리를 인간의 주관성의 영역으로 더 철저하게 인도한
다. 왜냐하면 그것은 인간의 정서적 삶의 형식적 본질을 표현하기 때문
이다. 슬픔 그 자체, 행복 그 자체, 즐거움 그 자체는 모두 음악을 통해
표현되며, 그런 점에서 쇼펜하우어는 음악을 (플라톤적 형상의 제시라
기보다는) 의지(Will)의 직접적인 모사(copy)요, 다른 형식의 예술들
과 질적으로 다른 것으로서 간주한다.

　음악은 고통 없는, 하지만 인간의 실제적인 정서체험들로부터 멀어
진 형식적이고 추상화된 방식으로 정서적인 삶을 나타낸다. 이런 이유
에서 그것은 평화를 주지만, 인간의 가공할 만한 고통을 현실적으로 파
악하는 것보다는 적은 것을 우리에게 제공한다. 인간의 의식을 보다 진
실하고 현실적이며 구체적인 방식으로 파악하기 위해서는, 음악이 제
공하는 인간 정서의 단순한 미적인 감상을 뛰어 넘을 필요가 있다. 우
리는 다른 사람들과 공감적인 관계를 맺을 필요가 있으며, 그들이 느끼
는 것을 정확하게 느끼고자 노력해야 하는데, 이는 도덕적 인식으로,
그리고 종국적으로는 금욕주의로 이어지는 길이다. 쇼펜하우어는 금욕
주의에 관해 제 4부에서 기술한다.

제 4부, §§53-71의 개요

제 4부는 쇼펜하우어의 철학이 표현하는 "단일한 사유"를 (그가 윤리
적인 세계라고 느슨하게 기술하는) 사회적 활동의 영역으로 이끌어 들
인다. 인간의 근본적인 상황이 철저히 이기적이고, 갈등에 직면해 있으

며, 형이상학적인 무지 속에 침잠해 있다고 가정하면서, 쇼펜하우어는
의지 안에서 모든 이와 모든 것이 공통된 하나라는 것이 더 명백해짐에
따라 등장하는, 한층 더 계몽된 인식의 형식들에 대해 기술한다.

이기적인 인간적 상황에 대한 논의와 함께 제 4부를 시작하면서, 쇼
펜하우어는 타자의 이기적 욕구에 간섭하는 행위를 "그름"으로, 그리
고 타인에게 간섭하지 않음을 "옳음"으로 정의한다. 더 정확하게는,
"그름"은 허용될 수 없는 것이고 "옳음"이란 허용가능한 것이다. "나
쁜" 사람은 기회가 주어질 때마다 그른 일을 하며, "정의로운" 사람은,
자신이 이기적임에도 불구하고, 다른 이기적인 개인들의 활동을 방해
하지 않으려 건전하게 노력한다.

"고상(귀)한" 사람은 형이상학적 인식이라는 보다 상위의 지평에서
생활한다. 그런 사람은 타인들이 본질적으로 자기 자신과 동일한 실체
라 생각하고 타인들의 고통이 자신의 것인 듯이 동정적으로 경험한다.
고상한 자는 타인들을 해하지 않으며, 이로부터 훨씬 더 나아가 어떤
생명체에게도 고통을 주는 것을 삼간다.

"성스러운" 사람은 동일한 종류의 동정적인 인식을 지니지만, 더 광
범위하게 그리고 더욱 강렬하게, 세계의 모든 고통과 자신을 동일시한
다. 이 수준에서, 성자는 자신을 구성하는 에너지, 즉 의지(Will)가 세
계를 구성하고 있으며, 의지가 바로 모든 고통과 죽음을 산출한다는 것
을 관조한다. 이는 자기-혐오감을 일으키며, 모든 것을 통해서 넘쳐나
며 내재적으로 독성을 지닌 에너지로서 파악되는 우주의 본성에 대해
역겨움을 느끼게 한다. 도덕적으로 분개하도록 하는, 내부적인 동시에
외부적으로 현존하는 이러한 상황에 대한 반동으로, 성스러운 자는 개
인들에게서 발현되는 의지의 자연적 경향성들에 반하여 행동한다. 예
컨대, 성자는 성적인 갈망이 나타날 때 성적인 행동을 삼가며, 물욕이

생길 때 비-물질주의적으로 행동하고, 공격적 욕망을 느낄 때는 비폭
력적으로 행동한다.

살려는 의지(the will-to-live)의 완전한 부정(기각)이라는 마지막
상태는 모든 것에 침투해 있는 중독을 정복한 것에 비유된다. 그것은
일체의 부담으로부터 자유롭고, 신비로움에 가까우며, 유혹하고 좌절
토록 하는 욕망의 세계로부터 완전히 해방된 상태이다. 그것은 마치 파
티가 끝난 후 바닥에 내던져진, 한때 화려했던 의상을 지각하는 것과
같이, 세계가 어떤 기만적인 매력도 없는 것으로 보이는, 일종의 중지
와 초연함의 상태이다. 이 상태는 지고(至高)의 자유의 상태이기에, 쇼
펜하우어는 『의지와 표상으로서의 세계』의 마지막 줄에서 그것을 불교
적인 지혜의 완성과 연결시킨다.

3장 본문 읽기

I. 쇼펜하우어의 『의지와 표상으로서의 세계』 서문, 칸트주의 철학에 대한 비판, 그리고 『충족이유율의 네 가지 근원에 관하여』

『의지와 표상으로서의 세계』의 서문

쇼펜하우어는 『의지와 표상으로서의 세계』의 세 판본 모두에 서문을 포함시켰는데, 각 서문은 텍스트의 중요한 면과 그것이 어떻게 수용되었는지를 드러낸다. 알아차릴 수 있을 만한 구체성을 지닌 채, 1818년에 작성된 초판 서문은 이 책을 읽기 전에 우리가 알고 있어야 할 철학적 배경을 개괄한다. 1818년에 쓴 재판의 서문은, 『의지와 표상으로서의 세계』가 사회적 영향력을 지니기를 15년 세월에 걸쳐 기다린 후 그의 나이 56세에 느꼈던, 외면당했다는 씁쓸한 심경을 표현한다. 1859년의 제 3판에 대한 서문에서는, 그의 철학적 공헌에 대한 사회적 인정을 몇 년 간 누린 후 그가 경험한 만족감을 엿볼 수 있다. 이 서문을 쓸 때 그는 71세였는데, 미래에도 계속 인정받기를 희망한다. 쇼펜하우어는 그러고 나서 1년 후인 1860년 9월에 서거하였다.

우리의 직접적인 목적을 위해서는, 첫 번째 서문이 가장 읽을 만한 가치가 있다. 왜냐하면, 그 서문은 그의 독자들이 『의지와 표상으로서의 세계』를 이해하고자 할 때 요구되는 준비에 대해 언급하고 있기 때문이다. 그의 우선적이고 진정어린 충고는 "이 책을 두 번 읽어라."이

다. 이유인 즉, 이 책은 "단일한 사유"로 이루어졌고, 유기적으로 구성
되었다는 것이다. 다시 말해, 마지막은 시작을, 시작은 마지막을 전제
로 한다. 쇼펜하우어가 그 자신의 저서에 대해 생각하기에, 어떤 주어
진 부분도 다른 모든 부분들을 전제로 한다.

두 번째로, 1818년 판의 서문에서 쇼펜하우어는, 1813년 출판된 그
의 박사학위 논문, 『충족이유율의 네 가지 근원에 관하여』(The Four-
fold Root of the Principle of Sufficient Reason)가 『의지와 표상으로서
의 세계』에의 적당한 입문서라는 것을 상기시킨다. 또한 그는 만약 독
자들이 그 논문의 내용을 소화하지 못한다면 이 책은 잘 이해될 수 없
을 것이라 믿는다. 세 번째로, 쇼펜하우어에 따르면, 『의지와 표상으로
서의 세계』가 칸트의 주된 통찰들의 보다 정합적인 표현이며 발전이기
때문에, 그는 칸트의 비판 철학에 어느 정도 익숙해질 것을 요구한다.
요컨대 다음과 같은 것들이 그의 주된 조언들이다: 우리는 칸트 철학
의 주된 논점들과 쇼펜하우어의 박사학위 논문을 이해해야 하며, 그런
다음, 『의지와 표상으로서의 세계』을 두 번 읽어야 한다.

쇼펜하우어가 덧붙이기를, 만약 상황이 이상적이라면, 그래서 더 나
아가 플라톤 철학을 좀 알고 있다면, 독자들은 그의 메시지를 잡아낼
준비가 잘 된 상태일 것이다. 그리고 그들이 만일 베다(Veda)와 우파
니샤드(Upanishad)까지 이미 읽은 상태라면, 가장 잘 준비가 되어 있
다고 하겠다. 우리는 이 장에서, 전술한 세 가지 조언들에 집중할 것이
고, 플라톤과 그 고대 인도의 저작들은 이후 그것들이 쇼펜하우어의 설
명 속에서 등장할 때 살펴볼 것이다.

"단일한 사유"로서의 「의지와 표상으로서의 세계」

쇼펜하우어의 박사학위 논문과 『의지와 표상으로서의 세계』를 위한 노

트를 검토해 볼 때, 그의 나이 25, 26세였던 1813년에서 1814년까지, 그가 진실로 그 책을 "한 번에" 구상했던 것 같다고 생각하게 되고, 이는 작지만 흐뭇한 놀라움을 준다. 『의지와 표상으로서의 세계』는 각각 인식론, 형이상학, 미학, 윤리학의 화두들을 던지는 4개의 부분들로 나누어진다. 그리고 그의 1813년 박사학위 논문과 그의 노트에 1814년부터 기록된 내용들을 조사해 보면, 『의지와 표상으로서의 세계』의 핵심적인 생각들의 대부분은 1814년 연말 이전에 형성되었다는 것이 명백해진다. 『의지와 표상으로서의 세계』 서문에서 쇼펜하우어는 이 책이 "단일한 사유"를 표현한다고 말하는데, 이 말을 신뢰할 만한 좋은 이유가 있다. 그의 철학적 면모들 중 하나인, 긴장 속에 얽히고설킨 상호의존성은 쇼펜하우어 자신이 보다 순진하게 철학하는 방식이라 언급한 것, 말하자면 철학의 "체계"를 건설하는 것과 대조를 이룬다. "체계"라는 용어를 표준적이지 않은 의미로 사용하면서, 쇼펜하우어는 이러한 "체계"의 철학 스타일이, 자명하다고 여겨지는 기초적 토대가 우선 마련되고, 그로부터 다른 철학적 요소들이 논리적이거나 심리적인 확장으로서 발전되는 방식이라고 간주한다. 이 이른바 체계적인 구조는 그래서 비대칭적이다: 확장된 것들은 토대에 의존하는 반면 후자는 전자에 의존하지 않는다. 합리주의 철학에서 발견하는 것과 같이, 이러한 철학적 토대는, 예를 들면, 다른 명제들이 논리적으로 함축되는 정의들과 공리들의 집합이 될 수 있다. 스피노자의 『에티카』(*Ethics*)(1677)는 표본적이라 하겠는데, 그것은, 한편의 기하학 논문처럼, 공리처럼 표현되는 요소들을 제공하는 자명한 정의들로부터 시작하고, 논리적으로 함축된 명제들, 증명들, 그리고 서로에 기초하는 계(系)들(corollaries)의 복잡한 연속과 함께 전개된다.

대안적으로, 그 토대는 기초적인 감각 경험들, 예를 들어 빨간색, 초록색, 파란색, 단단함, 말랑말랑함, 시끄러움, 조용함, 거침, 부드러움 기타 등등의 조합이 될 수 있고, 그것들로부터 일상적인 대상들이 심리적으로 구성될 수 있다. 로크의 경험론은 이러한 두 번째 접근의 사례가 된다. 또한 그 토대는 단일한 개념이 될 수도 있는데, 그 개념으로부터 모든 다른 개념들, 최종적으로는 세계 그 자체가 뻗어 나갈 수 있다. 그리고 이러한 체계의 가장 좋은 예는 헤겔 철학이다. 헤겔 철학에서 그 씨앗들은 추상적 논리와 기초적인 "존재"의 개념 안에 있다. 이러한 논리적인 씨앗들은 견고한 무생물성으로 발전하고, 그 무생물성의 내부로부터, 논리적 형식의 점진적 실현과 체현(materialization)이 생명과 인간 사회를 생성한다.

쇼펜하우어는 그 자신의 전체적인(holistic) 철학 방식에 대비시키고자 하는 철학자들의 예로서 스피노자, 로크, 피히테, 그리고 셸링을 염두에 두고 있다. (이들 중 피히테와 셸링은 헤겔을 대신하는데, 왜냐하면 『엔치클로패디』[*Encyclopedia*]에서 등장하는 헤겔의 체계는 쇼펜하우어의 철학과 같은 시기인 1817년경에 구성되었기 때문이다.) 이 선배 철학자들이 모두 안정적인 기반을 추구하였다는 한에서, 그들은 데카르트로부터 영감을 받은 전통 안에서 철학을 했다고 할 수 있겠다. 데카르트는 1641년 작, 『제 1철학에 대한 성찰』(*Meditations on First Philosophy*)에서 그의 철학을 정초할 의심 불가능한 토대를 구했고, 주지하듯이, 그는 직접적인 자기-의식 혹은 코기토(*cogito*)("나는 생각한다.")안에서 그것을 발견했다.

철학하는 것을 거미줄을 짜내거나 집을 짓거나 씨앗으로부터 식물을 길러 내는 것에 비유할 만한 것으로 간주한 철학자들과는 달리, 쇼펜하우어는 철학적 활동을 보다 직관적인 작업으로 보았다. 그러한 작업 속에서, 모든 요소적인 직관들은 이미 형성된 유기체처럼, 단일하고 통합된 통찰로서 자기 자신을 드러낸다. 이런 이유에서 쇼펜하우어는 음악의 다 카포(*da capo*)와 동일한 것을 『의지와 표상으로서의 세계』의 마지막에 배치하고, 그렇게 함으로써, 이 책을 충분히 이해하기 위해 "우리는 그것을 다시 처음부터 연주해야 한다."는 메시지를 전한다.

쇼펜하우어가 저술을 하던 1820년대에는, 17, 18세기의 기계론적 세계관이 더욱 생명력 있는 모델에 의해 대치되는 과정에 있었다. 예측가능하며 정확하게, 그리고 수학적으로 정의되는 자연법칙들에 따라 필연적으로 작동되는 시계 같은 것으로 세계를 바라보는 것은, 갈릴레오와 뉴턴의 작업 속에서 분명하듯, 물리학의 발전에 있어 굉장한 강점을 지니고 있었다. 그러한 세계관은, 이 기간 동안의 많은 발명품들, 특히 망원경(1608), 계산자(c. 1620), 기압계(1643), 공기 펌프(1650), 추시계(1656), 증기 엔진(1698), 각도계(1731)의 발전에서 볼 수 있듯, 기술적 발견의 영역에서도 역시 중요한 것이었다.

이러한 시계-이미지는 곧 확장되어 인간 신체의 작동들을 포함하기에 이르렀고, 이는 의학과 생물학에서의 진보를 가능케 했다. 그 이미지는 역시 일터로까지 뻗어 나가, 노동자들을 사용가능하며 대체가능한 사회적 기계의 일부로 보는 로봇적인 관점을 도입하기도 했다. 비인간화에 대한 우려가 커지면서, 기계적인 모델은 점차 사라지기 시작했다. 인간의 자유에 관한 철학적인 이슈들 역시 두드러지게 되었다. (칸트 자신은 1780년대와 90년대에 이미 이러한 이슈들에 관심을 가지기 시작했다.) 왜냐하면, 만약 모든 물리적인 운동이 끊긴 데가 없는 자연적 기계의 예측가능한 일부라면, 인간이 어떻게 자유로울 수 있는가를 상상하기가 더욱 어려웠기 때문이다.

이러한 우려에 더하여, 종교적인 영감이 위축되고, 대다수의 사람들이 진정한 정신적인 가치에 대한 생각을 잊으면서, 지역사회의 교회에

대한 참여가 그야말로 기계적인 것이 되고 있다는 사실이 광범위하게
감지되었다. 1816년에 글을 쓸 때, 쇼펜하우어도 종교가 "거의 완전히
사멸해 버렸다."는 사실을 지각했다.[1]

기계론적인 세계관이 만들어 내는 그러한 악영향들과 함께, 쇼펜하
우어가 집필을 하던 19세기의 분위기는 정치적, 철학적, 사회적, 그리
고 개인적인 영역과 관련한 분열과 불일치의 느낌들을 포함하고 있었
다. 그리고 이러한 느낌들이 많은 사회적 차원들에서 통일성(통합)의
추구를 촉발하게 되었다.

쇼펜하우어가 『의지와 표상으로서의 세계』를 집필하던 시기에, 프러
시아(Prussia)와 바바리아(Bavaria)의 정치적 지배에도 불구하고, 수백
에 달하는 왕자들의 국가들이 독일어권 세계를 혼란스런 직조물의 양
상으로 분열시켰다. 당시 영향력 있던 칸트 철학은 이에 더해 외양과
실재, 마음과 몸, 감각경험과 개념화(개념적 사유), 과학과 도덕, 지식
과 신앙, 결정론과 자유론 사이의 좁히기 어려운 간극을 만들었다. 그
리고 이런 상황은 세계에 대한 보다 생명-지향적이고 통합된 관점에
의해서 이러한 분열들을 재통합하고자 하는 노력을 자극하였다.

이렇게 모인 요구들은 철학하기에 사용된 주요 개념들과 모델들에서
의 변화를 만들어 냈고, 18세기에서 19세기로 넘어가면서, 기계론적인
사유는 유기적 관계에 초점을 두는, 통합체 지향의 상상과 이론화에 의
해 점차적으로 대체되었다. 앞서 언급한 헤겔의 철학 체계는 이를 잘
보여 주는 사례라고 할 수 있다. 왜냐하면 그 체계는, 변증법적인 이론
적 발전의 출발점이 될 견고한 정초를 추구하며 이전의 토대주의적인
(foundationalist) 스타일을 유지하면서도, 씨앗으로부터 자라나는 식

---

1   *Manuscript Remains*, Vol. 1, Teplitz, 1816, §551, p.409.

물이라는 주된 이미지를 그것의 주요한 영감이요 모델로서 도입함으로써, 그러한 이론적 확장에 유기적 통합의 측면을 덧붙이기 때문이다.

　그래서 19세기 초에는, "생명"의 개념이 철학 이론들에서 더욱 눈에 띄게 등장하게 되며, "유기적 통일체"의 개념은 기계론적 사유에 대한 반동의 일차적인 표현들 중 하나로서 나타난다. 이 두 개념들, 즉 "생명"과 "유기적 통일체"는 다양한 해석을 거치면서, 19세기 철학의 경향을 상당 부분 확정한다. 『의지와 표상으로서의 세계』의 유기적인 구조, 그리고 그 책을 두 번 읽으라는 쇼펜하우어의 권유도 이러한 역사적인 분위기의 산물이다.

19세기의 부활 전략들

우리는 19세기 초의 사상가들이 그들의 이론화 작업과 세계관에 생명력 불어넣기를 시도했던 두 가지 방식들을 확인할 수 있다. 이 두 방식들은, 주류의 문화적이고 종교적인 감성들을 반성하며 더 건강하거나 진실한 정신적인 상황에 대하여 모색하는 것을 포함한다. 첫 번째는 고대 그리스의 정신을 불러일으키는 것이었는데, 그 이유는, 당시 많은 이들은 고대 그리스인들이야말로 가장 건강하고 가장 진실하며, 가장 모범적인 문화를 이루었다고 믿었기 때문이다. 두 번째 전략은, 상실된 것으로 보였던 기독교의 근원적인 본질을 찾는 것이었다. 이러한 모색은 종종, 예수 자신이 경험했던 것과 같은 의식 상태를 지니는 것이 과연 어떤 것일지 생각해 보는 것으로 이어지곤 했는데, 왜냐하면 이러한 작업은 진실로 기독교적인 정신세계를 구현할 수 있기 때문이었다. 우리는 쇼펜하우어 철학 안에서 진정한 기독교 정신의 일부를 보게 될 것이다.

　쇼펜하우어가 믿기에, 기독교의 진정한 메시지는 구원의 길로서 금욕주의를 권장한다. 쇼펜하우어는 그래서, 그의 유명한 힌두교와 불교에 대한 관심에도 불구하고, 기독교의 진짜 메시지를 그의 철학에 유입하고자 노력했다고 이해할 수 있다. 그리고 그는 다른 이들이 그러한 기독교의 메시지를 수용하여 세상의 고통과 함께 그들 자신의 고통을 줄일 수 있기를 희망하면서 이런 시도를 했다고 이해할 수 있다. 이쯤에서 19세기 이론가들이 그들의 철학에서 사용하는 "생명" 개념의 양 측면에 주목하는 것이 좋겠다. 그들의 철학에서 생명은 때때로 친근한, 유기적 통일성에 초점을 둔, 잘 통합되어 있으며 균형 잡힌 모습을 띠지만, 반대로 낯설고 광폭하며 사악한 외양을 띠기도 한다. 쇼펜하우어는 처음엔 유기적 통일성을 강조하지만, 그의 철학 다른 단면에서는 생명의 더 폭력적인 측면들을 더욱 강조한다. 앞으로 보게 되겠지만, 후자의 경향은, 어떻게 쇼펜하우어가 일상의 세계는 일종의 허상이요 참회의 장소라고 간주하고 이와 같은 생각을 힌두교와 불교 안에서 우연히 발견한, 근본적으로 기독교적인 철학자로 해석될 수 있는가와 관련된다.

이와 대조적으로, 헤겔은, 그가 세계사를 "형틀"이라고 묘사함에도 불구하고, 생명을 보다 긍정적인 방식으로, 즉 전체적으로 보았을 때 균형, 유기적 통일성, 발전, 유연성 그리고 합리성을 포함하는 것으로 바라보았다. 건강하거나 생명을 잘 표현할 수 있는 사람은 심신을 잘 통합하며 심리적인 평형상태를 유지하고, 자신의 잠재력을 신장하고 합리적인 계획에 따라 자신의 삶을 조직화하며, 아마도 자신의 전반적인 생각에 적절한 지혜라는 양념을 가미하는 사람일 것이다. 여기에서 "생명"은 친근하고 전도유망한 모습을 띤다.

이미 언급되었듯이, 생명이 지닌 사악하고, 경쟁적이고, 고통스러우며, 공격적이고, 팽창하고, 착취적이고, 각성케 하며, 본질적으로 비도덕적인 경험적 차원들은 쇼펜하우어의 주의를 피해가지 않는다. 사실, 이러한 생명의 측면들은 그가 받아들이기 어려우며 그의 철학이 저항하는 진실을 이룬다. 우리는 영양을 위해 다른 생명체들을 죽이고 소비하지 않고는 생존할 수 없다. 그리고 만약 우리가 공격적이기를 배우지 않는다면, 우리는 쉽게 다른 존재나 사람의 희생양이 될 수 있다. 이것은 본능적이며 비이성적으로 지배되는 생명의 관점인데, 쇼펜하우어에 따르면, 그 관점은 이기적 욕망의 세계 이면에 도사리고 있다. 생명이 이렇게 해석될 때, 우리는 더 큰 혼란 속에서 과연 생명의 가치가 무엇인지를 묻게 된다. 외견상으로, 우리는 먹고 마시지만 결과적으로 다시 배고프고 목마르게 될 뿐이고, 우리 자신과 같은 존재를 낳지만, 그 결과 그들은 별 의미 없이 우리가 했던 것과 똑같은 것을 반복할 뿐이다. 성장과 발전이 희망을 준다고 하는, 삶에 대한 긍정적인 관점의 부재 속에서, 이렇게 난폭한 생명에 대한 관점은 우리를 허무주의와 마주하게 만든다. 그래서 쇼펜하우어는 생명이 슬프고 무의미한 농담 같은 것이라고 말하면서도, 인간이 처한 상황에 아무런 희망이 없다고 결론 내리는 것에는 반대한다. 『의지와 표상으로서의 세계』의 3, 4부에서 보게 되겠지만, 쇼펜하우어는 이러한 긴장을 해소하기 위해서, 상대적으로 시간으로부터 자유로운 미적 체험과 욕구의 최소화로 주의를 돌린다.

쇼펜하우어의 박사학위 논문: 「충족이유율의 네 가지 근원에 관하여」
충족이유율은 세계가 부조리하지 않으며, 어떠한 주어진 사실이나 참된 명제에 대해서도 그것(그 사실이나 명제)에 대한 이유가 있다는 생각을 표현한다. 어떠한 제약도 없이 "왜"라고 묻는 것이 우리 인간의 본성이다. 충족이유율에 따르면, 어떤 주어진 상황에 대해서도, 그것이 예컨대 아르투르 쇼펜하우어가 1788년 2월에 태어났다는 것이건, 지구가 하나의 달을 지니고 있다는 것이건, 혹은 지각가능한 세계는 시간과 공간 안에 있다는 사실이건 간에, 항상 모종의 설명이 존재한다. 이러한 이유 혹은 설명들은 현재로서는 알려지지 않은 것일 수도, 앞으로도 결코 알려지지 않을 수도 있지만, 그 원칙은 이러한 설명이나 이유가 존재한다고 진술한다. 충족이유율이 적용된다고 가정되는 어떤 탐구의 영역에 대해서도, 그 탐구 영역은 원칙적으로 철저히 이해가능하다고 믿어진다. 우리가 일단 그 원칙을 가능한 인간의 경험의 영역에 적용한다면, 우리는 인간의 삶에서 어떤 진정한 의미의 부조리함도 존재하지 않는다고 가정하게 된다. 우리가 그것을 존재 전체에 적용한다면, 우리는 이성적인 것은 현실적이요, 현실적인 것은 이성적이라는 것을 전제한다.

충족이유율하에서, 우리는 지구가 창조되었을 때 그것이 공간을 관통하며 움직이지 않았을 것이라고 주장할 수 있다. 왜냐하면, 우주의 전 방향이 같은 가치를 지니기에, 지구가 다른 방향이 아니고 특정한 한 방향으로 움직여야 했던 이유가 없기 때문이다. 우리는 모든 시점이 질적으로 동일하기 때문에, 우주가 시간의 어떤 특정한 순간에 창조되지 않았을 수도 있다고 주장할 수 있는데, 이는 다른 시점이 아닌 어떤 특정 시점에 우주를 창조했어야 할 이유가 없기 때문이다. 한 사람이 어떤 장소에 있고 다른 한 사람이 그와 다른 장소에 있어야 할 이유가 없기 때문에, 어떤 두 사람도 정확히 똑같을 수 없다고 주장할 수도 있다. 더 나아가, 공간이 오른손과 왼손 같은 불일치하는 대응물을 포함하는 것처럼 보임에도 불구하고, 신이 오른손 혹은 왼손의 방향이 우세하도록 공간을 형성했을 이유가 없고, 그래서 실재에는 이러한 비대칭성이 존재해야 할 이유가 없으므로, 공간은 객관적인 실재가 아니라고도 주장될 수 있다. 이러한 예들에서 지배적인 생각은 만약 어떤 명제가 그것을 지지해 주는 다른 가능한 이유를 지니지 않는다면, 그 명제는 참일 수 없다는 것이다.

충족이유율의 구성적인 측면에서, 쇼펜하우어는 설명해야 할 무언가가 있을 때마다, 몇 가지 조건들이 반드시 만족되어야 한다는 것을 관찰한다. 첫째, 주관 혹은 설명을 구하는 누군가가 있어야 한다. 둘째, 그 사람이 설명하길 원하는 무언가가 있어야 한다. 셋째, 만약 설명이 타당하다면, 그 설명은 자의적이거나 단지 잠정적인 것일 수 없고 필연적이어야 한다. 이러한 생각들이 바로 충족이유율의 근간을 이루는 것이고, 그것들에 의해서, 쇼펜하우어는 가장 궁극적인 설명의 수준에서, 그 원칙의 근간에서, 우리가 다음과 같은 것들을 전제해야만 한다고 믿는다: (1) 주-객관 구분 (그것은 주관과 객관 양자가 항상 서로와의 관계 속에서 드러남을 함축한다.) (2) 설명의 요소들 사이의 필연적인 연결 (왜냐하면 그런 연결이 필연적이지 않다면 진정한 설명은 존재하지 않기 때문이다.) 만약 설명을 구하는 주관이 없다면 설명될 인식의 대상이 존재하지 않는다. 대상을 인식하는 주관들이 있을 때, 이러한 인식 대상들은 "표상들"(representations)(*Vorstellungen*)이거나 심상들이다. 역으로, 만약 대상 혹은 표상이 존재한다면, 그 표상이 등장하게 되는 주관이 존재해야 한다.

이러한 충족이유율의 "근원"으로부터 더 나아가서, 쇼펜하우어는 설명에서 등장할 수 있는 필연적 결합의 네 가지 **종류들**을 확인한다. 쇼펜하우어는, 설명에 대한 일반적 이론의 기초를 확립하기를 희망하며, 이러한 항목들의 나열을 통해 필연적 결합관계의 모든 다양한 형식들을 아우르고자 하였다. 그에 따르면, 이전의 철학사는 항상 "이유"가 단일한 개념으로서 모든 종류의 상황들에 적용가능하다는 무비판적인 가정을 포함하고 있었기 때문에, 이러한 기초가 그때까지 잘 정립되지 않았다. 쇼펜하우어는 "이유"의 개념이 "삼각형"의 개념과 유사하다고 믿었다: 만약 삼각형이 존재한다면, 그것은 배타적으로 정삼각형, 이등변 삼각형, 혹은 세변의 길이가 모두 다른 삼각형이어야 한다. 우리는 이와 같이, 우리의 이성을 적용할 때, 즉 설명을 구할 때 사용하는 이유의 **종류들**을 구체화할 필요가 있다.

이에 따라 쇼펜하우어는 이유의 네 가지 종류들과, 그것들에 상응하는, 설명 속에서 작동하는 대상의 네 가지 종류들을 (배타적으로) 확인한다. 우리는 (1)물리적 사물의 조건을 설명하는 것 (**인과적** 설명이 이에 적합하다.) (2) 개념들 간의 관계를 설명하는 것(이것에는 **논리적** 설명이 적합하다.) (3) 숫자, 공식, 기하학적 도형들 사이의 관계를 설명하는 것(여기엔 **수학적/기하학적** 설명이 적합하다.) 혹은 (4) 동기, 내적 추동, 혹은 마음의 주관적인 상태들(의 존재)을 설명하는 것(여기에는 **심리학적** 설명이 적절하다.)에 관심을 가질 수 있다. 쇼펜하우어의 중심적인 논점들 중 하나는, 일단 우리가 어떤 종류의 대상을 설명할지 선택하면, 그 종류의 대상에 적합한 종류의 설명에 천착(穿鑿)해야 하고 다른 종류의 대상에 적합한 추론 방식을 도입하는 것을 삼가야 한다. 예를 들어, 쇼펜하우어가 보기에, 어떤 물리적 사물의 존재 그리고/혹은 그것의 조건을 순수한 정의와 논리적 함의를 언급하며 설명한다는 것은 무의미하다. 여기에서, 관련이 있는 필연적 결합의 종류는 논리적 함의가 아니라 물리적 대상이나 사건 사이의 인과적 결합관계이다. 이와 유사하게, 우리는 왜 어떤 이가 자신이 빚을 갚아야 하고 따라서 빚을 갚기 위한 어떤 행위를 해야 한다고 생각하는지를, 그 사람 뇌 안의 신경생리학적 발화현상으로는 제대로 설명할 수 없다. 첫 번째 예는 논리적 설명과 인과적 설명의 혼동을, 두 번째 사례의 경우 인과적 설명과 심리학적 설명의 혼동을 포함한다.

이유-제시의 상이한 종류들이 이렇게 뒤섞이고 경계를 가로지르는 것이 부당함은, 크랜베리나 딸기를 짜내면서 포도주스가 나오기를 바라는 사람에 비유될 수 있다. 쇼펜하우어는, 그럼에도 많은 철학자들이 그들의 설명에 있어서, 그리고 그들 철학의 기초적인 명제들에서 자주 이러한 혼동을 범해 왔다는 사실을 지적한다. 쇼펜하우어가 보기에, 이러한 부당한 기초들은 통상적으로 신의 존재에 대한 존재론적 증명의 수용을 포함한다. 쇼펜하우어는 이 증명이, 정확히 그가 경계하기를 권고하는 혼동에 기초한다고 간주한다. 존재론적 증명은 단순한 개념적 정의 (예컨대, "신은 그 자신보다 더 위대한(큰) 존재를 상상할 수 없는 존재이다.")에서 출발해서, 하나의 존재자가 실존함을 주장하는 극적인 결론(예컨대, "신은 존재한다.")을 내린다. 쇼펜하우어에 따르면, 이는 논리적인 설명과 인과적인 설명을 혼동하는 것이다.

"충족이유율"이라는 용어는 『의지와 표상으로서의 세계』의 여기저기에서 계속 등장한다. 쇼펜하우어는 그 원리의 범위를 제한할 것을 강조하고, 그것은 칸트가 기술하는 경험을 위한 필연적인 결합관계들의 전체 집합을 언급하기 위해 사용할 수 있다고 주장한다. 칸트에 따르면, 이것들(인간 경험을 위한 필연적 결합관계들)은 시간, 공간, 그리고 오성의 12개의 순수한 개념들이다. 쇼펜하우어에 따르면, 시간, 공간, 그리고 (쇼펜하우어가 칸트의 오성 범주들 중 지속적으로 인정하는 유일한 개념인) 인과성이 존재한다. 양자 모두에 있어, 이러한 형식들은 인간 정신에 배타적으로 귀속되고, 과학적으로 사물을 인지하는 우리의 능력을 규정한다. 그것들은 그 자체로서의 세계의 양상이 아니라, 오직 우리 인간의 인식 방식의 양상이다. 결국, 쇼펜하우어에 따르면, 충족이유율은 시간, 공간, 그리고 철저한 인과적 메커니즘 속에서 서로 상호작용하는 대상들로 이루어진 허구의 세계를 우리에게 생성하는 것이다.

쇼펜하우어의 칸트 인식론 비판

쇼펜하우어는 "칸트주의 철학에 대한 비판"이라는 부록을 『의지와 표
상으로서의 세계』에 첨가하는데, 그는 칸트로부터 비롯한, 자신의 철
학 이면에 있는 이론적인 모티브들에 친숙해질 수 있는 한 방법으로 이
부록을 권한다. 쇼펜하우어는 칸트의 관점에 전반적으로 공감적이면서
도, 칸트의 입장 안에서 몇 가지 오류를 식별해 낸다. 쇼펜하우어에 따
르면, 이 오류들은, 수정을 거쳤을 때, 그 자신이 칸트를 대신해서 제공
하는 형이상학을 함축한다. 칸트의 착오들은 주로, 우리의 감각경험을
초래한다고 가정되는 형이상학적 존재자, 즉 칸트 자신의 용어로는
"물자체"에 대한 칸트의 이해와 규정 방식에 관련된다. 칸트에 따르면,
우리가 신이 존재하는 방식을 상상할 때처럼, 물자체는 절대적이며 정
신과 독립한, 다시 말해 우리가 존재하던 존재하지 않던 간에 그 자체
로서 존재하는 실재이다. 칸트는 이 물자체는 "그 자체로서는" 알 수
없다는 입장을 견지한다: 영구적으로, 우리는 기껏해야 이 실재가 우
리에게 어떻게 나타나는지를 알 수 있을 뿐이며, 그것이 진실로 어떻게
존재하는지는 결코 알 수 없다.

칸트에 의하면, 형이상학적 지식은 불가능하다. 왜냐하면, 우리는 우
리가 무엇을 알 때마다 그 상황에 우리의 인간적 본성을 필연적으로 도
입하는 존재이기 때문이다. 우리는 (논리적 존재를 의미하는) 이성적
존재이고, 그래서 우리에게 주어진 감각경험에 논리적인 질서를 부여
한다. 또한 우리는 시간적이며 공간적으로 그것들을 질서 지우는데, 이
시간과 공간은 기하학적이고 수학적으로 기술가능한 것들이다. 이 논
리, 공간, 시간은 인간인 우리 안에 내재하는 것들이고, 그래서 우리는

세계를 그런 식으로 밖에는 경험할 수 없다. 세계가 그 자체로서 어떻게 존재하는지는 별개의 문제이고, 우리는 유한한 인간 존재로서, 논리적으로 질서 지워진, 시-공간적인 형식에 입각하지 않고서는 세계를 경험할 수 없기 때문에, 그것들이 구성해 내는 세계의 그 특정한 외양에 만족할 수밖에 없다. 인간이 아닌 존재에게는, 만약 그 존재의 경험이 시간, 공간, 그리고 논리적인 형식에 의해서 영향 받지 않는다면, 정신과 독립한 실재가 다르게 보일 것이다.

칸트는 논리학의 역사로부터 12개의 기본적인 논리적 형식들을 확인해 내고, 이에 따라서, 우리가 주어진 경험을 구성하기 위해 사용하는, 12개의 상응하는 개념들을 확인한다. 쇼펜하우어에 따르면, 이 논리적 형식들 중에서 가장 중요한 것은 조건언(가언)의 형식, "만약 A라면, B이다."와, 앞서 주목했듯이, 그것과 조응하는 인과성의 개념이다. 쇼펜하우어는 그 결과 "시간, 공간, 그리고 인과성"이 우리가 경험을 조직화할 때 적용하는 주된 형식들이라고 말한다. 그는 동물들도 이 세 가지 형식들과의 관계 속에서 세계를 경험하며, 그들 역시 이런 초보적인 의미에서 "오성"(understanding)을 지니고 있다고 확신한다. 칸트와 쇼펜하우어 양자에게 있어 핵심적인 것은, 시간, 공간, 그리고 인과성은 사물들이 그 자체로서 존재하는 방식이 아니라 오직 마음과 독립한 실재가 우리에게 나타나는 방식에 대해서만 알려 준다는 생각이다. 주어진 감각경험에 시간, 공간, 그리고 인과성의 개념을 적용하는 것은 그럼에도 불구하고 공통된 경험적 세계를 생성한다. 비록 그 세계는 보다 상위의, 불가지의 실재의 외양일 뿐이지만 말이다.

어떤 지점에서 쇼펜하우어는, 칸트가 (뜨거운 화염이 물이 끓는 것의 "원인"인 것처럼) 사실상 엄밀한, 과학적인 의미에서 물자체가 우리의 감각경험의 "원인"이라고 말할 때 일관적이지 못하다고 지적한다.

이런 식으로 이야기하는 것도 당연한데, 그 이유는, 우리가 감각경험의 원인이 되는 대상들(예컨대 뜨거운 접시나 얼음 덩어리)을 일상적 맥락 속에서 경험하고, 더 넓은 맥락 속으로 이 경험 방식을 끌어들여서 우리의 감각경험 전체를 똑같은 방식으로 초래하는, 마음으로부터 독립한 모종의 대상을 지칭하기 쉽기 때문이다. 그리고 무지개는 비의 작은 입자들에 의해 만들어지는 하나의 외양인 것처럼, 비의 작은 입자들 자체도, 그리고 더 나아가 모든 다른 물리적 대상들도 물자체에 의해 초래되는 외양일 뿐이라고 칸트가 말할 때, 칸트가 하고 있는 것이 정확히 이런 것이다.[2]

  그러한 비일관성은, 인과성의 관계는 시간과 공간에 위치한 아이템들 사이에 적용될 때에만 지식을 산출할 수 있기 때문에, 우리는 물자체가 (문자 그대로) 무언가의 원인이라고 말할 수 없다는 칸트의 입장 안에 존재한다. 물자체는 시간 안에도 공간 안에도 있지 않기에, 결국 인과성의 관계는 물자체에 적용할 수 없게 된다. 이는 다음과 같은 논증을 배제한다: 우리는 감각경험을 지니고, 이 감각경험에는 반드시 원인이 있다. 그래서 그들의 원인이 되면서 시간과 공간에 존재하지 않는 모종의 물자체가 있다. 쇼펜하우어에 따르면, 만약 우리가 이러한 논증을 거부할 경우, 결과적으로 이상한 입장에 처하게 되는데, 왜냐하면 이 경우, 즉 우리가 무언가가 우리의 감각경험들의 "원인"이라고 말할 수 없다면, 그것들(감각경험들)이 전체로서 어디로부터 연유하는지는 미스터리가 되기 때문이다. 쇼펜하우어의 철학은 이 질문에 대답하고 이러한 도전에 대응하는 것을 목표로 삼는다.

  위의 추론과 유사한 방식으로, 쇼펜하우어는 칸트가 물자체를 하나

---

2   *Critique of Pure Reason*, "Transcendental Aesthetic", A45/B63.

의 (객관적) "대상"(object)이라고 적법하게 말할 수 없다고 주장한다. 왜냐하면, 대상의 개념 그 자체는, 모든 지식 안에 존재하며 충족이유율의 근거를 이루는 "주관-객관" 구별의 한 축으로서, 배타적으로 충족이유율의 한 표현이기 때문이다. 지식과 관련해서, 인과성의 개념이 외양들에만 적용될 수 있듯이, 대상의 개념도, 지식과 관련하여, 외양에만 적용가능하다. 물자체를 일종의 객관적 대상으로 간주하는 것은 그것이 무언가의 원인이라고 말하는 것만큼 문제가 된다.

이 모든 것은, 만약 우리가 물자체라는 존재자를 인정한다면, 그것은 대상도 아니요 어떤 것과도 인과적 관계를 맺지 않는다는 것을 함축한다. 쇼펜하우어의 칸트 비판의 결과들 중 하나는 물자체에 관한 언급과 논의로부터 "원인"과 "대상"이라는 어휘를 제거하는 것이다. 물자체의 존재를 인정한다. 하지만 물자체가 무엇이든지 간에, 그것은, 칸트가 개념화하는 방식과 대조적으로, 어떤 종류의 "사물"은 아니다.

테이블에 대한 지각을 예로 들어 보자. 우리가 그 테이블을 모종의 지각불가능한 실재의 외양으로서 파악할 때, 이 모종의 지각불가능한 실재가 (그 지각된 테이블이 나타나도록 인과적으로 초래하는 대상으로서의) 테이블 "그 자체" 혹은 "선험적인" 테이블이라고 상상하기 쉽다. 그러나 이는 쇼펜하우어가 강력히 반대하는 종류의 추론이다. 그의 충족이유율에 대한 이해 방식을 따라, 그는 소위 선험적인 대상(지금의 경우, 선험적인 테이블)이란 것이 단지 우리가 테이블의 지각으로부터 구성해 낸 하나의 추상적인 개념일 뿐이라는 입장을 견지한다. 그 개념은 지각된 테이블에 의존하지만, 그 역은 성립하지 않는다.

쇼펜하우어에 따르면, 실제 테이블의 지각은 경험적으로 그리고 철학적으로 처음 유래하며, 이 지각을 참조하여, 추상화의 과정은 테이블 "그 자체" 혹은 "선험적인 테이블"이라는 생각을 구성해 낸다. 후자는 그럼에도 불구하고 하나의 추상화일 뿐이고, 그래서 그 추상화가 우리의 테이블 같은 지각들을 초래한다고 믿는 것은 역으로 생각하는 것이 될 것이다. 마치 선험적 테이블이 우리의 시-공간적인 테이블의 지각을 초래한다고 말할 때처럼 말이다.

쇼펜하우어는, 이러한 혼동과 역행이 대상의 감각적 파악 혹은 그가 "직관적인 지각" 내지는 "직관적인 지식"이라고 부르는 것과 그러한 지각들을 기반으로 추상개념을 구성하는 것을 혼동하는 것으로 인해 발생한다고 기술한다. 쇼펜하우어는 이 맥락에서 영국 경험주의자들을 따르면서, 모든 추상개념은 직관적인 지각으로부터 파생한다고 믿는다. 만약 그렇다면, 하나의 추상개념은 지각들의 원인이고 그 지각들로부터 추상화에 의해 그 개념이 창출된다고 보는 것은 어불성설이다. 이것은 만월을 보고 그 이미지로부터 원의 개념을 추상화하고 그 원의 개념이 달의 존재를 초래하였다고 생각하는 것에 비유될 수 있다. 이러한 이유로, 쇼펜하우어는 칸트의 직관적 지식과 추상적 지식 간의 "엄청난" 혼동을 반복적으로 언급한다.

칸트의 생각 속에 직관적 지식과 추상적 지식 간의 혼동이 존재한다는 쇼펜하우어의 가정으로 인해, 후자는 전자의 인간 오성에 대한 논의의 대부분을 거절하게 되었다. 칸트에 의하면, 우리의 오성은 논리적 판단의 기초적 형식들 12개를 표현하는 12개의 순수한 개념들로 구성되어 있다. 그리고 그 12개의 논리적 판단 형식들은 모두 아리스토텔레스의 논리에 대한 관점으로부터 이끌어 낸 것이다. 아리스토텔레스의 시대부터 칸트의 시대까지 줄 곧 유지되어 온 아리스토텔레스 논리학의 안정성과 신뢰성을 바탕으로, 칸트는 그것이 정당하며 인간 존재의 이성적 본성을 표현한다고 굳게 믿었다.

쇼펜하우어는, 인과성의 개념을 제외한 나머지 11개의 범주들은 지각적 지식에 필요한 개념들이 아니라고 생각하였다. 그가 믿기로는, 그 개념들의 대부분은 경험으로부터의 추상화에 의해 형성된 것이다. 이 것이 진실이건 아니건 간에, 칸트의 범주들에 대한 쇼펜하우어의 거부 의 동기는 부분적으로, 동물들은 이러한 개념들(즉, 단일성, 다수성, 전체성, 실재성, 부정성, 제한, 실체, 상호성, 가능성, 현실성, 필연성) 을 지니고 있어 보이지 않으나 그들은 테이블이나 의자, 나무, 음식, 다 른 동물 등을 지각해 내는데 있어 곤란을 겪지 않는다는 나름의 관찰이 다. 그래서 쇼펜하우어는, 계승해야 할 유일한 오성 범주는 인과성의 개념이고 이는 동물과 우리 인간이 공유하고 있는 것이라는 결론에 도 달한다. 그리고 이것은 공간, 시간, 그리고 인과성이 선험적인(*a priori*) 경험의 형식들이라는 주장을 낳는다. 우리는, 쇼펜하우어가 가끔씩 적절한 맥락에서 공간과 시간들을 따로 떼어 "개별화의 원리"(the principle of individuation)(*principium individuationis*)라고 부르는 것을 보게 될 것이다.

> 우리는 **다수성**(plurality) 일반이 시간과 공간에 의해 필연적으로 조건 지
> 워지고 오직 이것들 안에서만 생각될 수 있다는 것을 알고 있으며, 이런
> 점에서 우리는 그것들(시간과 공간)을 개별화의 원리(*principium individ-
> uationis*)로 부른다(§24).

연 구 를 위 한 물 음 들

1. 쇼펜하우어는 그 자신이 하나의 철학적 "체계"를 발전시켰다고 생각
   하는가? 왜 그는 그렇게 생각하는가? (혹은 왜 그렇게 생각하지 않
   는가?)
2. 충족이유율이란 무엇인가?

3. 충족이유율의 "근원"은 무엇인가?

4. 충족이유율의 "네 가지" 근원은 무엇이며, 쇼펜하우어는 왜 신 존재
의 존재론적 증명에 기초를 둔 어떤 철학에도 반대하는가?

5. 왜 쇼펜하우어는 "원인"과 "(객관적)대상"이 (그 자체로서 존재하는
방식 그대로의) 형이상학적 실재에 적용될 수 없다고 믿는가?

II. 제1부, 지각적인 표상 대(對) 추상적인 표상, §§1–16

제 1부의 긴 부제(副題)는 다음과 같다. "충족이유율의 조건하에서 고
려된 표상: 경험과 과학의 대상." 여기서 쇼펜하우어가 언급하고 있는
것은 우리가 일상적으로 파악하는, 시간과 공간 안에서 우리 앞에 서
있으며 서로 인과적으로 연결된 객관적 대상들로 가득 차 있는 세계,
즉 테이블, 바위, 별, 나무, 다른 사람들 등의 세계이다. 이 세계는 표상
들의 거대한 조합이다. 제 1부에서 쇼펜하우어는 그러한 것으로서의
세계가 우리에게 어떻게 나타나는지에 주목한다. 그 세계는, 우리가 그
것을 일상적 경험에서 관찰하는 방식 그대로, 객관적이고, 기계적으로
작동하고, 과학적으로 이해가능한 것이며, 측정할 수 있는 아이템들로
구성된다. 이는 하나의 "대상"으로 고려되는 세계이고, "표상으로서의
세계"인 것이다.

충족이유율은 이 세계의 객관적인 현현(顯現)을 조형하는데, 쇼펜하
우어는 이러한 (세계의) 나타남과 직접 관련이 있는 충족이유율의 네
가지 측면들 중 세 가지를 언급하면서 그의 설명을 이끈다. 이(세 가
지) 측면들은 (1)물리적 대상들 간에 성립하는 필연적 결합관계들, (2)
시간과 공간의 구조, 그리고 (3) 추상적 개념들이다. 제 2부에서 쇼펜

하우어의 논의는, 충족이유율의 네 번째 측면, 즉 동기에 초점을 두는 심리적 측면의 이면에 있는 것을 고찰할 것이고, 과학적 관점을 넘어선 차원에서 물리적 대상들의 내부적 본질을 드러내 줄 것이다.

제 1부 역시 충족이유율의 대상-중심적인 형식들을 반영하는 두 개의 서로 연관된 구분들을 발전시킨다. 이 쌍(雙)들은 "오성 대 이성"과 "지각적 지식 대 추상적 지식"으로서, 서로 평행하게 진행한다. 쇼펜하우어는 오성을 지각적인 지식의 원천이라고 기술한다. 지각적인 지식은 물리적 대상들, 인과성, 그리고 시간과 공간으로 구성된다. 반면, 쇼펜하우어는 이성을 추상적인 지식의 근원으로 규정하는데, 여기서 추상적 지식은 추상적인 개념들로 구성되는 지식을 말한다.

제 1부의 주된 목표들 중의 하나는 어떻게 지각적인 지식이 추상적인 지식에 대해 우위에 있는지를 보여 주는 것이다. §§1-7은 지각적인 지식과 오성에 중점을 두며, §§8-16은 추상적인 지식과 이성에 관여한다.

§§1-2: 주관-객관의 양극성과 객관적 대상의 인식으로서의 지식

『의지와 표상으로서의 세계』의 본문은 "세계는 나의 표상이다."("*Die Welt ist meine Vorstellung.*")라는 주장으로 시작하고, 쇼펜하우어는 이 주장이 하나의 근본적인 진리를 표현한다고 말한다. 이는 예기치 않은 출발점이 되는데, 왜냐하면 사람들은 일상적으로 세계 전체가 "나의" 표상이라는 말은 하지 않을 것이기 때문이다. 일상적인 관점은 세계가 우리 자신보다 훨씬 많은 것을 포괄하는 거대하고 복잡한 존재라는 것이다. 어떤 유한한 상술(詳述)도 넘어서, 그리고 우리의 파악범위를 넘어서, 그것은 지구, 태양계, 은하계, 사람들, 잎사귀, 조약돌, 모래, 풀, 화학적 과정, 미세한 운동, 기타 등등을 포함한다.

쇼펜하우어가 『의지와 표상으로서의 세계』를 시작하는 방식은 사물에 대한 보다 직접적이고 개인적인 관점을 우리들에게 제시한다. 이 관점은, 아마도 의자에 앉아 세계의 본질이 무엇인지 궁금해 하다가, 가장 확신에 찬 채로 내가 지금 바로 내 앞에 있는 세계를 파악하고 있다고 단언하면서, 아무 사전 지식 없이 자신의 혹은 "나의" 철학하기를 시작하고자 하는 어떤 이의 관점과 같은 것이다. 내가 개별적인 인식 주관인 한에서, 세계는 아마도 나를 넘어서 있는 무언가일 것이지만, 나의 경험과 관련해서, 그것은 근본적으로 "나의" 세계이다. 논쟁거리가 될 수 있는 한 걸음을 더 내딛으며, 쇼펜하우어는 그의 직접적인 인식의 대상들은 그의 관념 혹은 "표상들"이고, 이러한 정신적인 이미지들은 그것들이 등장하는 마음에 의존하는 바, 그것들은 생각하는 존재로서의 그의 현존에 의존한다고 생각한다. 이러한 관점은 한 사람이 파악하는 세계를, 그 자신의 정신적인 이미지들의 광대한 집합으로 (해석적으로) 변형시키고, 그렇게 함으로써 쇼펜하우어 원래의 주장을 지지한다. 쇼펜하우어는 그래서 "세계가 나의 표상이다."라고 진술하며, 대상들에 대한 그의 인식이 그의 심상들의 집합에 의해 구성된다는 것을 의미하기 위해서 "표상"이라는 단어를 사용하고 있다. 세계는 결국 우리의 지각과 기억의 풍요이다. 쇼펜하우어는 신비스럽게 "세계는 나의 의지이다."라는 명제를 덧붙이면서, 세계가 단지 불활성의 대상이 아니고 그 이상의 어떤 것이라는 것을 암시하는데, 이후에서야 우리는 이 명제를 제대로 이해할 수 있을 것이다.

이러한 제 1자적인(first-person) 세계 규정을 뒷받침하며, 쇼펜하우어는 지식이란 어떤 경우에든 반드시 **누군가** 혹은 다른 이에게 **있어서의** 지식이라고 역설한다. 그는 지금 그에게 주어진 세계를 인식하거나 "알고" 있다. 그렇다면, 알 수 있는 어떤 것이든 집단적으로 그리고 더 확장해서 "세계"라 칭할 때, 세계 혹은 지식의 대상이 알려지는 한에서, 그것은 어떤 인식하는 자, 달리 말해 어떤 주관에 대해서만 존재한다.

결국, 모든 지식은 어떤 대상을 지칭하지만 그것은 역시 그 대상을 인식하는 주관을 요구한다. 쇼펜하우어는 그것들 자체로서, 마음과 독립하여 존재하는 알려진 대상이 존재한다는 것을 부정한다. 왜냐하면, 이렇게 가정된 상황에서 우리는 인식 주관과 아무런 관계가 없는 심상들을 지시하고 있을 것이기 때문이다. 버클리의 유명한 언명(dictum)인 "존재함은 지각되는 것이다."를 반복하면서, 쇼펜하우어는 지식의 대상이 된다는 것은 어떤 주관에게 알려지는 것과 동일하다는 입장을 견지한다. 지식의 토대에서, 그는 결과적으로 주-객관 구분을 우리에게 제시하는데, 이 구분 속에서 모든 알려지는 객관적 대상은 그것을 아는 주관을 전제로 한다. 하나의 슬로건으로서, 그는 종종 "주관 없이는 객관도 없다."고 말한다.[3]

쇼펜하우어는 조심스럽게, 제 1부에서 그가 고려하는 것은 다만 세계가 지식의 대상으로서 나타나는 방식이라고 말하고, 이미 밝혔듯이, 세계가 지닌 다른 차원의 존재에 대해 언급한다. 이것은 세계의 내부적인 차원인데, 쇼펜하우어는 제 2부에서 그 차원을 "의지" 혹은 내부적 추동으로서 그리고 세계가 그 자체로서 존재하는 방식으로서 규정하고 기술한다. 즉, 제 1부는 세계의 객관적인 측면을, 제 2부는 그것의 주관적인 측면을 분석한다고 말할 수 있겠다. 객관적인 측면은 세계의 외양인 반면, 주관적인 측면은 세계의 내부적 실재이다. 이후 쇼펜하우어

---

3   이를 잘 드러내는 한 예는, 쇼펜하우어가 칸트에 대해 비판하는 맥락 속에서 그 슬로건을 언급한 것이다: "칸트의 근본적인 실수는 버클리의 존경받을 만한 명제인 '주관 없이는 객관도 없다.'를 분명하게 이야기하고 치하하지 않은 데 있다." *Manuscript Remains*, "Against Kant", p. 462.

는, 지식의 대상이 그것들이 알려지기 위해서 주관에 의존하는 방식과 유사하게, 세계의 객관적인 면은 그것의 주관적인 면에 의존한다고 주장할 것이다. "주관 없이는 객관도 없다."는 슬로건은 금방 "내부적인 세계 없이 외부적인 세계는 존재하지 않는다."로 바뀐다.

어떤 의미에서, 쇼펜하우어의 전체적인 관점은 단순하다: 그는 전체로서의 세계를, 우리가 자연스럽게 우리 자신을 바라보는 방식과 똑같은 방식으로, 즉 내부적 마음 혹은 의지에 의해 생명을 부여받은 하나의 몸으로서 간주한다. 그 내부적인 마음은 몸의 이면에 존재하지만 어디에도 없고, 만져질 수도, 관찰될 수도, 물체에 대한 과학적 잣대로 측정할 수도 없다. 우리는 뇌를 얇게 절단하고, 그것의 사진을 찍고, 그것의 무게를 재며, 우리가 원하는 만큼 그것을 과학적으로 검사해 볼 수 있지만, 우리는 무게를 잴 수 있는 의식을 발견하지는 못할 것이다. 하지만 의식은 엄연히 거기에 있다. 물리적인 우주를 의식이 있는 인간의 몸과 구조적으로 유사하게 봄으로써, 물리적 우주 전체에 모종의 내부적 본성, 이를 테면 그것의 "마음"을 귀속시키는 것은 빠른 진보이다. 쇼펜하우어는 이러한 발상을 우파니샤드에서 발견하며 기뻐하는데, 이 책은 세계를 아트만과 브라만이라 불리는 두 가지 측면, 즉 내부적인 것과 외부적인 것 그리고 주관적인 것과 객관적인 것을 지닌 것으로 기술한다.

쇼펜하우어는 §2에서, 주관은 세계의 지지자이며 나타나는 모든 것의 보편적인 조건이라 말하고, 주관은 모든 것을 알고 있으나 누구에게도 알려지지 않는다고 덧붙이는데, 이로써 그는 위와 같이 다양한 생각들을 표현하는 것이다. 하지만, 인간이 자신을 인식하고 자신에 대해 이야기하는 존재임은 너무도 당연하기에, 주관이 누구에도 알려지지 않는다는 말은 이상하게 들린다. 이 이상한 문구는 "안다"라는 단어를 쇼펜하우어가 기술적으로 사용하는 데서 비롯된다. 즉, 그는 "안다"라는 말로써 "지각 속에서 하나의 객관적 **대상으로서** 의식에 드러남"을 의미하는 것이다. 만약 우리 자신을 하나의 대상으로 생각한다면, 우리가 상상하는 그 개념적으로 동결된 대상은 그러한 상상을 하는 능동적이고 넘쳐흐르는 의식이 되지 못할 것이다. 우리는 그럼에도 불구하고 우리의 감정, 감각, 관념들을 직접적으로 경험하며 우리들 자신을 주관으로서 인식한다. 우리가 이러한 느낌들을 "사물들"로 객관화해 버릴 때, 기만이 일어난다. 쇼펜하우어에 따르면, 주관과 객관은 그래서, 서로 보충적이지만, 이질적인 형이상학적 유형들이다. 그는 자주 "종류 면에서 완전히 다른"(*toto genere different*)이라는 어구를 사용하여 양자 간의 대조를 표현한다. 자기-인식은 가능하다. 하지만 우리가 자기-의식 속에서 의식하는 것이 무엇이든 간에, 우리가 우리 자신을 능동적으로 사유하는 자로서 우리 자신을 직접적으로 경험하려면, 그것은 어떤 종류의 객관적 대상도 될 수 없다. 쇼펜하우어의 주관에 대한 이미지는, 마치 손가락 끝이 다른 것들을 만질 수 있지만 그것 자체는 만질 수 없듯, 다른 것들은 볼 수 있지만 그것 자신을 보기 위해 그것 자신으로 향할 수 없는 눈에 비유할 수 있는 것이다. 손가락 끝은 그것 자체를 만질 수는 없지만, 손가락 끝의 내부는 어떤 것을 만지지 않고서도 느껴질 수 있다. 자기-의식은 바로 후자와 같은 것이다.

자신의 주관과 객관에 대한 사유를 더욱 정교화하며, 쇼펜하우어는 세계의 객관적인 형식은 공간, 시간, 그리고 인과성의 특질들을 지닌다고 반복해 말한다. 반면, 그의 주장에 따르면, 주관은 시간과 공간 안에 있지 않다. "지식"을 배타적으로 객관적인 대상들에 대한 인식으로서 기술적으로 정의한 것처럼, 쇼펜하우어는 "주관"이라는 용어도 역시 독특한 의미로 사용한다. 그는 여기서 우리 자신에게 지금 여기에 있다고 인식되는 우리 자신으로서의 개별적인 인식 주관을 언급하고 있는 것이 아니라, 오히려 (그가 믿기에) 우리의 공간적이고 시간적인 의식의 이면에 자리 잡고 있으며 모든 이가 공유하는 무시간적인 내재적 실체를 언급하고 있다. 우리는 제 2부에서 이 생각을 더 잘 이해하게 될 것인데, 거기에서 쇼펜하우어는 모든 것의 근저에 있는 이 절대적인 실재를 "의지(Will)"라 칭할 것이다.

이쯤에서 쇼펜하우어가 어떻게 인간 본성 자체가 유한한 동시에 이성적이라는 칸트의 생각에 충실한지를 상기할 필요가 있겠다. 우리의 유한한 본성의 표현으로서, 칸트는 우리의 경험이 시간과 공간의 형식들에 지배를 받아야 한다고 생각한다. 우리의 이성적 본성의 표현으로서, 칸트에 따르면, 우리는 세계를 12개의 개념적인 범주들과의 관련속에서 경험해야만 하고, 이 12 범주들은 모두 기초논리학으로부터 이끌어 낸 것들로서, 인과성의 범주를 포함한다. 우리가 이미 주목했듯이, 쇼펜하우어는 칸트가 제시한 12개의 카테고리들 중에서 11개를 거절하고, 오직 인과성의 개념만을 다시 취하며, 그것을 공간 및 시간과 함께 묶어 "오성"을 규정한다. 이는 칸트와 대조가 되는데, 왜냐하면 칸트는 시간 및 공간으로부터 독립하여, 12개의 개념적인 범주들의 집합만으로 오성을 규정하기 때문이다. 칸트는 시간, 공간, 그리고 인과성의 형식들이 선험적으로 알려질 수 있는 것들이고, 따라서 인간의 경험에 있어 보편적이며 필연적인 것들이라 간주한다. 쇼펜하우어는, 그가 『충족이유율의 네 가지 근원에 관하여』에서 모든 필연적인 형식들이 충족이유율에 의해 포함된다는 것을 이미 보여 주었다고 확신한다. 그래서 그는 §2에서, 『의지와 표상으로서의 세계』에서는 충족이유율이란 어구를 우리 경험의 필요조건으로써 작동하는 모든 형식들을 포괄적으로 지칭하기 위해 사용할 것이라고 선언한다. 결과적으로, 쇼펜하우어는 『의지와 표상으로서의 세계』에서 "충족이유율"의 어구를 (그 책에서 자주 등장하는 삼총사인) 시간, 공간, 그리고 인과성의 형식들을 한꺼번에 지시하기 위한 편리한 약칭(略稱)으로써 사용한다. 이 모든 것을 통해, 칸트와 쇼펜하우어는 경험하는 주관을 본질적으로 무시간적인 존재로 간주하는데, 그 이유는, 만약 주관이 그것 내부로부터 경험의 필요조건인 시간 형식을 투사한다면, 주관은 투사의 시점, 즉 그것이 투사하는 바로 그 형식에 위치할 수 없다는 것이다. 주관은 투사에 선행해야만 하며, 그래서 그것은 무시간적이며 비공간적이어야 한다.

§3: 시간 그리고 일상적 삶의 비실재성

쇼펜하우어는, 그 자신이 고백하듯, "표상"(representation)(*Vorstellung*)에 면밀하게 주의를 기울이며 그의 철학을 시작하였다. "표상"이라는 용어는 개별적인 사물에 대한 인식 혹은 개념에 대한 사유를 의미할 수 있다. 쇼펜하우어는 이에 따라 표상들의 장(場)을 두 개의 집단으로 나누었는데, 그것들은 다름 아니라 직관적인 것과 추상적인 것이다. 이는 칸트의 인식론에서 기초적이며 핵심적인 "직관"(intuition)(*Anschauungen*)과 "개념"(concept) (*Begriffe*)의 구분을 따르는 것이다. 쇼펜하우어는 "직관적 표상"(intuitive representations)과 "추상적 표상"(abstract representations)이라는 용어들을 그것들 대신 사용한다.

추상적인 표상들의 집합은 우리의 개념들로 이루어지는데, 쇼펜하우어에 의하면, 그 개념들은 모두 우리가 지각 경험으로부터 추상화 과정을 통해서 구성한 것들이다. 추상적 표상에 대한 집중적 논의를 §8과 그 이후로 미룬 채로, 그는 직관적인 표상들의 장을 규정함으로써 서두를 띄운다. 직관적 표상들의 장은, 칸트가 경험의 형식적 전제조건들로 기능한다고 주장한 14개 조건들 중 세 가지에 더하여 객관적 대상들에 대한 우리의 일상적 지각들을 포함한다. 이미 언급했듯이, 쇼펜하우어 가 보기에 이 세 가지 조건들은 시간, 공간, 그리고 인과성이다. 반복컨 대, 오로지 이 세 가지만이, 칸트가 구체화한 오성의 나머지 11개 범주 들을 고려 밖으로 두고 쇼펜하우어가 인정하는 형식적 가능조건들이 다.

이 세 가지 선험적인(*a priori*) 경험의 조건들 중 "가장 단순한" 것으 로 우리가 주의를 돌리도록 하면서, 쇼펜하우어는 시간의 본질에 대해 고찰하고 그것과 관련한 하나의 분석을 제시하는데, 이 분석의 이론적 함의들은 『의지와 표상으로서의 세계』 전체를 통해 광범위하게 등장한 다. 쇼펜하우어는 현재의 관점으로부터 논증을 펴면서, 과거는 더 이상 존재하지 않고 미래는 아직 존재하지 않는다는 것을 관찰한다. 꿈처럼, 양자는 지금 비실재적(unreal)이다. 더 나아가, 현재는 과거와 미래의 경계일 뿐이고, 항상 전이하는 무차원의 한 점이라서, 그것(현재)은 지 속성을 지니지 못한다. 그래서 현재도 역시 비실재적(unreal)이다. 따 라서 경험적으로 우리 앞에 놓인 모든 것, 즉 과거, 현재, 그리고 미래 는 꿈처럼 실체가 없는 것이다.[4]

시간의 비실재성에 대한 두 번째 논증에서 쇼펜하우어는, 각 순간이 다가오는 한 순간에 의해 지워지고, 다가오는 그 순간은 다시 또 다른 다가오는 순간에 의해 소멸되며, 이 과정은 무한 지속된다는 것에 주목 한다. 그렇기 때문에, 쇼펜하우어에 따르면, 전체적인 시간적 계기는

4　쇼펜하우어의 논증은 아우구스티누스(354-430)가 *Confessions*, 11장에서 제시한 유사한 논증을 연상케 한다. 쇼펜하우어 이후의 철학사에서, 영향력 있고 현대적이며 대안적인, 시간의 비실재성에 대한 논의들 중 하나로서, J. S. McTaggert의 "The Unreality of Time", (*Mind: A Quarterly Review of Psychology and Philosophy*, 17 [1908], pp.456-473)을 참조하시오.

항상 자신을 지워 없애고(self-effacing), 그래서 비실재적이다. 이 논증은, 어떤 주어진 사건도 다른 식으로 발생할 수 있었다는 의미에서 우연적이기에, 세계의 발생 사건들의 전체 집합은 우연적이고, 그래서 그 전체 집합이 부조리하고 기초적인 사실이거나 혹은 그것을 설명해 줄 어떤 자족적인, 비-우연적인 존재를 요구하는 것이라고 생각될 수 있다는 것을 되풀이한다.

이 논증들이 지향하는 생각 속에서 쇼펜하우어는, 우리 자신의 의식에 대한 내재적인 의존성 면에서 충족이유율의 다른 모든 형식들도 시간과 같은 위상을 지니고, 그래서 일상적인 삶, 즉 시간과 공간, 수학, 기하학, 추상개념들, 그리고 동기들의 세계는 비실재적이고, 신기루와 같으며, 거대한 지각적 착각에 비유할 만하다고 진술한다. 충족이유율의 형식들은 절대적인 지식이 아니라, 단지 상대적인 지식을 제공할 뿐이고, 그래서 그것들이 조형하는 세계는 오직 상대적인 종류의 존재를 부여받은 채 있다. 요컨대 표상의 세계는 허상이다.

시-공간적인 세계가 사물이 진실로 어떻게 존재하는지를 잘못 표현한다는 생각에 대한 지지를 열거하면서, 쇼펜하우어는 동일한 견해를 표현한다고 그 자신이 해석하는 일련의 권위적인 철학자들과 철학들, 즉 헤라클레이토스, 플라톤, 스피노자, 칸트, 그리고 마야(Maya)의 우파니샤드적인 교조들을 언급한다. 주된 면에서 이들에 동의하면서도, 쇼펜하우어는 자기 자신의 철학적 구성 방식이, 그들이 공유하는 관점의 가장 직접적이고 명료한 버전이라고 말한다. 일상적 경험의 세계는 마음에 의존하는 표상들의 팽창이요, 객관적으로 말해, 충족이유율의 구성이며 가공물에 불과하다. 우리 마음의 구성으로서, 세계는 인간적 영역을 넘어 어떤 타당성도 지니지 못한다. 쇼펜하우어의 입장은 칸트가 시간과 공간에 대해 말한 것, 즉 그것들(시간과 공간)은, 인간적 관

점으로부터 떼어 내 고려될 때, 그 어떤 것도 대표하지 못한다는 명제를 반복한다.[5]

§4: 인과성과 물질

§3이 시간에 초점을 두듯, §4는 세계가 객관적이고 시-공간적으로 드러나는 것(presentation)에 대한 쇼펜하우어의 설명을 지속하기 위해, 인과성의 본질에 대해 논의한다. 인과성은 사건들 간의 필연적 결합의 투사인데, 쇼펜하우어는 사건의 개념을 한층 깊이 고찰하며, 인과성에 대한 구체적인 지시는 시간과 공간의 융합이라는 배경, 즉 시-공간적 연속체를 전제함을 관찰한다. 인과성은 물리적 대상들의 형식들을 포함하는 외부세계에 대한 우리의 인식을 전제로 한다. 모든 물질적 대상은 그 자체의 고유한 형태를 시간 속에서 유지하지만, 그것은 역시 때때로 변화한다. 대상의 항상성은 그것의 공간적 특질에 의한 것이며, 대상의 변동은 그것의 시간적 속성에 의한 것이다. 이 시-공간적 차원들은 함께 사물 안에서 통합되어, 그 사물에게 지각적 접촉가능성을 부여한다. 그래서 쇼펜하우어는 "물질"(matter)(더 좋은 표현으로는, 그것의 일반적 형식 혹은 "물질 일반"[matter in general]이라 불릴 수 있는 것)은 시간과 공간의 융합, 혹은 현대적 용어를 빌자면, 시공(space-time)을 통하여 생겨나는 것이다.

인과성은, (예컨대 정오에 해머가 벨을 때린 것이 큰 소리의 원인이 되었을 때처럼) 특정한 시간과 장소에서 발생하는 사건들 속의 구체적인 변이들을 포함하고, 그래서 그것(인과성)은 구체적인 방식으로 시간과 공간의 통합을 표현한다. 물질 일반의 개념은 시간과 공간의 통합

---

5 *Critique of Pure Reason*, A26/B42와 A35/B51-52.

으로부터 발생하고, 구체적인 특질들의 집합을 지닌 물질의 개념은 인과성이 그 통합에 덧붙여짐으로써 형성되는 것이다. 쇼펜하우어는 더 나아가 다양한 특질들로 적극적으로 가득 찬 존재로서 구체적으로 이해되는 물질은 인과성으로 환원가능하다고까지 말한다.

이러한 반성적 고찰들은, 쇼펜하우어가 칸트 오성 범주들 대부분의 타당성을 인정하지 않는다는 사실과 관련이 있다. 그리고 이 사실은, 추상적 지식이 아닌 직관적 지식에 철학적 우위를 부여하려는 그의 경향성 탓이다. 우리가 이미 주목했듯이, 쇼펜하우어는 (12개 중에서) 11개의 범주들은 단지 지각 경험으로부터 파생된 추상개념에 불과하다는 것을 이유로 그 범주들을 거절한다. 그리고 지금 그는, 남아 있는 인과성 카테고리를 고정된 규칙들에 따른 시간과 공간의 통합으로 규정하고 있는 것이다. 이는 인과성을 그 통합(즉, 물질 일반)으로 환원하는 것은 아니다. 그렇지만 쇼펜하우어는 인과성의 내재적인 지성적 특성, 즉 (사건들 사이에서 법칙적으로 성립하는) 필연적인 결합의 관념을 재확인하며, 그것을 시간 및 공간과 불가분의 관계로 통합하고 있다. 쇼펜하우어는 어떻게 인과성이 물질적 대상들의 구체적 지시 속에서 법칙-지향적인지를 음미하면서, **모든 지각이 지성적으로 조건 지워진다**고 결론 내린다. 우리는 그래서 쇼펜하우어가, 인과성은 세계의 표상에 필수적이기 때문에 표상으로서의 세계는 오직 오성 혹은 "지성"을 통해서만 존재한다고 주장하는 것을 발견하게 된다.

§5: 마음-의존적인 외부세계의 존재

쇼펜하우어는 이 책의 §§1-4에서 확립한 명제들의 일부를, 과연 마음과 독립한 외부적 세계 즉, 어떤 지각하는 자도 존재하지 않더라도 존재하는 채로 남아 있는 세계 혹은 대상이 있는가 하는 질문에 적용한다. 그는 그러한 것의 존재를 부인한다. 우선, 그는 충족이유율이 그것의 네 가지 구체적인 적용 방식들 모두에서 어떻게 주관이 존재하는가가 아니라, **객관적 대상**이 어떻게 존재하는가를 배타적으로 언급하는 원칙이라는 점을 재확인한다. 그는 근본적으로 시간과 공간으로부터 자유로운 존재로서의 주관에 대한 관념을 염두에 두고 있다.

객관을 인식할 주관 없이는 객관은 존재하지 않는다고 주장한 후, 쇼펜하우어는 만약 우리가 시간과 공간 안에 있는 세계의 현존을 인정하고, 그 세계가 하나의 심상이며 오직 상대적인 존재를 지닌 것이라면, 이러한 환상(허구)(illusion)의 토대가 있어야 하며, 그 토대 자체는 시간과 공간 안에 있지 않은 것이어야 한다고 역설한다. 쇼펜하우어에 따르면, 이 토대는 불가지의 "주관"이다. 칸트의 관점에서는, 이것은 불가지의 "물자체"이다.

쇼펜하우어는 충족이유율이란 객관적 대상들 사이의 관계에만 적용되기 때문에, 철학적 유물론(materialism)이 터무니없다고 진술한다. 이는 유물론자들이 우리의 마음이 이전에 존재한 물질적 세계 혹은 "대상 그 자체"에 의해서 인과적으로 발생한 것이라고 주장하기 때문이다. 그러나 만약 인과성이 오직 대상들 사이에서만 발생하는 것이라면, 물리적 대상은 주관 혹은 비-객관을 초래하진 못할 것이다. 쇼펜하우어는, 철학적 관념론(idealism)이 우리의 마음이 물질적 세계의 "원인"이라고 주장하는 한에서, 그 철학적 입장 안에도 동일한 비일관성이 머물고 있다고 믿는다. 그리고 인과성은 오직 객관적 대상들 간에만 성립한다는 이유로, 쇼펜하우어는 철학적 관념론에도 반대한다.[6] 마음

---

6   쇼펜하우어는 버클리(1685-1753)와 홀바흐(Holbach)(1723-89)를 각각 관념론과 유물론의 극단적인 대표자들로서 언급한다. 『의지와 표상으로서의 세계』 제 1권의 §§1-7을 보충하는, 제 2권의 1장, "관념론의 근본적인 관점"을 참조하시오.

과 물리적 대상들 사이에서 어떤 핵심적 관계가 성립하든지 간에, 그것
은 인과성은 아닐 것이다. 쇼펜하우어는, 유물론과 관념론이 인과성의
개념에 호소하거나 의존하는 한에서, 양자가 모두 잘못되었다고 결론
내린다. 그는 이점을 아래 소개될 §7에서 다시 지적한다.

쇼펜하우어는 칸트적인 노선을 따라 다음과 같은 방식으로 유물론과
관념론 사이의 갈등을 해소한다. 즉 쇼펜하우어는 일차적으로, "외부
세계"가 인과성의 개념에 의해 객관적으로 상호 연결된 표상들의 집합
이며, 이런 이유에서, 그 표상들의 집합은 전적으로 결정되어지고 완벽
하게 예측가능하다는 것을 인정한다. 이런 점에서, 칸트가 진술했듯이,
외부세계는 "경험적으로 실재적"(empirically real)이다. 이러한 표상
들의 집합은 그것의 존재를 위해 우리 자신의 현존에 의존하므로, 역시
칸트가 말했던 것처럼, 외부세계의 존재는 "선험적으로 관념적"(tran-
scendentally ideal)인데, 여기서 "관념적임"은 "인간 존재의 현존과 관
계함"을 의미한다.[7] 그러한 것으로서, 삶과 꿈은 쇼펜하우어가 보기에
동일한 한 권의 책의 다른 장들이고, 삶과 기계적인 인과성의 결정론적
세계는 본질적으로 긴 꿈 내지는, 우리가 제 2부에서 보게 되겠지만,
하나의 악몽이다.

마음과 물질 사이의 연결 및 유물론과 관념론 간의 논쟁과 관련해서,
쇼펜하우어는 인과성을 대체하는 새로운 관계를 도입한다. 이는 차이
뿐 아니라 동일성을 허용하는, 마음과 물질 사이의 "객관화"(objectifi-
cation)(*Objektivation*) 혹은 "발현"(manifestation)의 관계이다. 예를
들어, 얼음덩어리, 증기, 그리고 물은 외양에서는 다르나 그들은 동일
한 화학적 실체인 H_2O의 발현들이다. 제 2부에서 쇼펜하우어는 표상

---

7 *Critique of Pure Reason*, A28/B44

의 세계란 보편적인 내부적 실재의 발현이고, 그 실재를 위한 최선의
이름은 "의지"라고 주장한다.

§6: 우리의 직접적 대상으로서의 우리의 몸

우리가 위(§§1-2)에서, (손가락 끝이 어떤 것을 만지는 것과 독립하여
그것의 안쪽을 느끼는 경험을 참고하며) 주목하였듯이, 쇼펜하우어는
누구의 지식이든 그 출발점이 되는 것은 그 혹은 그녀 자신의 현존에
대한 직접적인 의식이라는 것을 관찰한다. 이 출발점 상에서, 우리는
손가락 끝이 무언가를 접촉할 때 일어나는 감각들을 고려해 볼 수 있겠
다. 지각적인 대상들은 그 결과로서 구성되고 종국적으로 서로 인과 관
계하에 있다고 이해된다.

　동일한 것이 전체로서의 우리 자신의 몸에도 적용된다. 우리 내부적
현존의 직접적인 인식을 통해서, 우리 자신의 신체에 대한 암묵적인 인
식이 존재한다. 수반되는 감각들의 의식을 따라, 보다 반성적이고 판명
하게, 시간과 공간에 위치한 채 다른 사물들과 환경을 공유하고 그들과
인과 관계를 지니는, 하나의 객관적 대상으로서 몸을 인식하게 된다.

　쇼펜하우어는 우리 현존에 대한 근본적인 인식이란 우리 몸을 우리
의 "직접적인 대상"으로서 인식하는 것이라 간주한다. 그리고 여기서
그는 "대상"(object)이란 용어를 기초적인 의미로, 우리가 자기-의식
적으로 인과 관계를 투사하는 것과 독립하여 사용하고 있다. 그는 (우
리가 우리 자신의 심장 박동과 호흡과 내부적인 느낌들을 순수하고도
단순하게 파악할 때처럼) 신체 상태들에 대해 지니는 직접적인 느낌들
을 염두에 두고 있다. 하지만, 더욱 발전된, 정확하고 기술적인 의미에
서의 "대상들"은, 우리가 우리 자신의 몸과 타인들의 몸을 구별할 때처
럼, 인과 관계가 우리의 감각의 장에 투사된 후에 분명하게 등장하는

항목들이다. 동물들도 이런 종류의 감각적 인식을 공유하고 있고, 쇼펜하우어는 그 강렬함이 오직 정도의 문제라고 간주하기 때문에, 쇼펜하우어는 고등 동물들이 오성 혹은 "지성"을 지니고 있으며 그것은 우리들의 것, 즉 지각적인 대상들 사이에 성립하는 인과 관계의 의식과 같은 방식으로 구조화 되어 있다고 믿는다. 동물들의 지각은 우리들의 그것처럼 지성적으로 조건 지워진다. 이를 보여 주기 위해, 쇼펜하우어는 코끼리와 원숭이의 현명함을 발달된 동물의 오성의 예로서 언급한다. 그들은 이성을 지니지 않고 있다. 환언하면, 그들은 추상개념을 형성하진 못한다. 그렇지만 그들은 날카로운 분별력과 지능으로 인과 관계를 지각한다.

§7: 세계의 존재는 마음에 의존적이다

쇼펜하우어는 그의 철학적 방법과 논의 스타일이 그가 알고 있는 다른 어떤 철학과도 다르다는 것을 반복해 말한다. 유물론적 철학들과 달리, 그는 논의를 시작할 때 마음과 독립한 객관적 대상들로부터 마음을 끌어 내는 것을 목표로 그러한 객관적 대상들을 상정하지 않았다. 관념론적 철학들과 다르게, 그는 모종의 근원적인, 모든 대상들과 독립하여 존재하는 마음 혹은 정신을 상정하며 그의 논의를 시작하지 않았으며, 그 정신이나 마음의 전개로부터 물리적 대상들의 존재를 이끌어 내는 것을 목표로 하지도 않았다. 대신 그의 논증은, 근원적인 주-객관 양극성을 상정함으로써 시작하는데, 쇼펜하우어는 이를 "표상"과 함께 시작하는 것이라고 일컫는다. 쇼펜하우어에 따르면, 이 근원적인 양극성이 모든 설명의 기반에 존재하고, 따라서 그것은 시작부터 전제가 되어야 한다. 그의 논의는 충족이유율의 근거, 환언하면, 어떤 구체적인 것의 인식이 존재하기 위한 조건과 함께 시작한다.[8]

위에서 주목했듯이, 쇼펜하우어는 마음과 독립한 대상들의 존재를 가정함으로써 시작한 다음 의식을 그것들로부터 끌어 내려하는 철학들을 거부하고, 이러한 시도들 중에서 유물론이 가장 일관적이라고 믿는다. (이런 철학들에서 가정되는) 마음과 독립한 존재들로서 고려되어진 기본적 대상들은 추상개념들, 시간, 공간, 혹은 신일 수도 있다. 쇼펜하우어가 확인한 문제들 중 하나는, 이 철학들이 **간접적으로** 주어지고 덜 잘 알려진 마음과 독립한 대상들과 함께 출발해서, 직접적으로 주어지고 훨씬 더 잘 알려져 있으며, 더 나아가, 우선적으로 그러한 불확실한 대상들이 존재한다고 생각하는 마음의 존재를 설명하기 위해 그것들을 사용한다는 것이다. 쇼펜하우어는 직접적으로 주어져 있고 잘 알려진 것을 간접적으로 주어져 있으며 덜 잘 알려진 것에 입각해서 설명하는 것이 부조리하다고 생각한다.

같은 방식으로, 그는 근원적인 마음이나 개념과 함께 시작하고, 마치 거미가 거미줄을 짜내듯이 그 마음으로부터 물리적인 세계를 이끌어 내는 철학들도 거절한다. 인과성에 대한 위에서의 구체적인 언급에서 주목했듯이, 이에 대한 쇼펜하우어의 반대는, 그러한 철학이 작동하기 위해서 충족이유율의 무제한이고 보편적인 적용을 전제해야 한다는 것을 골자로 하는데, 이는 물질로부터 의식을 이끌어 내고자 하는 철학들에도 적용가능하다. 오직 이런 방식에 의해서만, 그리고 주로 인과성에 입각해서, 우리는 물질로부터 마음 혹은 마음으로부터 물질을 필연적함의로서 이끌어 낼 수 있는 것이다. 그가 칸트 철학을 수용했기 때문

---

8 그렇지만, 쇼펜하우어의 형이상학적 사상의 **구조**는 (우리가 지금 논의하고 있는, 그 사상에 도달하기 위해 그가 실제 사용한 논증과는 반대로) 관념론적인 형식을 띠고 있다. 그러한 형식 속에서, 내적인 본질, 즉 "의지"는 비록 표상으로서의 세계의 "원인"은 아니지만 그것 자신을 표상으로서의 세계로 객관화한다.

에, 쇼펜하우어는 충족이유율의 범위를 외양의 영역으로만 배타적으로 제한한다. 그의 반대는 유물론과 관념론 그 자체(*per se*)에 대한 것이라기보다는, 인과성을 하나의 형이상학적 개념으로서 사용하는 것에 관한 것이다.

쇼펜하우어의 논의의 매력적인 한 단면은 우리의 지식 기능(faculty)에서의 근본적인 모순 혹은 "이율배반"(antinomy)의 확인에 있다. 쇼펜하우어는 우리가 다음과 같이 추론한다는 것을 확인한다. 인간의 뇌는 과거에 존재했었던, 보다 덜 복잡한 물질 상태로부터 진화했고, 동물의 뇌는 이전의 훨씬 덜 복잡한 물질 상태로부터 진화했으며, 우리는 이러한 논리를 1차적인 물질의 조건으로까지 확장할 수 있고, 우리 자신이 마치 근원적으로 어떤 주어진 종류의 물질로부터 진화하여 생각하는 존재로서 등장하게 된 것처럼 볼 수 있다. 이는 일반적인 관점이다. 이러한 순서를 반대로 바꾸며, 쇼펜하우어는 물질적인 발전의 바로 그러한 연속을 상상할 어떤 마음을 먼저 전제하지 않는다면, 아무것도 없을 것이라는 것을 확인한다. 여기서 이율배반은, 내 마음이 나의 머리 안에 있다 하더라도, 내 머리는 내 마음 안에 있고, 내 머리는 나의 마음 안에 있지만, 내 마음은 내 머리 안에 있다는 것이다. 이것은, 음악에서부터 미술, 그리고 컴퓨터 사이언스까지에 이르는 광범위한 분야에서 그 예들을 찾아볼 수 있는 "이상한 고리"(strange loop)의 구조이다.[9] 쇼펜하우어는 유물론과 관념론 사이에서 성립하는 상호 포함(mutual containment) 관계와의 연관 속에서, 형이상학 내부에서의 이상한 고리의 존재를 드러낸다.

---

9 "이상한 고리(strange loop)"의 발상에 대한 상세한 연구들 중 하나로서, Hofstadter의 *Gödel, Escher, Bach: An Eternal Golden Braid* (New York: Vintage Books, 1980)와 그의 다른 작품들을 참조하시오.

쇼펜하우어의 논의 결과는, 위의 이율배반에 내재한, (뫼비우스의 띠의 표면을 따라 여행하는 것과 같은) 주관적인 관점과 객관적인 관점 사이에서의 끊임없는 변형을 따라, 세계의 내부적인 본성 혹은 물자체가 주관과 객관의 구분을 초월하고 있다는 것을 보여 준다. 세계의 내적 본질은 주-객관 구분 그 자체의 토대이고, 그것은 어떤 종류의 필연적 결합에 대한 주장이나 증명을 통해서도 접근불가능하다. 그 결합이 개념들 사이에서 성립하는 것이건, 물리적 사물들 사이에서의 그것이건, 수학적인 혹은 기하학적인 개체들 사이에서 성립하는 것이건, 혹은 개인적인 정신적 존재들 사이의 그것이든지 간에 말이다. 쇼펜하우어는 결과적으로 물자체가 표상들과 표상들의 세계와는 완전히 질적으로 다른 것이라고 주장한다. 만약 우리가 물자체에 접근하려 한다면, 그것은 이성적인 접근이 아닐 것이고 충족이유율의 어떤 형식도 포함하지 않을 것이다. 제 2부는 어떻게 직접적이고 직관적인 물자체의 접근이 가능한지를 기술할 것이다.

§8: 지각적인 지식 대 개념적인 지식

쇼펜하우어는 지금, 직접적 지각이 제공하는 지식으로부터 그가 그 지각으로부터 "빌려온 빛"이라고 일컫는 것으로 주의를 돌린다. 이 빌려옴은 "반성"과 "추상화"의 과정들인데, 그 과정들로부터 우리는 직접적 지각으로부터 추상적 개념을 형성한다. 예컨대, 우리는 빨간 것들의 집합을 보고, 그 예들로부터, 즉 그것들에 대해 반성함으로써 그리고 그들의 눈에 띄는 시각적인 특질을 고립시킴으로써 "빨강"이라는 일반적 개념을 만들어 내는 것이다. 쇼펜하우어가 보기에, 모든 추상적 개념들은 지각 경험으로부터 추출되고, 어떤 것도 선험적으로 알려지지 않는다. 우리가 "개념"이라는 단어(쇼펜하우어에 있어서 "추상적 개념"과 동의어)를 그의 저술에서 마주칠 때마다, 우리는 그것을 "경험적인 개념"이라는 용어로 대체해야 한다.

쇼펜하우어는 우리의 반성 능력을 "이성"이라고 칭하며, 이성은 오직 하나의 기능이 있는데, 그것은 추상개념들을 형성하는 것이라고 주장한다. 그는 이성의 산물들은 직접적 지각의 무매개성(immediacy)에 비해 덜 신뢰할 만하고, (몇 세기에 걸쳐 우리와 함께 남아 있을 수 있는) 큰 실수의 잠재적 원천이 된다고 주장한다. 동시에, 쇼펜하우어는 이성이 실천적 심사숙고와 정서적 통제의 능력과 함께 계획과 원칙들을 발생시키기 때문에, 그것이 우리를 다른 동물들과 구별시켜 준다는 점을 확인한다. 이성은 결국 양면성을 띤다. 이성은 우리가 직접적인, 지각적인 지식으로부터 불확실한 발걸음을 떼도록 하는 반면, 이성의 추상적 지식의 생산은, 우리의 의식적인 인식의 범위를 확장시킴으로써, 우리를 동물 이상의 존재로 고양시킨다.

§§9-11: 느낌과 대조가 되는 개념들과 논리

우리는 여기서 표상의 두 가지 유형들을 보게 되는데, 그것들은 이성에 의해 형성되는 "추상적인 개념"과, 오성 그리고 시간과 공간의 연합에 의해서 형성되는 "지각적 표상"이다. 추상적 개념들은 개념화된다(conceived). 지각적 표상들은 지각된다. §9의 주제인 추상적 개념들은 서로에 대해 정확하게 구체화 할 수 있는 관계를 지닌다. 예를 들면, (1) "말"이 "동물"에 포함되듯이, 한 개념은 다른 것에 포함될 수 있다[10]; (2) "개"와 "고양이"가 "네 발 달림"의 개념을 공유하듯, 두 개념은

---

10 이것은 쇼펜하우어 자신이 든 예이다. 여기에서, "류"의 개념이 "종"의 개념을 포함하는 방식으로, "동물"의 개념은 "말"의 개념을 포함한다. 더 광범위한 (외연을 지니는) 개념은 더 좁은 영역의 (외연을 갖는) 개념들을 포함한다.(칸트의 분석적 판단

부분적으로 교차할 수 있다; (3) 몇 가지 개념들은 중첩됨이 없이 더 일반적인 개념의 종(種)들일 수 있다. 삼각형의 유형이 그것의 각("예각", "직각", "둔각" 들 중 하나)에 의해서 정의되는 것처럼 말이다. 이러한 기초적인 관계들은 판단의 형식들과 삼단 논법적인 추론의 형식들로부터 이끌어 낼 수 있다.

　쇼펜하우어는 논리학이 우리가 더 추론을 잘 하도록 돕는다고 생각하지 않는데, 그 이유는, 그가 생각하기에 우리는 추론의 과정이 타당한지 아닌지를 직관적으로 파지할 수 있는 자연적인 능력을 지니기 때문이다. 무엇이 의미가 있고 무엇이 그렇지 않은지를 분간하기 위해서, 타당하거나 부당한 논리적 형식들의 긴 목록을 공부할 필요는 없다. 이와 유사하게, 미학을 공부하는 것이 훌륭한 아티스트를 생성하는 것은 아니고, 윤리학 이론의 공부가 위대한 도덕적 품성의 사람을 만들어 낼 수 없다고 쇼펜하우어는 믿는다. 그럼에도 불구하고, 논리학은 이성의 작동의 토대를 드러내 주고, 그런 면에서 유익한 정보를 준다.

　쇼펜하우어는, 설득의 기술(즉 수사법)이 논증에서 이기기 위해 사용할 수 있는, 논리적 함의의 **겉모습**을 창출하기 위해 하나의 개념으로부터 그것과 밀접히 연합된 다른 개념으로 선택적이고 임의적으로 진행하는 것에 기초하고 있다고 덧붙인다. 예를 들면, 우리는 "열정"의 개념으로부터 출발하여 (어떤 이가 어떤 활동에 대해 열정을 지닐 때를 생각하며) 그것을 "거대한 힘"의 개념과 배타적으로 연결시키지만, (어떤 이가 매우 어떤 것에 열정적이지만, 그 열정에 눈이 멀어 비판적으로 그것을 잘 반성하지 않을 때처럼) 열정이 가끔씩 이성적 능력의

의 개념에서 발견하는) 포함의 관계를 보는 또 하나의 방식은, "총각"이 "미혼임"을 함의하듯 "말"의 개념이 "동물"의 그것을 함축하는 한에서, "말"의 개념이 "동물"의 개념을 포함한다고 생각하는 것이다. 즉, 더 풍부한 개념이 더 빈약한 개념을 포함한다.

약함 혹은 비합리성과 연결될 수 있다는 점을 의도적으로 생략할 수 있다. 이런 식으로 잘못 일방적으로 됨으로써, 우리는 어떤 입장의 매력적인 면들만 보여 주며 그것을 더 설득력 있게 제시할 수 있다.

이성에 대한 긍정적인 논의로 돌아가서, 쇼펜하우어는 이성이 추상 개념들을 산출하기 위해 지각적 표상을 요구함에도 불구하고, 이성에 대한 "순수 학문"을 이루는, 이성의 형식적인 작동들이 존재한다는 것에 주목한다. 이들은 "메타-논리학"적인 진리성을 지닌 원칙들로서 표현되어지는데, 그 원칙들은 (1)동일률(A는 A이다), (2)배중률(A이거나 A가 아니다), 그리고 (3)무모순률(A인 동시에 A가 아닐 수 없다)의 "법칙들"이다. 그리고 "지식에 대한" 충족이유율도 있는데, 이는 추상적인 개념들과 관계한다.[11] 앞의 세 가지 원칙들은, 아리스토텔레스 논리학의 일부로서 수 세기 동안 이어져 온, 친숙한 "사고의 법칙"(laws of thought)이다.[12] 네 번째는 쇼펜하우어가 그의 박사학위 논문에서 가져온 것이다.

§11에는 이성이 형성하는 추상적인 지식과, 우리가 모든 추상적 지식을 따로 떼어 놓았을 때 의식에 남아 있는 "그 외 모든 것들"의 구별이 존재한다. 쇼펜하우어는 이것을 감정의 영역이라고 부른다. 직접적인 지각, 우리가 일상적으로 "느낌"이라 부르는 것들, 거친 감각적 쾌감과 고통, 자신의 힘, 약함, 만족의 인식, 복잡 미묘한 종교적인 느낌과 예술작품에 대한 반응 등이 이 영역에 포함된다. 느낌과 연관된 이런 의식의 특질들은 모두 직접적인 파악과 관련하여 주어지며, 논리적

---

11 여기서 쇼펜하우어는, 그가 박사학위 논문에서 규정하며 검토하는 충족이유율의 네 가지 근원들 중 하나를 언급하고 있다.

12 쇼펜하우어는 『의지와 표상으로서의 세계』, 제 2권의 9장, 「논리학 일반에 관하여」에서 "사고의 법칙(laws of thought)"에 대한 자신의 생각을 발전시킨다.

인 증명에 종속되지 않는다.

§12: 잘 행동하는 것과 잘 사는 것에 있어서의 이성 대 직관

쇼펜하우어는 감정의 영역을 구성하고 있는 지각적인 (혹은 "직관적인") 지식은 모든 이성적 지식의 토대가 되지만, 그럼에도 지각적인 지식은 한계점들을 지닌다는 사실에 주목한다. 예를 들어서, 그것은 직접적으로 주어진 것에 제약된다. 그것은 오직 개별적인 경우에만 주의를 기울인다. 그리고 그것은 비-반성적(unreflective)이다. 이성적인 지식은 반면 직관적인 지식을 더 유용하고, 더 소통하고, 더 재생가능하며, 종종 더 정확한, 새로운 형식으로 변형시키고, 그런 한에서 직관적인 지식을 능가한다.

쇼펜하우어는 그래도 직관적 지식을 선호하는데, 그 이유는 이성적 지식이 그것에 의존한다는 것을 차치하더라도, 직관적 지식은 일상의 삶에 있어 더욱 효과적이기 때문이다. 전문 당구선구, 가수, 담장을 만드는 사람, 고기를 손질하는 사람, 음악가 등은 그 혹은 그녀의 활동에 대해 너무 많이 반성할 때 손실을 입는다. 훌륭하게 이런 작업들을 수행하는데 있어 자연스럽고, 기계적이며, 직관적인 것인 최적이다. 비록 그런 자연스러움은 수년의 기술적 훈련에 의해서야 생겨나는 것이지만 말이다. 선(禪) 궁수(弓手)(Zen archer)는 그 완벽한 예라 하겠다.[13]

쇼펜하우어가 관찰하는 또 한 가지는, 추상적인 개념들의 집합은 불연속적이고 지속적으로 운동하는 지각적인 세계에 대한 불연속적이며 모자이크 같은 표상이고, 그런 면에서 그것들이 세계의 외양을 왜곡할

---

13 유럽의 한 학생의 관점으로부터의 이 주제에 대한 고전적인 논의로서, Eugen Herrigel의 *Zen in the Art of Archery*(1948)(trans. Hull, New York: Vintage Books, 1971)를 참조하시오.

수 있다는 것이다. 개념들은 우리를 둘러싼 환경의 해석에 형식적이고 기계적인 특성을 도입하고, 그래서 예술적인 생산에 잘 기능하지 못한다. 개념들은 예술적인 기술을 지도할 수 있지만, 그것들은 예술적인 영감과 판단의 원천은 아니다. 제 3부는 이런 생각을 발전시키는데, 거기에서 쇼펜하우어는 진정한 예술은 직관적인 혹은 지각적인 지식으로부터 나온다고 주장한다.

더 나아가, 쇼펜하우어는 (이성적 지식에 대비가 되는 것으로서의) 직관적 지식에 도덕적 행위를 위해 필수적인 것을 포함시키고, 그럼으로써 직관적 지식의 가치를 높인다. 반복컨대, 쇼펜하우어는 자연스러운 행위의 중요함을 강조하면서, 연구된 매너와, 마치 사회적 행동 양식에 대한 교과서를 바탕으로 자기-의식적으로 행해지는 듯이 제시되는 적절한 행동과는 대비가 되는, 즉각적인 친절함, 친근함, 애정 등은 가장 도덕적으로 칭찬할 만하다는 것을 발견한다. 이와 같은 생각에서, 그는 덕과 성스러움을 (이성과 대비되는 것으로서의) 느낌 및 내적인 깊이와 연합시킨다. 이성은 사회적으로 중요한 규칙들(예컨대 "훔치지 마라." "너의 부모님을 명예롭게 하라.")을 제공해 줄 것이다. 그렇지만 쇼펜하우어에 따르면, 우리가 자신이 이성적이라는 것을 인식하는 것과 우리가 이성적 존재자로서의 자신에 대해 지닐지 모르는 어떤 존경도 선한 의지를 갖는 것과는 아무런 관계가 없다.(그리고 바로 이 같은 주장이 칸트의 도덕 이론과 직접적인 갈등 관계 속에 있다.) 쇼펜하우어는 이성이 우리의 의식을 향상시키는 가치 있는 방식들을 인정한다. 하지만 그는 예술, 도덕, 형이상학과 관련한 가장 중요한 이슈들에 대해서는 이성을 직관의 아래에 둔다.

§13 : 쇼펜하우어의 유머론

쇼펜하우어는 위의 글들의 논의에서 등장한, 추상적인 지식과 지각적인 지식간의 차이점들에 대해 반성하고, 양자 간의 대조의 일종(一種)을 파악해 내는 우리의 인식으로부터 비롯되는 주목할 만한 현상 하나에 대해 고찰한다. 특히, 그의 관찰에 따르면, 무언가에 대한 유쾌한 반응으로서 이해되는 (예컨대 간지러움으로 인한 웃음과는 대조가 되는 것으로서의) 웃음은 그러한 구별 자체에 대한 인식에 기초한다. 이러한 웃음은 어떤 대상의 실제적인 조건과 그 대상이 개념적으로 특징 지워지는 방식 간의 불일치성에 대한 반응이다. 지각과 개념적 사유 간의 불일치성이 존재할 때, 우리는 웃곤 한다. 예를 들어서, 다 큰 성인이 어린애처럼, 고양이가 개처럼, 심각한 사람이 광대처럼 구는 것을 보는 것은 재미있을 수 있는데, 이는 그 종류의 사람이나 존재에 적합하다고 규정되는 행동과 그 행위자를 다른 집합으로 범주화하도록 이끄는 행위간의 불일치성 때문이다. 이러한 경우들에서, 우리는 한 사람이나 사물(예를 들면 "성인")을 하나의 개념(예컨대 "아이")안에 포함시키지만, 그렇게 하는 것이 부적절하거나, 역설적이거나, 놀라움을 준다.

『의지와 표상으로서의 세계』 제 2권의 8장(「우스꽝스러움의 이론」)에서 쇼펜하우어는 모든 우스꽝스러운 것은 특정한 종류의 추론의 결과인데, 이 추론은 반론이 없는 대전제와 함께 시작해서, 예기치 않은 소전제를 첨가하여 실소를 자아내는 결론을 이끌어 낸다. (아마데우스란 영화에서 모차르트가 묘사된 바와 같이) 매우 총명한 음악적 천재로 알려졌으나, 웃을 때는 공허하고 피상적인 정신을 표현하는 어리석은 모양새로 키득거리는 한 음악적 천재가 있다고 가정해 보자. 삼단논법은 이럴 것이다: M은 매우 똑똑하고 진지한 음악적 천재이다. 그런데 그 M은 키득거리는 경향이 있다. 그러므로 진지한 예술가들은 키득거린다(하지만 모든 유머의 사례를 이런 삼단 논법 형식에 끼워 맞추긴 어려워 보인다).

또한 쇼펜하우어는 유머가, 어떤 개념에 포섭된 한 대상이 그 개념과 대부분 일치함에도, 현저하게 불일치하는 특정한 속성을 지니는 경우와 관련이 있다고 적는다. 쇼펜하우어가 제시하는 부조화 이론(incongruous theory)의 어떤 버전들은 유머를 설명하기에 가장 효과적일지도 모르겠지만, 설혹 그것들이 정확하더라도, 쇼펜하우어는 기껏해야 유머에 대한 충분조건이 아닌 필요조건을 확인하고 있다고 보아야 할 것이다. 유덕한 사람이 어떤 치명적 결함이나 약점에 의해서 파멸될 때처럼, 유머러스하기는커녕 오히려 슬픔이나 연민을 자아내는 부조화적 특성들의 예들도 있다.[14]

§§14-15: 과학, 수학, 그리고 기하학의 기초로서의 지각적 지식

쇼펜하우어는 이제까지 몇 가지 차원들에 따라서 직관적 지식과 이성적 지식을 구분해 왔는데, §14에서 그는 이성적 지식이 제공하는 또 하나의 장점, 즉 과학적 법칙들의 형성에 관해 논의한다. 쇼펜하우어는 어떤 주어진 것을 주제로 삼는 "과학"이 그 주제에 대한 추상적 지식들의 완전한 종합을 목표로 한다고 적는다. 이는, ("동질성의 원칙"[the law of homogeneity]을 존중하여) 단일한 원리하에서 완전히 통합되고, ("구체화의 원칙"[the law of specification]에 따라) 적합한 만큼 많은 다양성의 수준들로 충분히 구체화된 개념적인 지식들의 체계적인 배열을 포함한다. 하나의 완벽한 "시스템"은 최대한의 통일성과 최대

---

14 쇼펜하우어의 유머론에 대한 확장된 논의를 위해선, Peter Louis의 "Schopenhauer's Laughter"를 참조하시오. (*The Monist*, 88, No.1, 2005, pp.36-51.)

한의 다양성을 지닌다.

하지만 쇼펜하우어가 다시 한 번 강조하는 것은, 우리가 어떤 주제에 대한 과학적 지식의 체계를 성취한다 하더라도, 이 추상적 지식은 직접적인 지각적 지식에 기반하며 그것에서 기원을 찾을 수 있다는 것이다. 지각적인 지식으로부터 추상적 지식으로 나아가기 위해선 (즉 과학적 법칙들과 관련이 있는 지각적 지식의 양상들을 이해하기 위해서는), 판단력이 필요하다. 따라서 쇼펜하우어는, 칸트의 생각을 반복하며, "판단력"(judgement)은 "오성"과 "이성" 사이의 매개자라고 여긴다. 그의 주요 논점은, 과학적 지식이 다만 지각적 지식들의 하나의 요약에 불과하며, 우리가 후자(지각적 지식)를 철학적이고 경험적으로 기초가 되는 것으로서 항상 중시해야 한다는 것이다.

이러한 관점을 §15에서 발전시키면서, 쇼펜하우어는 수학과 기하학의 본질에 대해 반성하고, 이러한 학문 분야들에 대한 이성주의적인 혹은 이성에 기초한 이해 방식이 잘못되었다고 주장한다.[15] 그의 공격 대상은 유클리드(Euclid)인데, 후자는 공리적(公理的)(axiomatic)이고 이성주의적인 방식으로 기하학을 제시한 것으로 유명하다: 자명한 정의와 공리들로부터 출발해서, 유클리드는 논리적 연역을 통해 이 정의와 공리들의 내용을 정리(定理)들(theorems) 및 그로부터 더 나아간 명제들로 확장시킨다. 이 유클리드적인 접근에 대한 쇼펜하우어의 주된 반대는, 그것이 너무 기계적이고, 진정한 이해를 제공하지 않는다는 것이다. 논리와 정의만을 사용해서 우리는, 예를 들어 한 직각삼각형의 직각을 이루는 두 변들로 구성되는 두 정사각형들의 넓이 합이 다른 한

---

15   기호논리학으로부터 모든 수학적 진리들을 이끌어 내려는 가장 최근의 시도들 중 하나는 러셀과 화이트헤드의 *Principia Mathematica*이다. 유클리드 기하학에 대한 공리적인(axiomatic) 논의는 1899년, David Hilbert에 의해 공식화되었다.

변으로 구성되는 정사각형의 넓이와 같다는 것을 직접 "보지" 못한다. 우리는 그 넓이들이 같다는 "것"을 알지만, 우리는 "왜" 그런지는 모른다. 하지만 간단한 그림을 그려서, 우리는 이러한 관계를 바로 지각할 수 있다. (실제로 쇼펜하우어는 본 텍스트에서 이 예에 대한 도형을 제공한다.) 그의 스피노자와 피히테에 대한 비판으로부터 우리가 더 잘 알 수 있듯이, 쇼펜하우어는 순전히 논리적이거나 이성주의적인 방식들에 대해 비공감적인 경향이 있다고 말하는 것은 정당하다. 그 반대로, 그는 (특히 제 1부에서) 지각적 지식은 추상적인 지식의 우위에 있고, 진리와 철학에 관해 말할 때, 지각은 개념적 사유를 압도한다고 자주 반복해 말한다.

혹자는, 논리적 추론이 기하학과 수학 양자에 있어 기본적인 것으로 보임에도, 어떻게 해서 쇼펜하우어가 (개념적인 것과 대조가 되는 것으로서) 지각적인 방식들이 이 두 학문 영역들에서 우세해야 한다고 생각할 수 있는지 물을 수도 있겠다. 수학과 기하학이 기호논리학의 확장에 불과하다고 주장할 사람들에 반대해서, 쇼펜하우어는 칸트의 "감성의 형식들"과 "오성의 개념들"의 구분을 상기시킨다. 전자는 공간과 시간만을 포함한다. 후자는, 칸트에 의하면, 기초적인 논리적 판단의 형식들에서 이끌어 낸 12개의 오성 범주들만을 포함한다.

공간에 대한 칸트의 관점을 염두에 두면서, 쇼펜하우어는 유클리드에 대한 그의 공격을, 우리는 어떤 내용도 결여한, 공간 혹은 시간에 대한 "순수한 지각" (내지는 그것과 매우 가까운 어떤 것)을 지닐 수 있다는 가정에 기초시킨다. 쇼펜하우어가 믿기에, 우리는 순수한 용기(容器)들 자체(pure containers themselves)와 함께, 그것들에 내재하는 동시에 감각적 자극들이 유입되는 수학적이고 기하학적인 구조물들을 상상할 수 있다. 여기서 작동하는 것은 논리가 아니라 순수한 공간과 시간에 대한 반성이다.

　이러한 종류의 "순수한 지각"을 이해하기 위해서, 당신이 지금 번잡한 고속도로를 따라 차를 몰고 있다고 상상해 보라. 그런 다음 도로 위에 조금씩 더 적은 수의 자동차들이 있다고 상상해 보고 더 나아가서 도로와 풍경이 없다고 가정해 보라. 이 사고 실험을 계속 진행해서 (저 하늘의 별들까지 포함한) 감각적인 **모든 것**들을 제거해 보도록 하라. 이러한 "경험적인" 지각의 제거는 우리들에게 2개의 **선험적인** 순수한 지각들, 이름하여 시간과 공간만이 남도록 한다. 이 순수 지각들은 투명한 용기(포함하는 것)의 형식을 띠고, 그것들의 구조는 우리들이 독립적으로 살펴볼 수 있다. 쇼펜하우어에 따르면, 직접적인 시간과 공간의 순수 직관들의 직접적인 파악이 수학과 기하학적 인식의 기초를 이루는데, 이는 그가 어떻게 해서 지각(이 경우 순수한 지각)을 (경험적 지각의 내용들로부터 개념들을 형성하는 것으로 이해되는) 어떤 종류의 개념화 이상의 것으로 치켜세우는지를 잘 알려 준다. 기하학과 수학으로부터 자연 과학으로 이동하면서, 쇼펜하우어는 기하학에 대한 유클리드 식의 이해에 반대하여 그가 전개한 것과 동일한 주장을 자연과학에 대한 반대로서 내세운다. 과학은 우리에게 "왜"에 대해 알려 주지 않고 다만 어떤 사건들이 어떤 패턴들로 이어진다는 "것"만을 이야기할 뿐이다. 과학적 설명은 사물의 피상에 머무는데, 이는 그것들이 기계론적이고 인과론적으로 대상들 간의 관계를 설명하고, 불가피하게 그저 주어져 있는 설명불가능한 힘들을 상정하며 결론내리기 때문이다. 쇼펜하우어의 관점에서 보면, 이러한 과학적 설명의 부적합성은 과학이 건드릴 수 없는 사물의 내부적 본성이 존재한다는 것을 나타낸다. 이 지점에서, 과학적 설명은 그 끝에 봉착하고, 철학적 설명이 시작되는 것이다.

§16: 덕과 잘 사는 것의 기초를 이루는 지각적 지식

제 1부를 마무리하면서, 쇼펜하우어는 "실천 이성"(practical reason), 즉 이성의 일상적 활동에의 적용을 화두로 삼는다. 그는 이성이 우리에게 부여한, 덜 발달된 동물의 의식을 넘어선 힘을 높이 평가한다. 아울러 그는 눈을 가진 동물들이 (그것이 없는 동물들 이상으로) 지니는 극적인 이익이, 이성을 지닌 인간들이 (모든 다른 동물들 이상으로) 지니는 거대한 이점에 비유될 수 있다는 것을 관찰한다. 앞을 못 보는 동물들은 그들을 둘러싼 공간의 더 넓은 영역에 대해서 제한된 파악을 한다. 반면, 눈을 가진 동물들은 더 넓은 영역을 직접적으로 그리고 자세하게 알 수 있다. 하지만, 모든 동물들은, 눈이 있건 없건, 시간이 무한히 과거와 미래로 뻗어나가기에, 그들을 둘러싸는 시간의 팽창에 대해 제한된 파악력을 지닌다. 그래서 그들은 거의 전적으로 현재에 살며 그들의 다가오는 죽음에 대한 관념을 결여한다. 인간은, 이성을 소유하고 있어서, 현재의 순간을 넘은 시간의 팽창을 의식하며, 결과적으로 그들 앞으로 다가오는 죽음을 인식한다. 쇼펜하우어는 오성과, 그것의 구성 요소들로서의 시간, 공간, 인과성을 동물에 귀속시킨다. 하지만 오직 이성의 현존 속에서만이 형식들의 구조는 명확하게 등장한다.

이성이 제공하는 힘에도 불구하고, 쇼펜하우어는 이성이 형이상학적인 문제들이나 우리가 어떻게 살아가야 하는지와 관련한 문제들을 해결해 줄 수 있는 수단이라고 간주하는 이성주의적인 관점에 계속 저항한다. 후자와 관련해서 이성은 중립적이다. 예를 들어, 한 사람이 어떤 상황과 거리를 두며 이성을 사용할 수 있고, 자세하고 강력한 계획을 수립할 수 있다. 그렇지만 쇼펜하우어가 보기에, 이렇게 수립된 계획들은 자살, 처형, 결투 등에 대한 심사숙고한 계획들이 그러하듯, 도덕적 내용을 별로 혹은 전혀 지니지 않을 수 있다. 사악한 사람 안의 고도로 높은 지능은 악에 봉사하여, "덕 있는 행위"가 아닌 "이성적인 행위"의 사례를 만들어 낼 수 있다.

잠재적으로 더 빛을 볼 수 있는 한 노트에서, 쇼펜하우어는 덕스러운 이상을 염두에 두며 이성에 따라 살 것을 공언했던 스토아 철학자들에 대해 언급한다. 이 중요한 논의는 『의지와 표상으로서의 세계』의 나머지 부분의 이해를 위한 준비가 되는데, 왜냐하면 쇼펜하우어는 스토아 학파의 윤리학에서 그 자신이 통합하게 될 몇 가지 특성들을 관찰하기 때문이다. 그는 주어진 상황에 대한 반성은 심리적인 거리 두기의 느낌과 그것의 결과로서 안정감을 생성할 수 있다는 것에 공감한다. 그는 최종 목표가 마음의 평화 혹은 내적인 평온이라는 것에도 동의한다. 아울러 그는 행복이란 것은 우리가 원하는 것과 우리가 얻는 것 간의 비례와 관련이 있고, 우리가 덜 원한다면 우리는 상대적으로 더 행복할 가능성이 높다는 것에도 동의한다. 또한 그는, 스토아 철학자들을 따라, 어떠한 만족도 영구적이지 않고, 세계는 항상적인 변화 속에 있으며, 슬픔과 기쁨으로부터 거리를 두는 것은 행복의 수단이라고 주장한다. 스토아주의적인 목표들 중의 상당수가 쇼펜하우어의 관점 속에 등장한다. 차이점은 그것들을 실현을 위해 쇼펜하우어가 제시하는 대안적 방식에 있다.

이성을 통하여 위의 생각들을 체현한 스토아주의적인 현자(賢者)는 목석같으며 경직되고, 시적인 진리를 결여한 사람으로서 비판된다. 이는 (어떤 이가 사랑하는 사람의 죽음에 대해서 스토아적인, 정서적으로 부동[不動]하는 반응을 보일 때처럼) "스토아적인"(stoic)이란 단어가 종종 의미하는 바와 일치한다. 쇼펜하우어는 동정적인 태도가 더욱 계몽적인 것이며, 마음을 단련하는 무관심의 태도들은 진정한 혹은 순수한 마음의 평화를 제공하지 못하며 오직 공허한 평온함에 이르게 할 뿐이라고 믿는다.

쇼펜하우어는 스토아학파가 고통으로부터 자유로운 상황이 일상의 삶 속에서 가능하다고 믿는다는 이유에서 그들을 비판한다. 쇼펜하우어에 따르면, 산다는 것은 **그것으로 인해서** 욕구가 초래하는 좌절들로부터 고통받는 것이고, 오직 어떤 의미에서 삶을 부정함으로써, 즉 우리의 자연적인 욕망들을 거부함으로써, 우리는 진정한 평온을 성취할 수 있다. 그에 따르면, 고통 없는 삶의 관념은 모순적이다. 제 4부에서, 쇼펜하우어는 진정한 내적인 평온을 위해 우리의 자연적인 욕구들을 부정하는 것에 대해 깊이 있게 살펴본다.

쇼펜하우어는 스토아학파의 윤리적인 통찰들의 많은 부분을 공유하면서도, 그들에 대한 대안으로서, 삶에 내재적인 고통을 인정하는 다른 전통들의 현자들을 가리킨다. 그는 인도의 현자들을 언급하지만, 예수를 최고로 중요하며 가장 위대한 시적인 진리를 체현한 인물이라 일컫는다. 쇼펜하우어가 기술하기에, 예수는 완전한 덕, 성스러움, 그리고 숭고함을 지니면서도, 최대의 고통의 조건을 구현하는 인물이다. 그리고 예수는 『의지와 표상으로서의 세계』에 등장하는 많은 기독교적 이미지들 중 하나이다.

연구를 위한 물음들

1. 마음과 독립한 대상들의 존재를 가정함으로써 철학을 시작하는 유물론자들과는 달리, 그리고 대상과 독립한 주관의 존재를 가정함으로써 철학을 시작하는 관념론자들과는 달리, 쇼펜하우어는 어떤 방식으로 그 자신의 철학을 시작하는가?

2. 쇼펜하우어가 "지식"을 배타적으로 "대상들"의 인식을 지니는 것으로서 정의하는 이유를 설명하라. 이것은 "자신에 대한 지식"(self-

knowledge)이 불가능함을 의미하는가?

3. 쇼펜하우어가 (1)유클리드에 대한 비판에서 (2)스토아 철학 비판에
서 (3) (스피노자와 피히테에 대한 관점들에서와 같은) 이성주의 철
학 비판에서, 각각 어떤 방식으로 지각적 지식에 개념적 지식에 대
한 우위를 부여하는지를 설명하라.

4. 쇼펜하우어가 유머를 설명하기 위해 어떻게 지각적 지식과 추상적
지식 사이의 구분을 사용하는지 기술하라.

III. 제 2부, 물자체로서의 의지, §§17-29

§17: 수학, 기하학 그리고 객관에 기초한 철학의 피상적인 성격

쇼펜하우어는 "의지의 객관화"로서의 세계로 주의를 돌리고, 그의 철
학이 우리 경험의 주된 요소들 혹은 "표상"(심상)에 초점을 둔다는 것
을 재차 언급하면서 제 2부를 시작한다. 그리고 이와 함께, 그는 제 1부
의 말미에서 등장한 주제, 즉 과학이 과연 물자체의 본질에 대한 직접
적인 통찰을 제공할 수 있는지에 대한 논의를 계속 발전시킨다. 이는
과연 과학적 인식이 형이상학적 인식을 구성할 수 있으며, 그렇게 함으
로써, 철학이 수 세기 동안 누려 온 그 역사적인 위치를 차지할 수 있는
가를 묻는 것과 같다. 형이상학적인 탐구에 대한 쇼펜하우어의 관점은
표상의 본질적인 내용을 찾는 것을 포함한다. 예를 들어, 우리는 나무,
의자, 돌, 태양, 우리의 몸을 보며, 만약 우리가 일상적으로 지각하는
것이 존재하는 것의 본질을 남김없이 드러내지 않는다면, 그것의 본질
이 무엇인지를 궁금해 한다. 그것은, 과연 지각적인 세계가 (흘러가는
심상들과 기억들의 연속체 이상으로), **더 많거나** 더 깊거나 더 중요한

어떤 것인지에 대한 질문에 대한 반응이다. 여기에서, 쇼펜하우어는 우리가 경험하는 것의 본질(혹은 그 자신이 표상의 본질이라고 명명하는 것)을 이해하기 위해서 전통적으로 취한 방법들 중 일부를 고려하지만, 결국에는 그 모든 것들을 거부한다. 이것들은 추상적인 관념들, 수학, 과학, 자연주의적인 철학의 방법들인데, 인과성 개념은 그 방법들 속에서 지배적이다.

쇼펜하우어는 추상적 개념들이 지각적 표상들의 의미를 통합하고, 밀도 있게 하며, 단순화 하는 한에서, 어떤 의미에서는 그 개념들이 더욱 간략하게 지각적인 표상들의 내용을 제시해 줄 수 있다는 것을 인정한다. 그럼에도 불구하고, 추상적인 개념들은 오직 지각적 표상들의 장을 요약하기 때문에, 그것들은 지각적 표상들 자체가 제공하는 것을 넘어설 순 없다. 결과적으로 그것들은 지각적인 장의 형이상학적인 의미를 조명해 주지 못하며, 단지 요약적으로, 도식적으로, 그리고 유용하게 그것(지각적인 장)을 제시할 뿐이다.

전통적인 철학도 지각적인 표상들의 본질을 드러내기 위해 노력한다. 쇼펜하우어는 여기서 인과성 개념에 기초한 철학(예컨대 신을 세계의 "원인 없는 원인"[uncaused cause]이라고 간주하거나 물리적 대상들을 우리 관념의 원인으로 보는 철학)을 염두에 두고 있다. 전형적으로 이런 철학은 땅, 나무, 기타 등등의 지각적 표상들이 마음과 독립한, 서로 인과적으로 연결된 객관적 대상들이라는 가정과 함께 시작한다. 쇼펜하우어는 세계에 대한 이런 식의 이해를 거절하며 제 1부에서 이미 개진한, 애당초에 마음과 독립한 대상은 존재하지 않는다는 것을 요지로 하는 그의 논증들을 반복한다. 그는 근본적으로 모든 대상은 심상이요, 그러한 것으로서, 그것(대상)의 존재는 주관에 의존한다고 가정한다.[16]

쇼펜하우어는 수학이 표상들의 내적 본질을 드러내 줄 수 있다고도 믿지 않는데, 이는 그 학문 영역은 표상들의 시-공간적인 형식과 관계 있는 양들(quantities)만을 언급할 뿐이기 때문이다. 칸트를 따라서, 쇼펜하우어도 (그 상당 부분은 수학으로 번역가능한) 기하학과 수학은 각각 공간과 시간의 구조로부터 비롯된다는 입장을 견지한다. 쇼펜하우어가 시간과 공간은 물자체의 양상이 아니라는 칸트적인 입장을 수용하기 때문에, 그는 자연히 수학이 형이상학적인 통찰을 제공해 줄 수 있다는 것을 부인한다. 이 학문은 너무 피상적이며, 물자체가 그것 자체로서 어떻게 존재하는지가 아닌, 오직 물자체가 어떻게 나타나는지에 대해 가능한 완전하게 기술한다.

자연 과학은 외양의 동일한 피상적인 면 위에서 작동하며 인과성의 개념에 기초하는데, 제 1부에서 쇼펜하우어가 논의했듯이, 인과성의 개념은 시간과 공간의 형식에 비교된다. 충족이유율의 한 측면으로서, 인과성은 인간과 관계된(human relative)개념으로서, 우리가 필연적으로 세계를 어떻게 경험하는가를 표현할 뿐, 우리가 알 수 있는 한에서, 세계가 그 자체로서 존재하는 방식을 표현하지 않는다. 그래서 그것은 물자체의 본질, 즉 표상의 형이상학적 본질을 반영할 힘을 갖고 있지 않다. 그것이 그러한 통찰을 제공하고자 노력할 때, 그것은 적절한 적용의 범위를 넘어서게 된다.

쇼펜하우어는 이러한 1차적인 조사로부터 전통 철학, 수학, 기하학, 추상개념, 자연 과학이 세계의 본질이 무엇인가라는 철학적 질문에 답

---

16 "주관 없는 객관도 없다."는 슬로건과 함께, 쇼펜하우어의 입장은 영국의 경험론자들인 로크와 버클리로부터 영감을 받은 것이다. 로크는 즉각적인 지각, 생각, 이해의 대상들은 관념들이라고 주장한다. (*An Essay Concerning Human Understanding*, chapter VIII, Section 8) 이와 유사하게, 버클리도 인간 지식의 대상들은 관념들이라고 믿는다(*The Principles of Human Knowledge*, Section 1).

할 수 없다고 결론 내린다. 자연 과학은 사건들이 서로와의 관계 속에서 어떤 방식으로 구조화 되어 있는가를 설명할 뿐이고, 이러한 과학적인 설명은 (그 내적인 본질이 신비로운 채로 남아 있는) 자연적 힘들에 종국적으로 도달하거나, 그것들을 단지 전제한다.

그 함의는 곧 명백해진다: **우리는 세계의 외적 특성들을 관찰함으로써 사물의 내부적 본질에 도달할 수 없다.** 우리는 주어진 사물을 하나의 대상으로 간주함으로써 그 사물의 주관성(subjectivity)에 도달할 수 없다. 보다 기술적인 용어를 빌자면, 우리는 충족이유율의 어떤 형식을 끌어들여서도 사물들의 내적 본질을 알 수는 없을 것이다. 왜냐하면, 이러한 형식들은 정확히 추상적인 개념들, 수학, 기하학, 그리고 인과성의 형식들이고, 여기에서 인과성은 배타적으로 객관적 대상들 간의 관계에 관여하는 것으로 이해되기 때문이다. 이를 테면, 인과성 개념에 기초한 모든 자연 과학과 어떤 전통 철학도, 형이상학적 문제들을 해명하는 것과 관련해선, 부질없이 벽을 때릴 운명에 처해 있다.

쇼펜하우어의 논의들에는 용어적인 복잡성이 존재하는데, 왜냐하면 그는 주로 "지식"(Erkenntniß)이란 단어를 오직 객관적 대상에 대한 지식을 지시하기 위해 사용하기 때문이다. 만약 형이상학의 목표가 사물의 본성에 대한 통찰(외부로부터 객관적 대상을 관찰함으로써가 아니고 대상의 내부적 실재와 함께함으로써 얻어지는 통찰)을 제공하는 것이라면, "형이상학적 지식"이라는 개념은 그래서 용어상의 모순일 것이다. 우리는 보다 일관적으로 "형이상학적 통찰"에 대해 언급할 것인데, 여기서 "통찰"은, 우리가 사물의 내적인 본성을 직접적으로 파악할 때 우리가 인식하는 어떤 것이든 언급할 수 있는 용어이다.

쇼펜하우어의 견해로는, 이것은 엄밀히 말해서 "지식"이 아니다. 이렇게 "지식"이란 용어를 "대상들에 대한 지식"으로서 기술적으로 사용

하기에, 그는 일관적으로 물자체에 대한 지식이 불가능하다거나 형이
상학적 지식이 불가능하다고 모순 없이 말할 수 있게 된다. 그 용어들
은 칸트의 관점을 표현하는 듯이 보이지만, 이러한 언어적인 외견을 받
아들여서 쇼펜하우어를 물자체는 접근할 수 없다고 생각하는 하나의
칸트주의자로 읽어 내는 것은 해석적인 착오일 것이다. 물자체에 대한
"지식"이 불가능하다는 주장도, 형이상학적 "지식"이 불가능하다는 주
장도, 쇼펜하우어가 우리는 물자체의 본질에 대한 형이상학적 통찰을
얻을 수 없다고 믿는다는 것을 함축하지는 않는다. 이런 언어적인 혼동
이 있을 수 있고, 쇼펜하우어의 논의가 가끔씩 물자체에 대한 지식이
불가능함을 암시하는 것처럼 보이기 때문에, 그가 물자체에 대한 지식
혹은 직접적인 통찰을 부정하는 칸트주의자라고 잘못 믿기 쉽다.

이어지는 내용(§18과 §19)에서, 쇼펜하우어는 우리가 우리의 몸에
대해 지니는 "이중의 지식"과 의지로서의 우리 자신에 대한 "지식"에
대해 느슨하게 언급한다. 그가 "지식"이라는 용어의 기술적인 사용과
의 충돌을 피하고자 "이중의 파악"이라든가 "이중의 인식"을 말했더라
면, 이는 더욱 정확한 표현이었을 것이다. 앞으로의 설명에서, 필자는
"지식"이라는 용어를 가급적이면 쇼펜하우어의 더 제한된, 기술적인
의미에서 사용할 것이고, 사물의 내적인 본성을 언급할 때, "인
식"(awareness), "파악"(apprehension), 그리고 "통찰"(insight) 등과
같은 대안적인 용어들을 사용할 것이다.

§18: 우리의 몸에 대한 이중의 인식

우리의 표상들의 장의 배후에 과연 무엇이 있는가라는 질문에 대한 적
극적인(positive) 대답(즉, 이전 글에서 언급한 바 있는 외부주의적인
[externalistic] 방식들의 반대가 되는, 사물들의 "내부"로 우리를 이끌

대답)을 향해 나아가며, 쇼펜하우어는 세계의 내부적인 본성이 "의지"(Will)라는 일반적인 생각을 뒷받침하는 그의 주요 논증들 중 하나를 제공한다.[17] 모든 외부적인 방식들이 내부를 관통할 수 없다는 것을 깨달은 후, 그는 표상들의 장의 내적 본성을 잡아내는 방식을 찾는다. 예컨대, 그는 지금 테이블 위에 놓인 한 잔의 커피를 보고 있고, (그것의 형이상학적 존재를 파악하기 위해) 그 커피의 "내부에"(inside)있을 방법을 알아내고자 노력 중인 것이다. 쇼펜하우어가 믿기에, 이것은 진정한 철학이 추구하는 것이다. 그는 자신의 몸에 대한 직접적인 파악 속에서 그 열쇠를 찾고, 결과적으로, 그가 자신의 지각적인 표상들 중 하나의 내부에 **이미** 존재하고 있다는 것을 발견한다.

  쇼펜하우어는 그 자신의 몸이 하나의 물리적인 대상인 한에서, 그것은 어떤 다른 물리적 대상과도 다를 바 없다는 것을 관찰한다. 그 표상은 형태를 지니고, 공간의 일정 영역을 점유하며, 시간을 통해 지속하고, 여느 물리적인 대상들과도 비교가능한 일정한 무게, 밀도, 3차원성 그리고 그 색채 속에서의 지각적인 접촉가능성을 지닌다. 외과의사에게 있어서, 몸은 다른 물리적인 대상들과 상호작용하는 대상이다. 당신이 내 옆에 서 있을 때 나에게 당신의 몸은 우리들 옆의 의자나 탁자와 같다. 나의 몸은 당신에게 동일한 방식으로 보인다. 당신과 나의 몸 모두, 내가 보는 다른 대상들처럼 내 시야의 일부를 점유하고 있고, 내 몸은 하나의 대상 자체(*per se*), 나에게는 내 지각의 장 안의 다른 모든 대상들과 동일한 종류의 것으로 나타난다. 쇼펜하우어가 어떤 방식으

---

17 일반적으로, (그 전체 속에서 실재의 원리로 간주되는) 물자체로서 "의지"(Will)를 언급할 때 그 용어는 대문자를 사용하여 표현할 것이다. 하지만 어떤 구체적인 상황에 놓인 이런저런 개체를 통해 구현되거나 작동되는 대로의 이 "의지"를 언급할 때는, 그 단어는 소문자로서만 표기할 것이다.

로, 그 자신의 몸을 형이상학적으로 무차별적인 세계의 무수한 물리적
사물들 중 단지 하나의 물리적인 대상으로서(즉, 단지 또 하나의 표상
으로서) 파악하는지 이해하는 것은 그의 주된 논증을 이해하는 데 있
어 핵심적이다.

　우리 자신의 몸이 물리적 대상으로서 고려될 때 물리적인 세계 내의
다른 모든 대상들과 종류 면에서 같다는 사실이 주어진 채, 쇼펜하우어
는 우리가 형이상학적으로 중요한 어떤 점을 알아차리기를 요구한다.
우리들 각자는 자기 자신의 몸과 특별한 관계를 지니는데, 그 이유는
우리가 우리의 몸 "안에" 있으며 우리는 그것을 다른 물리적인 것들과
다르게 느낄 수 있기 때문이다. 우리는 커피를 마시기 위해 커피 잔을
들고 우리 손의 내부를 느끼지만, 커피나 그 잔의 내부를 느끼진 못한
다. 하지만, 손, 잔, 커피는 모두 지각되는 대상이다.

　쇼펜하우어는 우리가 우리 자신의 몸을 두 가지 방식으로 경험한다
는 중요한 결론을 내린다. 그의 표현을 빌자면, 우리는 우리 자신의 몸
에 대한 "이중의 지식"(doppelte Erkenntniß)을 지닌다. 우리가 거울을
볼 때나 우리의 손을 들어 올릴 때처럼, 우리는 다른 어떤 물리적 대상
을 관찰할 수 있는 방식대로 우리의 몸을 관찰할 수 있다. 우리는 또한
내부로부터 우리의 몸을 느끼고, 그래서 다른 모든 존재와는 꽤 달리,
우리의 몸에 대한 직접적인 인식을 지닐 수 있다. 우리의 몸은 지성적
인(intelligent) 지각 속에서 하나의 "표상"으로서, 그래서 어떤 다른 대
상과도 같은 하나의 대상으로서 주어진다. 또한 우리의 몸은 우리의 직
접적인 통제하에 있는 것으로서 주어진다. 우리가 우리의 몸을 내부로
부터 파악하듯 (혹은 우리가 내부로부터 우리의 몸이듯) 우리는 느끼
고, 움직이고, 조형하고, 우리 자신을 우리의 몸을 통해 표현한다.

　쇼펜하우어의 1차적인 관찰이며 철학적인 주장은, 우리 몸의 이 두

가지 측면들, 즉 "내부적인 것"과 "외부적인 것"은 형이상학적으로 **같은 존재**라는 것이다. 그것들은 동전의 양면이다. 그것들은 다른 방식으로 자신을 드러내는 본질적으로 동일한 실재이다. 한 의지의 작용(an act of will)과 그에 상응하는 신체적 움직임은 같은 것이다. 그 의지의 활동은, 마치 그것이 그 신체적인 움직임과 구별될 수 있는 양, 신체적 움직임을 인과적으로 "초래"하진 않는다. "전기"와 "번개"가 동일하듯, 의지의 작용과 그것의 발현은 동일하다.

이런 생각을 확장시키면서, 쇼펜하우어는 전체로서 고려된 우리의 의지(will)가 그래서 우리의 몸으로서 객관적으로 보일 수 있다고 적는다. 쇼펜하우어가 믿기에, 우리 자신의 몸을 주의 깊게 살펴보면, 우리는 우리의 내부적 본질의 발현을 지각할 수 있다. 역으로, 우리가 우리 자신이 본질적으로 무엇인지를 안다면, 우리는 왜 우리가 지금과 같은 모습으로 나타나는지 이해할 것이다. 외적인 형식은 내부적 본질의 발현이다. 몸에 주어지는 모든 인상(impression)은 그래서 의지에 주어진 인상이다. 그런 인상의 특성이 의지의 본성 그리고 목표와 일치할 때, 우리는 쾌감을 경험한다. 그 인상의 특질이 의지의 본성과 목적들과 모순된다면, 우리는 고통을 경험한다.

쇼펜하우어는 이 이중-측면(double-aspect)의 관점이 심신 상호작용설에 대한 보다 정합적인 대안을 제공할 것이라 기대한다. 후자의 관점에 따르면, 나의 의지는 내가 손을 들어 올리는 것의 원인이 되고, 나의 갈증을 해소하려는 욕구가 내가 물 잔을 들어 올리는 것의 원인이 된다. 그러나 (쇼펜하우어의 그 대안적 관점에 따르면) 내가 팔을 올림은 갈증을 풀려는 내 욕구가 객관화된 것이다. 쇼펜하우어의 충족이유율에 대한 논의의 결과는 인과 관계가 오직 **객관적 대상들** 사이에서만 성립한다는 것이고, 그래서 그의 이론은 정신적 상태를 (인과적으로)

초래하는 물리적 조건들에 대한 언급을 허용치 않는다. 그는 결국 주어진 상황을 기술할 다른 용어들을 찾을 필요가 있다. 이를 위해서, 그는 주관과 객관은 형이상학적으로 동일하도록 하고, (외부적인 관찰자가 오직 장갑의 움직임을 볼 때처럼, 즉 장갑 내부의 손의 움직임은 즉각적으로 분명하며 장갑을 낀 손의 움직임과 동일한 것처럼) 주관-객관 구분에 있어 한 면이 즉각적으로 다른 한 면에 발현되는 상황에 대해 이야기한다.

쇼펜하우어의 논증에 가장 위협적인 문제들 중 하나는, 그가 우리 자신의 의지에 대한 지식과 우리의 물리적 신체에 대한 지식이, 양자의 형이상학적 동일성으로 인해 분리될 수 없다고 주장하는 것과 관련하여 발생한다. 난점은, 우리가 이런저런 시점에서 오직 어떤 신체적 활동에 관여하고 있을 때 어떻게 우리가 우리 자신의 내적인 충동이나 의지를 인식하는가 하는 것으로부터 비롯한다. 쇼펜하우어는 우리 신체에 대한 인식을 **함께** 갖지 않은 채, 우리가 우리 자신을 의지하는 존재로서 인식할 수 없다고 명시적으로 말한다. 최소한, 이것은 우리가 우리 자신을 "의지"(will)로서 직접적으로 인식하는 것이 항상 **시간 안에서** 발생한다는 것을 함의한다.

만약 우리 자신을 "의지"(will)로서 인식함이 항상 시간 안에서 발생하는 것이고, 시간이 충족이유율의 한 형식이라면, 쇼펜하우어가 칸트의 철학과 동일선상에 주장했듯이, 그렇게 "의지"로서 자신을 인식함은 충족이유율에 의해 조건 지워진다. 그런데 이것이 문제이다. 그것은 표상들의 진정한 내적인 본질을 드러내는 절대적 인식이 될 수 없다.

따라서 쇼펜하우어는, 지각적 경험이 추상적 지식 혹은 다른 어떤 종류의 지식보다도 우위에 있음을 강조함으로써, 일종의 딜레마를 만든 것으로 보인다. 일단 지각적 경험이 근본적인 것으로서 간주되고, 모든 지각 경험이 시간 안에서 발생한다는 것이 인정되면, 형이상학적 통찰혹은 물자체의 본질에 대한 통찰은 배제된다. 만약 시간이 물자체를 직접적이고 완전하게 드러내는 인식을 제공한다기보다는 그것의 외양들을 제시할 수 있을 뿐인 충족이유율의 한 형식이라면 말이다.[18]

이는 쇼펜하우어의 주장과 그의 철학의 기반에 대한 강력한 반론으로 보이지만, 쇼펜하우어는 이에 대해 나름의 그럴듯한 대답을 갖고 있다: 그는 물자체의 본질에 대한 통찰은 정도의 문제라고 기술한다. 그에 따르면, 우리는 완전하고도 절대적인 통찰을 얻지 못할 수도 있지만, 우리가 시간의 "얇은 베일들"을 통해서 물자체를 파악할 때 우리는 진실로 매우 근접하게 갈 수 있다. 이는 물자체의 본질에 대한 통찰이 불가능하다는 칸트적인 관점과 결코 같을 수 없다.

위에서, 쇼펜하우어는 물자체를 "덮고 있는" "베일들"(혹은 장막들)의 은유를 사용하는데, 이 메타포가 쇼펜하우어의 주장 자체라기보다는 단지 그것의 한 표현이라는 것을 이해하는 것은 중요하다. 쇼펜하우어가 "베일들"이라는 용어를 사용하는 방식과는 반대로, "베일들"은 조합되었을 때 그것들에 싸인 대상을 불명료하게 하는 것이 아니라 (두 색깔, 예컨대 노란색과 파란색의 필터들이 짝지어져 파란 필터 하나만 있었을 때보다 그 대상이 지닌 색의 더 좋은 영상을 제공할 때처럼), 그 대상을 보다 또렷하게 하기에, 그 용어가 어떤 대상을 더 분명하게 하는 것을 의미하는 사례들이 있다.[19] 하지만 이런 예는 쇼펜하우어 자

---

18 가디너(Patrick Gardiner)는 그의 저서 *Schopenhauer*(Penguin, 1967)에서 이러한 비판을 제시하면서, 우리 자신을 "의지"(will)로서 시간적으로 파악하는 것이 물자체를 "모든 인식의 범위 너머로" 후퇴시키는 처참한 결과를 낳는다는 쇼펜하우어의 주장을 해석한다.(Gardiner, p.173). 그 결과는, 칸트가 물자체는 알려질 수 없고, 우리의 모든 경험의 밖에 존재한다고 주장하는 한에서, 쇼펜하우어의 입장을 칸트의 그것으로 환원시키는 것이다.

신의 주장에 아무런 차이를 만들지 않는다. 왜냐하면, 그의 주장은, 우리가 물자체를 가리는 세 가지 주된 "베일들", 즉 인과성, 시간 그리고 공간을 지니고, 그 중 인과성과 공간을 제거함이 물자체의 모습을 보다 분명하게 드러내 줄 것이라는 것이다. 그 이유는 물자체가 하나의 "내적인" 파악 대상이고, 인과성과 공간이라는 더 외부적으로 지향된 형식들에 의해서 불분명해질 수 있다는 것이다. 시간이 내부적인 경험의 형식이라는 것은 의지(Will)로서의 물자체의 본질에 더 일치한다. 그러므로 쇼펜하우어의 주장을 지지하는 것은, 베일들의 형식적인 존재와 그것들의 제거의 논리가 아니라, 세 가지 근본적인 경험의 형식들 중에서 다른 두 가지와는 대조적으로 시간이 내적인 경험의 형식이 된다는 것이다.

아직 남아 있는 문제는, 충족이유율의 형식들 중 **어떤 것이든** 물자체의 본질에 대한 통찰을 차단하기에 충분하다고 주장될 수 있다는 것이다. 오직 하나의 형식만 지녀도 우리는 칸트적인 입장으로 다시 돌아가야 하는데, 세 가지 형식들이 우리에게 주어져 있다는 사실은 문제적인 상황을 과잉으로 결정할(overdetermine) 뿐이다.

---

19 영(Julian Young)은 그의 책, *Schopenhauer*(Routledge, 2005), p.94에서, 쇼펜하우어에 대한 반론의 하나로서, 그리고 역시 쇼펜하우어의 물자체에 대한 입장이 칸트의 그것과 본질적으로 동일하다는 것을 보이기 위해서, 이러한 이중-여과기(double-filter)의 이미지를 내놓는다. 또한 Young은 의지(Will)의 모든 "활동"(act)이 시간 안에서 이루어질 수밖에 없다는 것을 근거로, 우리가 물자체의 본질에 대해 통찰을 얻을 수 있다는 쇼펜하우어의 주장을 비판한다. 하지만, (비록 다른 철학적 틀 안에서이지만) 신이 세계를 창조하기 위해 "활동"했다는 것, 즉 시간과 공간을 창조하기 위해서 무시간적으로 활동했다는 발상이 외견상(*prima facie*) 그럴듯해 보인다는 것을 인지한다면, Young의 이 논증은 의심스럽다. 서양 철학과 신학의 역사에서 잘 정착된, 무시간적인 활동에 대한 개념이 존재한다. 이러한 전통의 일부로서, 그 개념은 칸트의 도덕 이론과 인간 자유에 대한 이론 안에 있으며, 그 이론들로부터 쇼펜하우어 자신의 논증이 파생되었다.

이 더 강한 주장에 대해, 우리는 쇼펜하우어가 §3에서 "현재"(the present)는 비실재적인 과거와 미래의 경계를 이루는 무차원적인 점이라고 기술한다는 사실을 회상해 볼 필요가 있다. 이 기술은 지금의 맥락 속에서 많은 것을 알려 주며 유용하다. 우리의 내적 본질을 "의지"(will)로서 파악하는 것이 언제나 현재에서 발생하지만, 이 현재에 대한 우리의 파악 범위는 현재의 시점에 대한 배타적인 주의로부터 고도로 확장된 "과거-현재-미래"의 연속체에 대한 주의에까지 이른다. 그 극단들에서, 시간에 대한 두 가지 대조적인 관점들이 등장하게 된다. 그들 중 하나는 "영원한 지금"(the eternal now)의 관점이고, 다른 하나는 시간을 과거로부터 현재를 거쳐 미래로 뻗는 연속체라고 보는, 더 수학적이고 칸트적인 관점이다. 만일 현재에 대한 우리의 인식이 미래 혹은 과거를 향해 고도로 투사적(projective)이지 않다면, 그리고 우리가 "현재"(the now)에 계속 집중한다면, 더 무시간적인 인식, 즉 물자체의 현존을 "의지"(Will)로서 파악하는 것에 보다 유리한 인식이 따르게 될 것이다. 장애가 되는 것은 더 투명한, 그 "영원한 지금"이 아니라, 칸트적인 시간에 대한 관점이다.

쇼펜하우어는 의지와 몸이 하나라는 직접적인 파악 (즉, 우리 몸의 "내부적이고"와 "외부적인" 측면들은 동일하다는 것의 직접적인 파악)이 일종의 "기적"(miracle)이고 탁월한(*par excellence*) 철학적 진리라고 적으며 §18의 글을 마무리 짓는다. 그는 그의 철학이 이 동일성의 직접적인 파악에 기초하도록 한다. 일단 그의 몸이 그의 의지의 객관성이라는 것이 확립되면, 그 동일성은 표상으로서의 세계가 (세계를 인간의 몸과의 유사성 속에서 고려할 때) "의지"(Will)의 객관성이고 "의지"는 모든 존재의 절대적이고 보편적인 내적인 본질이라고 주장할 수 있도록 확장될 수 있다.

§19: 모든 표상의 내적인 본질에의 열쇠

쇼펜하우어가 그의 지각의 장 내의 표상들 중 하나, 더 구체적으로는 그의 몸의 표상에 대한 이중의 파악, 인식, 혹은 "지식"이 존재한다는 것을 확립했고, 그의 표상들 중 하나에 대한 이 내적인 접근으로써 그가 모든 표상들의 내부적인 본질에의 열쇠를 발견했다고 믿기 때문에, 그는 여기에서 다른 모든 표상들에 관해서 질문을 던진다. 다른 표상들 중 일부 혹은 모두가 어떤 내적인 실재도 지니지 못하고 쇼펜하우어가 이중적으로 인식하는 그 표상과 같지 않은 것이 참이거나, 그것들 모두가 어떤 내적인 실재를 지니고 쇼펜하우어가 이중으로 인식하는 그 표상과 동일하거나 둘 중 하나이다.

처음엔 그에게 밋밋한 객관성 속에서 관통할 수 없는 장벽처럼 보였던, 그의 지각적 표상들의 장과 관련해서, 쇼펜하우어는 만약 다른 표상들이 그의 몸의 그것과는 별개의 어떤 내부적 실재도 지니지 않는다면, 그는 (혹은 이러한 사고를 실행하는 어떤 사람이든) 내적인 실재를 지니는 유일한 존재자일 것이라고 추론한다. 이는 "오직 나만이 존재한다."고 주장하는, 이론적 개인주의(theoretical egoism) 혹은 유아론(solipsism)의 입장이다.

쇼펜하우어는 지각의 장 내의 모든 표상들 중에 그의 몸이 하나의 표상**으로서** 전혀 특별하거나 지각적으로 구별되는 것이 아니라고 생각하기 때문에, 그는 그 (유아론적) 입장을 그럴듯하지 않은 것으로서 거부한다. 그의 몸(의 표상)은 다른 표상들과 공간적으로 근접해 있고 이는 다른 것들이 또 다른 것들과 그러한 관계를 맺는 것과 마찬가지이다. 그렇게 그의 몸은 다른 표상들과 정확히 같은 하나의 표상이고, 그래서 모든 표상들이 내적인 실재를 지닌다는 생각에 어떤 예외가 있어야 할 명확한 이유가 없다. 만약 예외가 있다면, 그 지각의 장은 부조리하게 보일 것이다. 그런 지각의 장에서는, 동일하게 충분히 발달되어 있고 깨어 있는 상태의 표상들 중에서 어떤 것은 내적인 실재를 지니지 않고 어떤 것은 지니게 될 것일 테고 이는 설명될 수 없을 것이다.

이런 반성의 결과로, 쇼펜하우어는 그의 몸-표상이 내적인 실재를 갖는 것처럼, 그의 시각의 장 안에 있는 모든 표상들은 내적인 실재를 지닌다고 결론 내리게 된다. 그리고 이 결론에 도달하자마자, 쇼펜하우어는 전체적인 표상들의 장 이면에 **단일한** 내적인 실재가 있고, 자신과 다른 모든 이의 의식은 이 단일한 실재의 표현이라는 입장에 접근하게 된다. 우리는 왜 그런지에 대해 잠시 후 살펴보게 될 것이다.

여기서의 쇼펜하우어의 논증을 "유비에 기초한 논증"으로 해석하는 것이 가능하다. 왜냐면 쇼펜하우어는, 우리의 몸이 두 가지 의미로, 즉 표상과 의지로서 주어지는 것과의 "유사성"(*Analogie*)에 기초해서 우리 자신의 몸이 아닌 다른 표상들을 판단할 것이라고 말하기 때문이다. 만약 그렇다면, 우리가 오직 하나의 사례로부터 무수히 많은 사례들을 투사하는 것이 되므로, 그것은 하나의 약한 논증으로서 비판 받기 쉽다. 유비로부터의 강한 논증은 다음과 같이 다른 방향으로 진행할 것이다. 어떤 항목의 2000개의 사례들을 모두 경험 했고, 각각은 모두 15개의 현저한 특성들을 지니고 있기 때문에, 우리가 15개 중 14개의 특징들을 소지한 다른 하나의 아이템을 마주한다면, 우리는 유비에 의해서 그 15번째 특성이 역시 그 아이템 속에 존재할 것이라고 추론할 수 있다. 그렇지만 쇼펜하우어의 논증은 이런 구조를 지니고 있지 않다.

쇼펜하우어는 위에 진술한 바와 같은 형식의 "유비에 의한 논증"을 개진할 의도가 없다. 그의 논증은 주어진 현상, 즉 이 경우에는 다양한 표상들을 포함하는 지각적 장을 이해하기 위한 조건들을 확인하는 것에 기초한다. 그 논증은 (1) 우리가 표상들 중의 하나가 내부적인 본질

을 지니고 있다는 것을 **직접적인 인식**을 통해서 알고, (2)우리가 내부
적인 본성을 지니고 있다고 파악하는 그 표상은, 하나의 표상**으로서**,
그리 특별해 보이지 않고(예를 들어, 저녁 식사 자리에 앉아 있는 타인
의 몸은 나이프, 포크, 컵, 그릇, 음식, 꽃, 양초가 그러한 것처럼, 물리
적 대상으로서의 특성을 지닌다. 그 몸은 움직이고, 소리를 내며, 열을
내고, 섬유 조직을 지닌다.) (3) 만약 우리가 모든 다른 표상들이 동일
한 종류의 내적 본질을 지니고 있지 않다고 가정한다면, 지각의 장은
우리가 그렇다고 상정하는 것보다 덜 철학적으로 정합적인 것이 된다.

　우리가 쇼펜하우어의 노선을 따르고, 그래서 우리의 시각 장내의 다
른 모든 표상들이 내부적 실재성을 지니고 있다는 것을 인정한다면, 그
가 언급하는 "유사성"은 그 이후의 수준에서 독자적으로 등장하게 된
다. (환언하면, 다른 모든 표상들이 내부적 본질을 소유한다고 할 때,
그 내부적 본질은 우리가 직접적으로 접촉하는 표상의 내적인 본질과
같거나 대체적으로 같다[즉 유사하다]고 가정할 때 등장하게 된다.) 위
에 언급된 유비는 다른 표상들이 **내부적 본질을 지니고 있다는 것**을 확
정하진 않는다. 다만 그 유비는 우리가 다른 표상들의 내적인 본질은
과연 **무엇일까**를 고려할 때 비로소 논증에 등장하는 것이다.

　쇼펜하우어는, 우리가 우리 자신 안에서 "의지"라고 경험하는 것 외
에 어떤 다른 종류의 내부적 본성도 상상할 수 없고, 그래서 다른 표상
들의 내부적 본질이 무엇이든지, 그것들은 표상**으로서** 동일하기 때문
에, 그것은 우리 자신의 것과 대략적으로 동일해야만 한다고 (덜 설득
력 있게) 가정하고 있다고 이해될 수도 있다. 그렇지만, 다른 모든 표
상들의 내부적인 본질을 "의지"로 간주할 더 강력한 이유가 있다. 만약
다양성과 다수성이, 대상들로서의 표상들의 본질과 관련하여 표상들의
장에 국한된다면, 다시 말해 다수성의 귀속이 충족이유율의 영역 안에

머문다면, 표상들의 주관적 측면과 관련해서는 어떤 다수성도 존재하지 않을 것이다. 따라서 모든 표상의 이면에는 오직 하나의 내적 본질만이 존재할 수 있다. 이것이 바로 쇼펜하우어가 "의지"를 우리 모두 안에서 자신을 드러내는 단일한 존재라고 말하게끔 하는 중심적인 생각이다.

   남아 있는 것은, 일단 어떤 철학이 (쇼펜하우어 자신은 "의지"라 칭하는) 우리들의 내부적 본질의 구체성 안으로 들어가게 되면, 불일치의 여지가 존재한다는 것이다. 어떤 성찰적 개인들은 의지가 아니라 투명한 "명료한 빛"을 발견하고, 다른 이들은 은혜롭고 무한한 확장된 의식과 마주하며, 또 다른 이들은 시간의 순전한 흐름을, 다른 이들은 자기-의식의 구조를 발견하게 된다. 이는 우리가, 쇼펜하우어가 그의 자기-파악을 구체적으로 "의지"라 기술하는 이유나 근거를 검토하길 요구한다. 그는 우리가 일상의 경험 속에서 우리 앞에서 지각하는 것들을 설명할 수 있는 기본적 특성을 지닌 우리의 내부적 본질에 대한 규정을 목표로 한다. 그 모든 내재적인 폭력성을 지닌 지각의 장이 투명한 빛의 발현으로 이해될 수 있다는 것은 믿기 어려운 불가사의이다. 쇼펜하우어가 이후에 보여 주겠지만, 그것이 맹목적인 의지의 발현으로 이해될 수 있다는 것은 덜 당혹스럽다.

§20: 의지의 객관화

쇼펜하우어는 그 자신이 우리 몸들의 내부적인 실재를, 그리고 더 나아가 모든 표상들을 "의지(will)"로서 정확하게 규정하였다고 확신하고, 이 의지는 (우리가 팔을 들어 올리거나 머리를 돌릴 때와 같은) 우리의 수의적 행동 속에서 즉각적으로 알아차릴 수 있다고 적는다. 이미 언급되었듯이, 그는 의지의 활동이 팔이 올라가는 것이나 머리가 돌아가는 것을 (인과적으로) "초래"한다고 말하진 않는다. 그가 보기에, 내적인 활동과 외부적 행동은 한 동전의 두 부면이고, 그래서 이는 일반적으로 고려되었을 때 "전기"가 번개, 불꽃, 불타는 전선 등으로서 자신을 "발현한다"고 말하는 것에 비유될 수 있겠다. 전기는 불꽃이나 번개를 초래하지 않는다. 전기는 불꽃이며 번개**이다**.

인간적 활동을 기술함은 더 복잡한 것인데, 이는 (외현적인) 행동으로 나타나는 의지의 궁극적인 활동에 덧붙여서, (예를 들어 우리가 방을 환기하기 위해서 창문을 여는 것처럼) 개인적 활동을 추동하는 동기들이 존재하기 때문이다. 동기들은 행위의 이유를 제공하는데, 행위 자체인 그 내부적 실재는 형이상학적으로 어떤 동기로부터도 독립해 있다. 동기들은, 전기가 이 상황에서는 불꽃으로 저 상황에서는 번개로 발현할지를 결정하는 물리적 조건들과도 같다; 불꽃과 번개 자체는 그것들을 그 시간과 장소에서 불꽃 혹은 번개로 만든 외부적 조건들(습도, 열, 압력 등등) 중 어느 것과도 구분된다. 쇼펜하우어는 그래서, 근거가 없으며 충족이유율로부터 독립적인 것으로서의 그 내부적 실재 혹은 "의지"(will)와, 그것의 다양한 표현들을 구별하는데, 동기들은 바로 후자에 포함되는 것이다.

의지의 활동과 그것의 행동적 발현이 형이상학적으로 하나라고 가정하면서, 쇼펜하우어는 우리가 일반성의 상이한 수준들에서 활동들을 언급할 수 있음을 관찰한다. 환기를 위해서 창문을 여는 것의 예에서처럼, 시간의 특정한 지점에서 발생하는 행동으로 정의가능한 활동이 있을 수 있다. 또한 한 사람이 존재하는 방식으로서, 즉 그 사람의 더 일반적인 성격의 표현으로서 정의되는 활동이 있을 수 있다. 혹자는, 예를 들어, "제인은 정직한 성격이야. 그녀는 진실을 얘기해."라고 말할 수 있다.

쇼펜하우어는 한 사람의 고정된, 보편적이고 무시간적 성격 특성을 그 사람의 "가지적인" 성격이라고 일컫는다. 일군의 동기들을 통한 이 가지적인 성격의 개인사적인 표현을 가리켜 쇼펜하우어는 그 사람의 "경험적인 성격"이라고 부른다. 이는 쇼펜하우어가, 한 사람의 몸이 그 사람의 가지적인 성격의 표현이고, 그 성격은 바로 그 개인 자신인 의지의 핵심적 활동이라고 생각하도록 한다. 우리의 경험적인 성격을 구조화하는 동기들의 패턴에 대해 반성함으로써, 우리는 우리 자신의 가지적인 성격이 무엇인지를 어느 정도 식별할 수 있다. 한 개인은 근본적으로 쾌락, 인정, 명예, 평화, 우정, 안정, 돈, 경쟁 혹은 권력에의 추구에 의해 움직일 수 있는데, 이 추동 혹은 추동들의 복합체가 그 사람의 가지적인 성격을 구조화할 것이다. 일단 그 사람이 특정한 역사적 상황 속에서 태어나게 되면, 하나의 경험적인 성격을 정의하는, 그 역사적인 상황과 관련된 구체적인 동기의 구조들이 발생하게 된다. 프랑스와-사비에(Francois-Xavier)는 나폴레옹 수하의 장군들 중 하나가 되길 열망한다. 플라톤은 소크라테스의 제자 중 하나이길 바란다. 발렌티나는 우주비행사가 되고 싶어 한다.

쇼펜하우어에 따르면, 우리가 우리 자신의 내부적인 인격을 의지의 근본적인 활동이라고 이해할 수 있는 한에서, 이 성격은 전체로서의 우리 몸 안에서 자신을 표현한다. 우리가 한 사람의 몸을 조사해 보면, 우리는 그의 성격이 발현되어 있음을 알게 된다. 어떤 수준에서, 그리고 전술한 전기에의 비유를 따라서, 쇼펜하우어는 한 사람의 몸이 그의 성격과 "같다"고 믿는다. 그는 이러한 면에서 나의 몸은 보이게 된 나의 의지에 불과하다고 적는다. 이 명제는 그러나 일반적으로만 이해될 수 있는데, 왜냐하면 사람들의 몸이 사고들로 인한 외적인 모습들을 종종 지닌다는 것은 명백하기 때문이다.

　이런 해석 방식에서 더 나아가서, 그리고 적절히 일반적으로, 쇼펜하우어는 다음과 같이 덧붙인다. (1)인간의 형식(human form)은 객관화된 인간적 의지이다; 그것은 객관화된, "인간성"(humanity)의 의지이다. (2)이빨, 내장 기관, 식도는 객관화된 배고픔이다. (3)생식기들은 객관화된 성적 충동이다 (4)꽉 쥔 손과 다리는, (인간의 경우) 아마도 도구를 만드는 것, 집짓기, 달리기, 언어적인 제스처 등등과 관련된 객관화된 욕망들이다. 쇼펜하우어는 물리적인 구조 내지는 현상을 관찰하고 그것을 어떤 내적인 충동의 표현이라고 간주하는데, 그는 여기서 (어떤 사람이 지나가는 차량에 부딪쳐 손상을 입어 목발로 걸어 다닐 때처럼) 우발적 사고로 형성된 구조들을 논외로 하고 있다. 다시 말해, 쇼펜하우어는 자연적으로 발생하는 구조와 행동들에 대해서 말하고 있는 것이다.

§21: 모든 표상의 내부적 본질은 "의지"이다.

이미 살펴보았듯이, 쇼펜하우어는 §19에서 모든 표상이 내적인 차원과 외적인 차원을 다 지닌다고 주장하고, §20에서는 우리 몸의 표상의 내·외부적인 차원들을 고려하면서, 그것(우리 몸의 표상)을 보다 상세히 검토한다. 그는 이제, 우리가 표상의 장을 이루는 나머지 아이템들의 내적인 본질이 우리의 몸의 내적인 본질과 유사하다고 생각해야 한다는 자신의 논증을 따라서, 이 (나머지) 표상들의 내·외부적 차원들을 고려한다. 우리는 이 표상들의 내적 본질에 대한 직접적인 접근을 지니지 못하기에, 이 논의는 우리의 몸과 내부적 본질을 의지로서 반성한 후 다른 표상들로 투사하는 것을 경유해서 이루어진다.

　쇼펜하우어에 의하면, 우리는 의지 자체(will *per se*)로서의 이 내적인 본질을 다른 사람들 안에서, 그리고 다른 동물들 안에서 분명하게 확인할 수 있으며, 우리가 반성을 지속하고 같은 생각을 투사한다면, 식물을 살아 있게 하는 힘 안에서, 그리고 (자기장이나 화학 반응들 속에서처럼) 물질적 변화들을 구현하는 힘 안에서조차 그것을 확인할 수 있다. 그 내부적인 본질은 모든 것에 있어서 같으며, 그는 이것을 일컬어 "물자체"라 한다. 그것은 표상들과는 질적으로 다르며, 지각의 장 전체로서, 즉 세계로서 자신을 드러낸다.

철학사의 관점에서 보면, 쇼펜하우어의 입장은 버클리의 그것을 반복하는데, 후자가 유사하게도 "정신들"(spirits)과 "관념들"(ideas)의 오직 두 가지 존재들만을 인정한다는 한에서 그러하다. 이것들은 쇼펜하우어의 "주관들" 및 "표상들"과 어울린다. §21에서 제시된 생각들과 관련하여, 우리는 버클리가 쇼펜하우어를 예고하면서, 정신을 (관념들을 산출할 경우) **의지**라고 불리는, 하나의 활동적이고 단순한 존재로서 정의한다고 말할 수 있다. 더 나아가, 버클리는 정신들과는 대조적으로 관념들은 수동적이고 비-활성적(inert)이며, 마음 없이 혹은 그것들 자체로서 존재할 수 없다고 주장한다.[20] 이는, 쇼펜하우어가 §21에서 의지는 그것이 산출하는 표상들과 질적으로(*toto genere*) 다르다고 말할 때, 그가 버클리적인 철학적 틀의 상당 부분을 수용한다는 것을 반영한다.

§22: "의지"로서의 물자체

우리의 내부적인 본질과, 그것(내부적인 본질)을 물자체의 본질로서 직접적으로 파악하는 것에 대해 더 면밀하게 주목하면서, 쇼펜하우어는 이제 그 자신이 그것을 "의지"(will)라고 명명했다는 사실에 대해 반

---

20 버클리의 *Principles of Human Knowledge*, Section 27 참조.

성한다. 이는 위에서 언급한, 우리의 내부적 실재일 수 있는 다른 후보들 (예를 들면, 우주적인 의식, 시간의 흐름, 자기-의식 등)이 그럴듯한지 아닌지와 관련해서 주목할 가치가 있다. 쇼펜하우어는 우리들 내부에서, 우리가 계획을 수립할 때나 그 계획들에 따라 행동할 때처럼, 우리의 의지가 대체로 지식에 의해서 안내된다는 것을 깨닫는다. 우리가 다른 존재들(예를 들면 동물들)의 내부적 본질까지도 이해하고, 그들의 행동과 외양들에 대해 효과적으로 설명할 수 있는 원리를 지니려면, 우리의 의지 작용을 보다 일반적인 방식으로, 지식과 독립해 있는 것으로서 이해할 필요가 있다.

따라서 쇼펜하우어는 물자체를 "의지"(Will)라 일컫지만, 이때 그는 이 단어가 일상적인 의미로 (즉, 우리들에게서 일반적인 경우이듯, 지식에 의해서 인도되는 의지로서) 이해되어서는 안 된다는 주의(注意)를 부가한다. 그가 지금 염두에 두고 있는 것은, 우리가 한 개인이나 동물 안에서 "자연적이고 강렬한 의지"(raw will) 혹은 순수하고 단순한, 순전한 결정(determination)이라고 칭할 어떤 것이다. 이런 점에서, "의지"(Will)는 한 인간이나 동물 뿐 아니라 한 식물이나 바위의 내부적 본질도 규정할 수 있다. 쇼펜하우어에 따르자면, 차이점은 오직 복잡성의 정도 문제이다.

혹자는, 물자체가 너무나 모호하다는 이유로, 우리가 물자체를 언급하기 위해 어떤 용어든 (임의적으로) 사용할 수 있다고 주장할지 모른다. 이런 사람들에 반대하여, 쇼펜하우어는 임의적인 지시가 오직 우리가 물자체의 본질에 대해 아무것도 모를 때에만 적합할 수 있다고 말한다. 이런 조건들에서는, 칸트가 그리하듯 우리는 그것을 하나의 "X" 혹은 알려지지 않은 존재라고 불러야 한다. 쇼펜하우어에 의하면, 우리는 그와 반대로 우리 자신을 근본적으로 내부적인, 살아 있는 추동이라고 직접적으로 인지하기에, 해석적이며 언어적인 도전은 이 직접적인 인식의 내용을 잡아낼 만한 단어를 찾는 것이다. 이 직접적인 인식은 우리에게 너무 밀접하며 너무 직접적으로 느껴져서, 그 근접성(proximity)이 그것의 정의를 어렵게 만든다.

이 직접적 인식을 기술하기 위해, 쇼펜하우어는 그것이 형식을 결여하고, 충족이유율로부터 독립해 있고, 그래서 주-객관 구분으로부터도 독립적이라고 적는다. 결과적으로 그것은 무시간적이고, (어떤 대상에 대한 인식으로서의) "앎"의 기술적인 의미에서는 "알려지지" 않는 것이다. (철학적 인식이라고 부를 만한) 이러한 종류의 특별한 인식 안에서, 주관과 객관은 공존한다. 그것은 직접적인, 전반성적(prereflective) 인식 상태이고, 우리는 그것의 "배후"로 갈 수 없다.

§§23-24: 기계적이고 의지적인, 두 가지 방식으로 파악된 세계

그가 이제껏 확립한 것들로부터, 쇼펜하우어는 세계에 대한 서로 평행한 두 관점들을 발전시킨다. 그 중 첫 번째 것은 "표상으로서의" 세계에 대한 결정론적인 관점이고, 두 번째 것은 "의지로서의" 세계에 대한, 물자체-기반의 세계관이다. 후자와 관련하여, 쇼펜하우어는 칸트를 상기시키는 방식으로 물자체를 정의한다. 쇼펜하우어에 따르면, 물자체는 (1)시간과 공간 안에 있지 않고, (쇼펜하우어는 시간과 공간을 "개별화의 원리"[*principium individuationis*]라고 부른다.) (2)주-객관 구별과 충족이유율 전체와 독립하며, (3)근거 지워져 있지 않고 (groundless), (4) "하나"이다. 이것이 "의지"이며 표상으로서의 세계로서 자신을 드러내는 물자체인 것이다.

일단 의지가 충족이유율을 통해서 자신을 드러내면, 그 원리는, 심지어 인간 행동의 수준에서도, 의지의 외양이 기계적이며 예측가능하도록 한다. 무생물(inanimate objects)은 원인과 결과의 법칙들에 따라서 작동한다. 동일한 종류의 인과성은 식물과 동물들의 수준에서도 (단지 덜 분명하지만 확실하게) 작동한다. 이 수준에서의 인과성은 자극과 반응 관계의 형식으로 작동하는데, 이러한 관계 안에서 작은 자극은 예기치 않게 거대한 반응을 낳을 수 있다. 인간적인 수준에서, 인과성이 동기들에 따른 행동 혹은 "지식을 관통한 인과성"의 형식을 띤다는 것을 제외하면, 인과성은 역시 충분히 작동한다.

사람들의 가장(假裝)의 능력으로 인해, 인간의 행동들은 예측하기가 어렵다. 하지만, 쇼펜하우어가 믿기에, 한 사람의 성격을 충분히 잘 알고 그의 상황과 욕구들을 충분히 이해한다면, 그 사람의 행동은 낙하하는 바위의 속도만큼 예측이 가능할 것이다. 그렇게 고려된 표상으로서의 세계는 끊긴 데 없이 기계적이고, 결정론적이며, 원칙적으로는 과학적, 화학적, 생물학적, 심리학적 탐구에 의해 충분히 이해가능하다. 그렇지만, 쇼펜하우어가 제 1부에서 강조하듯, 철저한 과학적 지식은 그것의 엄청난 예측력에도 불구하고 형이상학적으로 부적절하고 피상적인 세계에 대한 관점을 제공한다.

본질을 꿰뚫고 진실을 드러내는 형이상학적인 관점으로서, 쇼펜하우어는 세계 이면에 자리 잡고 있는 의지의 발현으로서 세계의 이미지를 제시한다. 다시 한 번, 인간의 행동은 가장 현저한 경우이다. 심지어 자연에 대한 기계론적인 관점이 어떻게 우리의 몸이 자연법칙에 따라 움직이게 되는지를 알려 줄 때에도 우리들 각자는 우리의 행위의 자유를 느끼듯이, 또 다시 인간의 행동은 두드러진 경우이다. 쇼펜하우어는 더 나아가 어떻게 동물, 식물 그리고 무기물이 다른, 보다 의인화된 기술(記述)(세계가 기계론적 관점이 제시하는 것과는 다르다고 폭로하는 기술)에 적합한지를 지적한다. 우리 자신의 심장 박동, 호흡, 소화 과정, 성적 충동, 반사 반응 등은 모두, 몸이 (개체와 종 모두를 고려할 때) 그것 자체를 유지해야 한다는 하나의 내부적 추동 혹은 의지를 발현한다. 어린 동물들은 그들의 은신처를 짓고 거미는 거미줄을 짜내는데, 이들은 자신들이 왜 그러한 행동을 하는지를 모른다. 그들의 의지는 맹목적으로 작동하나, 그것은 생존을 위해 효과적으로 그들의 행동을 의지한다. 이와 유사하게, 우리는 자석의 행동에 있어 그리고 다른 자연적 운동이나 과정들에서도, 일종의 일관성을 투사할 수 있다. 이 모든 것이 의지의 발현으로서의 세계에 대한 그림을 이룬다. 이것이 기계론적 관점과 연합되었을 때, 우리는 동전의 양면을 지닌다.

§24에서 쇼펜하우어는, 수학적 지식과 과학적 지식이 우리에게 자연을 철저하게 알 수 있는 능력을 부여함에도 시-공간적 현상들의 내적 본질을 누설할 힘은 결여하고 있다는 점을 다소 길게 반복 기술한다. 이는 어떤 (대상에 관한 지식이라는 기술적 의미에서의) 지식도 사물들의 내적 본질, 즉 물자체를 꿰뚫어 볼 수 없다는 것을 반복한다. 엄밀히 말해, 물자체는 "알 수 없다". 비록 이것이 우리가 직접적으로 물자체에 대해 아는 것을 방해하진 않지만 말이다.

지식의 많은 사례들 중에서, 쇼펜하우어는 만약 우리가 한 사람의 동기들, 외부 환경들, 성격을 안다면, 우리는 완벽하게 한 사람의 행동을 예측할 수 있다는 것을 다시 언급한다. 이러한 예측력에도 불구하고, 한 사람의 성격이란 것이 왜 애당초 그러한지는 과학에겐 미스터리로 남아 있을 것이다. 이는 과학적 설명이 실패하는 곳이요, 물자체가 사물들의 다른 차원으로 보이는 곳이다. 사람들의 성격들은, 화학 원소들의 기본적 특질들이 그러하듯, 설명 없이 세계에 나타난다. 우리는 금이나 은이 이런저런 본질적 속성을 지니고 다른 사물들과 이러저러한 인과 관계를 맺고 있다고 말하지만, 왜 애당초에 금과 은이 존재하는지는 불가사의로 남아 있다. 쇼펜하우어는 이러한 설명적 종언은 과학적 설명을 넘어선 다른 존재의 영역이 존재함을 보여 준다고 믿는다. 이것이 물자체의 영역인데, 이는 아무 설명 없이, 그것 자신을 과학적으로 이해가능한 세계로 드러낸다. §24는, 쇼펜하우어의 관점과 일치하며 보다 의인화된 관점을 표현하는 성 아우구스티누스로부터의 인용문과 함께 마무리된다. 그 세계관에서는, 나무들은 보다 풍성한 과실을 맺기 위해 비옥한 토양을 욕구하고, 돌, 강, 바람, 그리고 불은 (헬륨을 채운 풍선이 공기 속으로 날아오르려는 욕구를 표현하는 것처럼) 그것들 자신이고자하는 열망을 구현한다. 아우구스티누스의 관점이 "의지로서의 세계"라는 쇼펜하우어의 생각을 붙잡는 한에서, 후자는 전자 안에서 동지를 발견한다고 할 수 있다.

§25: 모든 사람의 내부적 실재는 단일한, 무시간적인 실재로 수렴된다.
우리는 §24에서, 어떻게 쇼펜하우어가 물자체는 그 자체로서 그것의 객관화(들) 혹은 외양들과 전적으로(*toto genere*) 다르다는 생각을 발전시키는지 살펴보았다. 물자체는 시간과 공간 안에서 존재하지 않는다. 그럼에도 불구하고, 그것들의 객관화들은, 그리고 우리는, 시간과 공간이라는 측면을 지닌 충족이유율에 의해서 지배된다. §25에서 쇼펜하우어는 외양과 실재의 구분에 대해 계속 탐구하지만, 물자체가 그 자체로서 어떻게 존재하는지에 더 각별한 주의를 기울인다.

다수성은 충족이유율을 통해서만 등장하기에, 물자체는 "하나"이다. 그리고 이것이 함의하는 바는, 문자 그대로 동일한 실재가 그것의 발현들 각각의 이면에 존재한다는 것이다. 결과적으로, 한 사람이 그 사람의 몸 안에서 느끼는 그 내부적 실재는, 그것의 가장 심층적인 수준에서, 다른 사람이 그 자신의 몸 안에서 느끼는 내부적 실재와 **동일하다.**

비록 통상적으로 우리들은 이러한 연결을 경험하진 못하지만 말이다.[21] 그것은 역시 어떤 개별적인 동물, 식물, 혹은 바위의 내부적 실재와도 문자 그대로 동일하다. 오직 하나의 내부적 실재가 존재하며, 이것은 우주의 내부적 실재이다. 이를 테면, 사람들과 동물들의 육체들로부터 밖을 내다보는 것은 오직 하나의 눈이다. 물리적 세계 전체가 물자체의 객관화이므로, 세계의 그 하나의 눈은 오직 그것 자신을 일종의 소외된 형식으로 바라본다.

이러한 반성 속에서, 쇼펜하우어는 세계가 하나의 통합된 전체요 본질적으로 단일한 내부적인 실재이고, 이 내부적 실재는 그것 자신에게 객관적인 측면을 제시한다는 것을 표현하고 있다. 그는 관찰로부터, 세계의 내부적 실재 혹은 의지는 그것의 내적 본질을 다양하게, 다른 정도로 드러내는 객관적인 측면을 제시한다는 것을 알아낸다. 어떤 개체들은 다른 개체들에 비해 의지를 더 강하게 표출하는데, 이는 (올라가는 순서로) 무생물로부터 식물, 동물, 그리고 사람에 이르는 일련의 등위를 형성한다.

참나무를 예로 들자면, 어떤 개별적인 나무가 우연히 숲의 이 부분에 있는지 저 부분에 있는지 그리고 그것이 올해의, 작년의 혹은 10년 전의 것인지는 그것의 "참나무성"(oakness)과 아무런 관계가 없다. 쇼펜하우어는 이 같은 사실을 음미하면서, "의지"의 직접적인 객관화인 보편적인 대상(보편자)(이 예에서는 참나무성의 형상[idea])을 확인한다. 모든 개체들, 이 경우 모든 개별적인 참나무들이 이 보편적인 대상

---

21   쇼펜하우어에 따르면, 초감각적인 지각, 예컨대 마술과 투시 등은 (그 자신의 철학이 견지하는 바대로) 우리의 개별적인 의식들이 형이상학적 수준에서 서로 연결되어 있다는 것을 가정함에 의해서 설명될 수 있다. 그의 *On the Will in the Nature* 중 "Animal Magnetism and Magic"이라는 제목의 장을 참조하시오.

에 참여하고, 그들의 성질은 이로부터 유래한다.

"참나무성"이란 단지, 위계 속에서 정렬되는, 시-공간적 세계 안의 개체들의 원형(archetypes)인 자연적인 종들의 광범위한 집합 안에 속하는 하나의 사례일 뿐이다. 이 무시간적인 본질들(essences)의 영역은, 시-공간적인 연결망 속에 놓였을 때, 그것들에 상응하는 다수의 개체들을 생성한다. 그렇다면 어떤 의미에서는, 이제껏 살아왔고 앞으로도 살아갈 모든 고양이들은 동일한 보편적인 고양이를 구현하고, 이제까지 생존해 왔거나 앞으로 생존할 모든 사람들은 동일한 보편적인 인간 존재를 구현한다고 하겠다. 다수의 개체들은 단지 외양일 뿐이다. 반면 쇼펜하우어가 플라톤적인 이데아로 칭하는 무시간적인 형상들(forms)은 그것들보다는 더 궁극적인 실재들이다. 이 무시간적인 형상들은, 우리에 의해 인식될 때, 우리를 물자체, 즉 형이상학적인 진리에 한 걸음 더 나아가도록 하는 보편적인 대상들이다. 쇼펜하우어는 그의 미학 이론의 맥락 속에서, 의지의 객관화 등급들(grades)로서의 플라톤적 이데아들에 대한 직접적 인식에 대해 더 이야기할 것이다. 그리고 제 3부에서 우리는 그의 미학 이론을 발견할 수 있을 것이다.

§26: 의지의 객관화의 단계들과 자연적인 힘의 내적 본질

앞에서 보았듯이, 쇼펜하우어에 따르면, 모든 시-공간적인 사건들은 기계론적인 설명을 허용하고, 이러한 과학적 설명들 속에서, 자연적 힘들(natural forces)이 설명의 근거가 되는 불가피한 지점에 마주치게 된다. 쇼펜하우어는 중력과 자기장을 예로서 언급한다. 과학 이론들이 변화한다는 것은 여기에서 중요하지 않다. 왜냐하면 이 힘들이 과학의 역사 속에서 어떻게 정의되든지 간에, 이 근본적인 힘들에 대해서는 더이상의 설명이 없기 때문이다. 우리는 미세 입자에 작용하는 중력을 언급하면서 별들의 형성을 설명할 수 있다. 하지만 중력 그 자체는 설명에 있어 가정된다. 쇼펜하우어는 이런 근본적인 힘들이 의지가 자신을 객관화하는 출발점을 표시한다고 생각한다. 그 힘들의 예는 시간과 공간을 가로질러 무차별적으로 찾을 수 있고, 그래서 그 힘들은 그것들의 본질적 성격 면에서 무시간적인 플라톤적 이데아들로 간주된다. 그리고 그 플라톤적 이데아와의 관련을 통해, 우연적으로 발생하는 표상 세계의 요소들이 그것들의 구조와 내용을 수용하게 된다. 자연의 그 기본적인 힘들은 무시간적이기에, 우리의 시-공간적인 경험 안에서 자연법칙들에는 예외가 있을 수 없다. 자연의 근본적인 힘들의 무시간적인 성질은 이 힘들의 모든 사례들의 동질적 작동을 보장한다.

자연적인 힘들은 의지의 객관화에 있어 가장 낮은 등급을 표현한다. 이 영역에서는 다양한 자연적 대상들이 높은 정도의 자기-표현적인 (self-expressive) 개별성을 드러내지 않는다. 눈송이들은 각기 다르지만, 그것들의 차이는 외부 환경으로부터 가해지는 압력의 차이로부터 비롯된다. 그것들은 모두 동일하게 물로 구성되고, 물은 동일한 조건에서 (그 조건이 언제 발생하든지 간에) 동일하게 작동한다.

우리가 의지의 객관화 등급의 서열상에서 위쪽으로 올라감에 따라, 개체들은 서로 간에 더 많은 내재적인 차이들을 보여 주기 시작한다. 지렁이들은 비슷하게 보이며 비슷하게 행동한다. 우리가 치와와와 그레이트데인(Great Dane)을 대비시켜 보면 개들은 품종들에 걸쳐 크기와 형태면에서 매우 다르지만, 한 품종 내에서 개별적인 개의 성격들은 더 밀접한 가족 유사성을 지닌다. 인간들에 대해 생각해 볼 때, 개인들 간의 차이점들은 더욱 눈에 띈다. 각 개인의 성격은 종종, 금과 은이 서로 다른 정도로 그리고 은이 구리와 다른 것처럼, 서로 다르다. 이들(금, 은, 구리)은 모두 금속들이고 일반적으로 금속처럼 작동할 것이지

만, 이 다른 종류의 금속들은 같은 화학적 환경하에서 날카롭게 대비되
는 방식으로 반응한다. 그것들은 녹는점이 다르고, 다른 액체 안에서
용해되며, 상이한 견고성을 지니고, 다른 화학적 무게들을 지닌다. 이
와 동일한 것은 두 사람에도 적용되는데, 그들은 예컨대 동일한 환경적
인 혹은 상황적인 압력 아래 있지만 매우 다르게 반응할 수 있다.

쇼펜하우어는 특정한 역사적인 조건들을 넘어서 확장되는, 인간의
가지적인 성격들 내의 무시간적 성질 역시 고려한다. 왕이나 여왕으로
태어난 각별히 정직한 어떤 사람이 농노나 노예로 태어났더라도, 그는
노예나 농노로서 정직하게 행동했을 것이다. 만일 영향력 없는 집안에
서 난폭한 사람으로 태어난 어떤 사람이 특권과 권력의 조건에서 태어
났더라도, 그는 여전히 광폭하게 행동할 것이다. 쇼펜하우어가 보기에,
한 사람의 가지적인 성격을 고려할 때는 그 사람이 처한 역사적 조건을
무시하고 그 사람의 내적인 존재의 특성에 배타적으로 주의를 기울이
는 것이 중요한데, 그 이유는 역사적 상황들이란 단지 그 무시간적인
성격을 표현할 경험적인 계기일 뿐이라는 것이다.

§27: 자기-완성을 위한 노력과 물리적 환원주의(Physicalistic Reductionism)의 실패

이 긴 글에서 쇼펜하우어의 첫 번째 관심은, 이해와 설명에 있어 모든
형식의 생명을 더 단순한, 무기물적인 형식들로, 다시 말해 물리학으
로 환원하려는 과학적 시도가 과연 정당한가에 있다. 그는 이런 환원
주의적인 프로그램이 의지의 객관화의 더 높은 등급들을 낮은 등급들
로 바꾸려는 시도라고 기술한다. 이전에 그는, 과학적 설명이 언제나
현상의 내부적 본질을 설명되지 않은 상태로 남겨 두며, 객관이 주관
의 원인이 되는 것(만약 우리가 의식을 유물론적으로, 즉 뇌의 활동,

신경생리학적인 발화 등으로 설명하려 한다면 필요한 가정)이 불가능하다는 것을 주장한 바 있다. 그 주장들과 독립해서, 쇼펜하우어는 더 나아가 과학적인 환원주의의 모든 형식에 도전하는 생각들을 제시하고 있다.

　그 첫 번째로, 쇼펜하우어는 우리가 만일 의지의 객관화의 모든 등급에 동일하게 존재하고, 더 높은 등급들에서는 아마도 훨씬 더 분명한 근본적인 틀, 원리, 혹은 "유형"(type)을 확인할 수 있다면, 환원주의는 보다 덜 그럴 듯해 보일 것이라고 제안한다. 쇼펜하우어는 이 지점에서 아직 이러한 유형의 정체가 무엇인지 밝히지 않지만, "양극성"(polarity)의 원리가 도래하고 있으며, 세상의 철학과 종교들이 세계 곳곳에 양극성이 퍼져 있다는 것을 지각하기 시작했다는 사실에 주목한다. 그가 제시하는 최상의 예는, 많은 동양권 종교와 사상을 특징짓는 음양(陰陽)(Yin-Yang) 양극성(맥락에 따라, 능동적인-수동적인; 공격적인-평화로운; 단단한-무른; 날카로운-무딘; 차가운-뜨거운 양극성)이다. 이에 덧붙여 쇼펜하우어는, 이런 궁극적인 유형에 대한 추구가 항구적인 관심사였고, 그렇게 계속 반복되는 추구 자체는 이 단일한 원리가 (어떤 수준으로 다른 수준들이 환원되지 않게끔, 어떤 수준에도 우선권을 부여하지 않도록) 세계의 모든 형상들의 이면에 존재한다는 것을 암시한다고 말한다.

　이 근본적인 유형에 대한 쇼펜하우어 나름의 버전은, **영원한 갈등 속에서의 자기-완성을 위한 노력**이라는, "고도로 개연적인" 원리이다. 이는 발생적인 속성들에 대한 하나의 독트린(doctrine)을 낳는다. 그것에 따르면, 어느 주어진 수준에서든지 힘들의 집합은 갈등에 봉착하고 그 갈등을 통해서 다른 새로운 힘을 생성하는데, 그 새로운 힘은 원래의 그 갈등 경향성들을 집약하고, 그런 경향성들을 어느 정도는 해소하면

서도 완성시킨다. 예를 들자면, 하나의 생명체 안에는 잠재적인 갈등
관계 속에 있는 많은 화학 물질들과 화학적 반응들이 존재하지만, 이것
들은 그 생명체의 살아있는, 유기적 특질을 통해서 균형과 상호지지 속
에 유지된다. 이 살아있는(생명의) 특질이 상호작용하는 화학 반응들
의 집합들만으로 설명할 수 있다고 쇼펜하우어는 믿지 않는다. 이 그림
을 완성하는 그의 관점은, 그 생명체가 죽을 때 생명이 부여한 그 균형
을 잃게 되면서, 힘 사이에서 다시 한 번 갈등이 발생한다는 것이다. 그
시점에서 육체는 썩기 시작하고, 원소들이 흩어짐에 따라 그것은 의지
의 객관화의 더 낮은 등급들로 회귀한다. 우리가 주의해야 할 점은, 어
떻게 고도로 발달된 속성들이 자기-완성에 대한 노력 속에서의 갈등의
해소를 통해 발생하는지에 대한 쇼펜하우어의 원리가, (약간의 유사성
에도 불구하고) 헤겔에서 발견할 수 있는 반대와 종합을 통한 변증법
적 발전의 원리가 아니라는 것이다. 쇼펜하우어는 자기-완성의 추구라
는 그 자신의 생각을, 복잡하게 조직화된 개체들이 더 향상된 수준까지
나아간 다음엔 불가피하게도 이전의 더 심한 갈등의 상황으로 돌아가
게 되는, 영구적인 갈등의 바다 안에 위치시킨다. 반복컨대, 사후에 무
기적인 상태로 반드시 되돌아가는 생명체들의 경우, 이것은 명백한 사
실이다.

무기물에서부터 식물, 동물, 그리고 사람에 이르는, 의지의 객관화
등급들에 있어서 위계질서가 존재한다. 비록 인간이 현재로서 그 서열
상의 정점에 존재한다 하더라도, 인간은 세계의 목적을 규정하거나 구
현하지 못한다. (어떤 거대한 목적의 달성에 의해 필연적으로 그럴 것
은 아니지만), 인간들은 미래 어느 시점에는 사라질 것이다.[22] 쇼펜하우

22 그럼에도 쇼펜하우어에 따르면 인간의 존재는 의지가 그것 자신이 나쁜 에너지라
는 자기-인식에 도달하는 것의 객관화이다. 그것에 이어지는, 금욕적 생활 속에서의

어의 세계에 대한 이미지는, 개별자들과 유형들의 계속적인 추구와 더 많이 가지려는 영원한 노력, 자연적인 형상들 사이의 끝없는 경쟁, 개별자들과 그 유형들 안에서의 힘의 증가에 대한 추구, 그리고 순환하는 영원한 회귀의 세계 속에서, 한 유형의 구성원들 사이에서의 끝없는, (하지만, 영원한 회귀의 순환 속에서, 상위의 구성원들을 밑바닥으로 내려 보냈다가 또 다시 발전시키는) 투쟁이다.[23]

쇼펜하우어는 세계의 근본적인 상황을 "보편적인 갈등"의 상황으로 본다. 그리고 그는 표상으로서의 세계가 단일한 의지의 발현이라고 생각하기에, 이 갈등은 의지 자체 안에서의 내부적 갈등과 다르지 않다. 쇼펜하우어가 기억에 남게끔 호주의 불도그-개미(bulldog-ant)(반으로 잘렸을 때 머리는 꼬리를, 꼬리는 머리를 서로가 죽을 때까지 자기-파괴적으로 공격하는 곤충)의 이미지를 사용하면서 말하듯이, 의지는 "자기 자신을 먹으며 즐거워 한다." 현재인 시간의 한 순간이 현재가 될 시간의 다음 순간에 의해서 지워지는 방식은 의지의 이러한 자기-파괴성을 역시 표현한다고 하겠다. 쇼펜하우어는 세계의 영구적인 갈등에는 아무 의미가 없다고 믿는다. 마치 지구가 우주 공간을 통해 아무 목적지도 없이 움직이듯이, 그것은 어디로도 가고 있지 않다.

쇼펜하우어의 호기심 어린 관찰에 따르면, 세계의 무의미함에도 불

살려는 의지의 부정은 결과적으로 의지의 종착지를 나타낸다. 의지는 의식적으로 이 종국적인 자기-부정을 목표로 하지는 않지만, 한 식물이 무의식적으로 열매를 맺는 것처럼 이러한 상황을 드러낸다.

23 쇼펜하우어는 현존하는 개별자들이 미래 시점에 이전과 똑같은 모습으로 계속해서 재등장한다고는 믿지 않는다. 오히려 그는 더 느슨하며 더 현실적으로, (우연히 등장하는 개별적인 차이들이 어떤 실질적인 차이도 생성하지 않는) 동일한 형상들과 동일한 종류의 이야기들의 항구적인 반복을 염두에 두고 있다. 미래의 전쟁들은 다른 사람들로 이루어질 것이지만, 증오, 공포, 무지, 공격성의 주위를 도는 그 서사들과 이슈들은 동일할 것이다.

구하고, 자기-완성의 추구는 한 개체가 그것의 유형을 잘 실현하도록 이끌고, 한 개체가 이것을 성취할 때, 그것은 그 유형의 아름다운 사례가 되는 것이다. **아름다움**은 그렇게 갈등, 상대적으로 성공적인 추구, 자기-실현, 힘의 증가, 그리고 누군가가 그의 잠재성을 실현했다는 것(잠재적인 자신이 되었다는 것)의 관념을 통해서 발생한다. 물리적인 관점에서 보면, 비록 실현된 아름다움은 짧게나마 무시간적인 것을 건드리지만, 훌륭하게 형성된 개체들이 분해되는 것은 다만 시간문제이기에, 이러한 실현은 언제나 단명한다. 그래도 쇼펜하우어가 보기에, 개별적인 장미가 영원치 못하다고 해서 결코 그것이 덜 아름다운 것은 아닌데, 이는 정확히 그 개체가 영원한 장미의 이데아, 즉 진정한 아름다움의 대상을 드러내 주기 때문이다.

더 낮은 형상들에 의해서 더 높은 형상들을 이해하고자 하는 환원주의적인 프로그램에 역행해서, 쇼펜하우어는 무기물에서 시작하여 식물로, 동물로, 그리고 인간으로 나아가는 방식으로 의지의 등급들의 위계를 묘사한다. 그는 이어서, 무기물에게 있어 전형적인 인과 관계들이 어떻게 동물에게 특징적인 자극들에 자리를 내주는지, 그리고 이 자극들이 인간을 지능적으로 움직이게 하는 동기들로 어떻게 변형되는지를 관찰한다. 동물의 왕국에 대해 논하며, 쇼펜하우어는 어떻게 지식이 생존을 돕는 수단으로서 처음 등장하게 되었으며, 또 어떻게 그것이 인간에게 있어 주로 생존의 수단으로서 계속 기능하고 있는지에 대해 주목하도록 한다. 우리 지식의 대부분은 곡물을 재배하고, 집을 짓고, 방어물을 만들고, 종(種)을 보존하는 데 이런저런 방식으로 기여한다.

하지만 인간에게 독특한 것은, 의지가 지식과 거리를 두도록 하며, 사물들을 그 자체로서, 즉 실용적인, 물질적인, 생존과 관련된, 혹은 다른 어떤 세속적인 관심과도 독립하여 음미하는 능력이다. 쇼펜하우어는 이러한 거리 두기가 일어나는 두 개의 영역을 확인하는데, 그 중 첫 번째는 예술이고 두 번째는 성자적인 탈속(saintly resignation)이다. 예술적 경험은 최종적 목표인 표상으로서의 세계로부터의 성자적 구원을 예비한다. 쇼펜하우어는 제 3부와 4부에서, 도덕적 인식에 덧붙여 이러한 초월의 방식들에 대해 더 많은 얘기를 할 것이다. 무기물로부터 식물, 동물 그리고 인간에 달하는 의지의 등급들의 위계질서에 대한 §27에서의 기술을 읽어 나갈 때, 그것을 객관적으로, 다시 말해 이런 위계질서가 어떤 인간이 존재하지 않더라도 발생할 듯이 해석하고자 하는 유혹을 느낄 수 있다. 이런 해석은 너무나 단순하다고 하겠는데, 그 이유는, 우리가 물자체를 충족이유율에 의해 해석하는 것의 결과로서 표상으로서의 세계가 나타난다는 것이 바로 쇼펜하우어 생각의 핵심이기 때문이다. 쇼펜하우어는 이 예에서의 해석자(당신과 나 등)를 무시간적인 주관으로서 규정한다.

그의 설명은 이렇게 역설적이다. 그것은 무기물질로부터 식물과 동물이 발생하고, 동물로부터 인간이 발생한다고 말하며 시작한다. 일단 인간이 나타나게 되면 충족이유율이 외현적으로(explicitly) 전면에 등장하고, 그것과 함께, 쇼펜하우어에 따르면, 표상으로서의 세계가 등장한다. 인간의 주관적인 투사로서 고려되는 표상으로서의 세계는, 인간 존재의 등장 및 그것의 주관적인 투사로서 고려된 표상으로서의 세계의 객관적 조건으로서 고려되는 표상으로서의 세계의 조건이다.

말하자면, 무기물로부터 식물과 동물로, 그리고 인간으로 상승하는 운동은 내 마음이 (그것이 역사상에 등장할 때) 나의 지각적인 표상 안에 존재한다는 것을 함축한다. 나는 그럼에도 불구하고 나의 지각의 장내에서 나타나는 모든 것에 대해서 생각하기 때문에, 그 지각적인 세계는 역시 내 마음 안에 있다는 것도 함축한다. 내 마음은 내 머리 안에 있고, 내 머리는 표상으로서의 세계의 일부이며, 내 머리는 내 마음 안에 있는 것이다. 그렇다면 우리가 §7에서 이미 살펴본 이중적 포함 관계, 혹은 "이상한 고리"의 구조와 동일한 것이 주어지게 된다. 그리고 이 구조는 뫼비우스의 띠, 클라인 병(瓶)(Klein bottle) 혹은 『그림 그리는 손』(*Drawing Hands*)(1948)과 같은 에셔(M. C. Escher)의 작품을 통해 묘사된다. 쇼펜하우어에 따르면, 이러한 구조는 표상으로서의 세계 속에 있는 우리의 상황을 지배하는데, 이는 우리가 시-공간의 세계 안에 철학적으로 단단히 묶인(knotted) 방식으로 존재한다는 것을 의미한다.

§28: 의지의 무시간적인 활동과 세계의 난폭한 외양

이 절에서 쇼펜하우어는 세계에 대한 더 넓은 관점을 제시한다. 우선 그는 어떻게 세계의 다양한 측면들, 즉 무기물, 식물, 동물, 인간이 서로에게 적합한지에 대해서 언급한다. 흙은 나무를 돕고, 나무는 동물과 다른 식물들에 봉사하고, 동물과 나무는 인간을 돕는다. 그리고 인간은 환경을 보존하는 여러 방식으로 행동한다. 쇼펜하우어는 이러한 상호 적합성을 확인하고, 이것을 표상으로서의 세계로서 자신을 발현하는 의지의 단일성(the oneness of Will)에 의해 설명한다. 이 의지는 일련의 활동들 속에서 자기 자신을 나타내는데, 그러한 활동들 각각은 모종의 노력을 표현하는 보편적 형상(universal form)이다. 이러한 다양한 활동들이 하나의 동일한 의지로부터 나온다는 것이 세계의 구조적인 정합성을 설명하는 것이다.

여기서도 그러하듯, 앞선 글들에서 쇼펜하우어는 이 보편적 형상들을 플라톤적 이데아들로서 기술한 바 있다. 그가 지금 덧붙이는 내용은, 그 플라톤적 이데아들이 단일한 의지로부터 비롯하는 **활동들**(acts)

의 집합으로 간주될 수 있다는 것이다. 그 이데아들은 활동으로서 "가지적인 성격"을 지닌다. 그것들은 다양한 종류의 노력들을 규정한다. 이들은 무기물의 자연적 종류들, 동식물의 종들, 그리고 인간들을 포함하는데, 여기에서 인간들 각자는 개인을 정의하는, 자기 나름의 독특한 가지적인 성격으로서 이해된다. 쇼펜하우어는 칸트 철학으로부터 "가지적인 성격"이란 용어를 차용하고, 그 개념을 (의지의 객관화 등급들의 위계질서 안에 있는) 각 존재 유형의 내적 본질들을 포함하도록 확장시킨다. 쇼펜하우어는 어떤 특정한 개체의 가지적인 성격을 식별하는 것과 관련해서 이야기한다. 그에 따르면, 무기물의 경우 그 성격이 통상 즉각적이고 직접적인 방식으로 우리에게 주어지고, 의지의 등급 서열에서 위쪽으로 올라갈수록, 개체가 표현하는 이데아를 판별하기 위해선 오랜 시간을 두고 그것의 행동을 많이 관찰할 필요가 생긴다. 인간들에 있어서는 그 시간이 아주 길어질 수 있다. 그 이유는 사람들이 가식적으로 행동할 수 있기 때문만이 아니라, 한 개인의 성격을 시험하고 이해하기 위해 그 개인을 각양각색의 상황들 안에서 관찰하는 것이 요구될 수도 있기 때문이다. 누군가가 평화롭고 안전한 상황에서 어떻게 행동하는가는 그가 생존을 위협받을 때 어떻게 행동하는가와 놀라울 만큼 다를 수 있다.

우리 앞에 주어진 표상으로서의 세계를 설명하는 것과 관련해서 쇼펜하우어는, 서열을 이루고 있는, 플라톤적 이데아들로서의 의지의 등급들은 서로와의 관계 속에서 무시간적으로 배열되어 있어서, 시-공간적 영역에서 무엇이 발생하는지는 본질적이지 않다고 재차 반복해 말한다. 그 서열의 무시간성은, 왜 동물들이, 그들이 전혀 알 수 없는 앞으로 벌어질 상황들에 대해 마치 예측이라도 하는 양, 둥지, 거미줄, 구멍 등을 만드는지를 설명한다. 동물들이 미래에 대해서 예측력을 지녔다고 말하는 대신, 우리는 시-공간적 세계를 플라톤적 이데아들 사이의 무시간적인 관련성에 의해 지배되는 것으로 이해할 수 있다. 흙과 식물들 사이의 무시간적인 관계로 인해, 참나무가 등장하기 한참 전에 흙은 시-공간적으로 주어져 있었다. 참나무가 수천 년 후에 솟아 나올 것을 흙이 미리 알았다거나 알 수 있었던 것은 아니다. 그것이 참나무를 지지하는 동안에 조차도, 흙은 무슨 일이 일어나고 있는지 전혀 알지 못한다.

그러한 시-공간적인 틀 속에서, 플라톤적 이데아의 사례인 개체들은 그 이데아들 사이에서의 조화뿐만 아니라 긴장도 보여 준다. 예를 들어서, 뱀의 이데아는 몽구스의 이데아와 갈등한다. 시-공간적 세계 안에서, 이런 긴장은, 한 개체들의 집단이 다른 집단을 몰살시키고자 애쓰는 끝없는 전쟁으로 구체화된다. 거미들은 파리들을, 고양이들은 새들을 잡아먹는다. 플라톤적인 이데아들 사이의 상호 긴장과 상호 조화가 함께 주어졌기에, 우리는 근본적인 수준에서 통합적이지만 폭력과 고통으로 가득 찬 세계를 마주한다. 세계는 의지의 발현이요, 그 의지는 "배고픈", 추구하는 의지이기에, 각 개체(즉 의지의 발현들 각각)는 그것의 형이상학적 중심에서 추구하고, 그것의 본질적인 종류를 실현하기 위해서 노력한다. 그 결과는 표상으로서의 세계 전체에 걸친 항상적인 공격, 착취, 전쟁과 파괴이다.

쇼펜하우어가 견지하는 입장은, 어떤 것도 의지 밖에서 존재하지 않고, 의지는 "배고픈" 의지라는 것이다. 어떤 것도 **물자체**의 밖에 존재하지 않는데, "의지"는 그런 물자체의 하나의 측면이라는 것은 그의 논점이 아니다. 왜냐면 그런 경우 물자체는 (매우 배고플지언정) 철저히 "배고프지" 않을 수도 있기 때문이다. 만일 물자체가 미지수의 다른 측면들을 우연히 지니고, 그것들 중 어떤 것도 배고픔 혹은 욕구와 관련된 심상으로 기술될 수 없는 경우라면, 후자의 가능성(즉 물자체가 철저히 배고프지 않을 가능성)은 존재할 수 있다.[24] §28에서 쇼펜하우어는, 그가 물자체는 전적으로 "의지"이고, 그 어느 것도 의지 밖에서 존재하지 않는다고 믿는다는 것을 분명히 한다.

§29: 의지는 근거 없고, 목적 없고, 의미 없는 것이다.

쇼펜하우어는 §29의 서두에서, §28로부터의 결론을 요약적으로 다시 한 번 기술한다. 세계는 철두철미하게 "의지"이고 철두철미하게 "표상"이며, 이것을 넘어서는 그 무엇도 존재하지 않는다. 쇼펜하우어에 의하면 의지는 진정한 물자체이다. 의지가 무엇을 추구하며 목표하는가의 질문에 부딪혔을 때, 쇼펜하우어는 이런 종류의 질문들이 우리가 동기들을 참작하는 상황에 있을 때만, 그리고 시각적으로는, 끝 지점이 있는 어떤 유한한 장(場)이 존재하는 곳에서만 의미가 있다고 말하면서, 그 질문을 거절한다. 무시간적인 공허 속에서 어떤 목적도 있을 수 없고, 만약 추구가 있다면, 그것은 끝이 없고 의미도 없다.[25]

쇼펜하우어는, 이유들은 충족이유율의 영역 내에서만 의미가 있고, 물자체로서의 의지는 충족이유율을 넘어서 있기 때문에, 그것에는 이유가 존재하지 않는다고 (아마도 더 효과적으로) 덧붙인다. 이유와 답을 제공하는 것이 불가능함은, 우리가 왜 자연적인 힘들과 기초적인 입

---

24 의지(Will)에 대한 이러한 해석, 즉 다면적인 물자체의 한 측면으로서 의지를 해석하는 것은 역시 그럴듯하지 못하다. 왜냐하면 그런 해석은, 물자체가 많은 측면을 갖고 있기에 물자체가 다수성(multiplicity)을 구현한다는 것을 함의하기 때문이다. 하지만 다수성은 충족이유율의 배타적인 영역 안에 남아 있다. 결과적으로, 쇼펜하우어는 물자체를 단일하며 무차별적인 실재로서 파악할 수밖에 없다.

25 그러나 이 주장에 의문이 제기될 수 있는데, 그 이유는 목표 지향적인 성질을 지니는 무시간적인 논리적 구조를 인정하는 철학자들도 있기 때문이다. 헤겔의 『논리학』(Logic)이 한 예이다.

자들이 존재하는지 혹은 왜 어떤 사람은 이런저런 성격을 지니고 있는
지를 물을 때에도 마찬가지로 발생한다. 어떤 주어진 맥락 속에서, 우
리들은 동기들을 언급할 수 있고 효과적으로 예측도 할 수 있지만 왜
애당초부터 이 사람이 정직한지, 기만적인지, 용감한지 혹은 충성심이
강한지 등에 대해선 답이 없다.

인간의 경험 세계에서, 쇼펜하우어는 끝없는 흐름, 형상들의 재순환,
그리고 필연적 지향성의 부재를 지각한다. (예를 들어, 어떤 개인에 의
해 성취된 목표는 다른 추구의 시작점을 표시하고, 그 개인이 죽는 시
점까지 줄곧 이 과정이 계속된다.) 제 2부는, 그 폭력과 자기-파괴의
지속적 재순환에 대한 아무런 이유도 없이 시간과 공간 안에서 무한히
뻗어 나가는 우주라는 놀이터 안에 놓인 채, 계속 서로의 살을 깎아먹
는 무리들의 영상과 함께 끝난다. 이러한 악몽에 내재한 무의미한 고통
에 의해 질식할 것 같은 쇼펜하우어는, 마음의 평화와 최종적 구원을
제공할 탈출구들을 찾기 시작한다.

연구를 위한 물음들

1. 왜 쇼펜하우어는 수학, 기하학, 추상개념들의 형성, 인과성 개념에
   기초한 모든 철학이 사물들의 형이상학적인 본질에 대한 통찰을 주
   지 못한다고 믿는가?

2. 우리가 우리 자신의 몸에 대해 지니는 이중적 인식에 대한 쇼펜하우
   어 철학의 의미는 무엇인가?

3. "이상한 고리"(strange loop)의 개념은, 표상으로서의 세계 내에서
   의 우리의 위치에 대한 쇼펜하우어의 사고 구조에 어떻게 적용되는
   가?

4. "무시간적인 활동"의 개념은, (a)왜 시-공간적 세계가 폭력으로 차

있는지 그리고 (b)왜 그 세계는 그것의 기본적인 정합성 역시 유지
하는지에 대한 쇼펜하우어의 이해 방식에 있어 어떤 역할을 하고 있
는가?

5. 왜 쇼펜하우어는 실재의 본성이 "의지"라 믿는가?

6. 어떤 의미에서 쇼펜하우어가 물자체는 "알 수 없다"고 믿는다 할 수
있는가? 이것은 우리가 물자체의 본성에 대해, 칸트가 그렇게 생각
했듯이, 어떤 통찰도 지닐 수 없다는 것을 의미하는가?

7. 왜 쇼펜하우어는 표상으로서의 세계가 본질적으로 무의미하다고 생
각하는가?

8. 쇼펜하우어는 투쟁으로부터의 아름다움의 탄생을 어떤 식으로 설명
하는가?

9. 쇼펜하우어에 따르면, 한 개인의 가지적인 성격과 경험적의 성격의
차이점은 무엇인가?

IV. 제 3부, 플라톤적 이데아들, 아름다움 그리고 예술, §§30−52

§30: 충족이유율로부터 독립적인 표상들

제 3부의 부제는 제 1부의 그것과 비교되는 동시에 대조된다. 왜냐하면
제 1부는 표상을 충족이유율에 "종속된" 것으로 고려하는 반면, 지금의
제 3부는 그것(표상)을 그 원칙으로부터 "독립한" 것으로 보고 있기 때
문이다. 충족이유율은, 그것의 구체적인 표현에서, 시−공간내의 유한
한 개체들과 관계하는 하나의 원리이고, 그 원리는, 한 개인이 개별적
인 주관의 관점에서 어떤 객관적인 대상(들)을 인지할 때, 그 개인의
지식의 형식을 규정한다. 쇼펜하우어가 현재의 맥락에서 충족이유율의

특성을 기술하는 방식은 개별화(individuation)의 개념에 주목하는 것
인데, 우리는 혼란을 피하기 위해서, 그가 시간과 공간을 *principium
individuationis*, 즉 개별화의 원리라고 일컫는다는 사실을 되새길 필요
가 있다. 이 개별화의 원리가 바로 지금 그가 염두에 두고 있는 것이다.
§30의 제목에서의 "충족이유율"에 대한 언급은, 제1부는 표상을 그것
이 시간과 공간에서 나타나는 방식대로 고려하고, 제3부는 그것이 시
간과 공간으로부터 독립하여 나타나는 방식을 고려한다고 말하고 있는
것과 다르지 않다. 후자(제3부)는 플라톤적 이데아들에 관여한다.

충족이유율 전체는 하나의 근간(주-객관 구분과 필연적 결합관계)
을 지니고, 이는 (1)추상적 개념들, (2)시간과 공간(즉, 기하학과 수
학), (3)인과성, 그리고 (4)동기들을 통해 네 겹으로 표현된다. 쇼펜하
우어가 제3부의 제목을 정하는 방식은 그가 표상을, 그것이 전체로서
의 충족이유율로부터 독립하여 존재하는 방식대로 검토할 것이라는 인
상을 주지만, 이는 잘못된 것이다. 최소한의 구별(minimalistic differ-
entiation)의 개념이 그러하듯, 주관-객관 구분은 제3부 내내 남아 있
다. 그가 제3부에서 추상개념들, 기하학과 수학, 인과성, 그리고 동기
를 통해 표현되는 필연적 결합의 네 가지 형식들과 독립하여 존재하는
방식대로 표상을 고려할 것이라고 말했다면, 이는 더 정확했을 것이다.
이것들(필연적 결합의 네 가지 형식들)이 충족이유율의 아주 큰 부분
을 이루기 때문에, 그의 느슨한 표현은 그래도 이해할 만하다.

충족이유율의 네 겹의 표현과 독립한 표상들은 시간과 공간에 존재
하지 않는다. (그래서 그것들은 수학적이거나 기하학적인 관계들에 일
치하여 상호 관련되어 있지 않다.) 또한 그 표상들은 추상개념들이 아
니고, 인과 관계를 맺고 있지 않으며, 행동의 동기들도 아니다. 그것들
은 자족적인 보편적인 대상들이고, 의지의 객관화의 무시간적인 등급

들이다. 그것들은 시간과 공간 안에서 나타나는 개체들의 본질들을 규정하는 고정된 계획들, 원형들, 혹은 "가지적인 성격들"이다. 이 영원한 원형들은 서로 구별되지만, 그것들은 각자 그들 자신과 "하나"이고, 질적인 변화를 겪지 않는다. 그것들은 "대상들"(objects)이긴 하지만, 시간과 공간에 등장하는 덜 진실하고 가멸적인 개체들과 대조적으로, 보편적이고 영원하며 무시간적인 종류에 속한다.

플라톤적 이데아들은, 그것들이 대상들이기에, "알려질" 수 있지만, 단지 특별한 조건 속에서 그럴 수 있다. 인식 주관은 그것들과 같아져야 하는데, 이는 보다 보편주의적인 관점을 채택하기 위해서 개인은 이상적인 인간에 적합하게 자신의 개별성을 보류해야만 한다는 것을 의미한다. 제 3부는, (그것이 종종 그렇게 기술되어지듯) 쇼펜하우어의 미와 예술에 대한 이론에 관한 것이다. 그러나 보다 근본적으로 그것(제 3부)은, 사람들이 보편주의적인 관점과 의식을 경험하고 계발하며, 보다 일상적으로 욕구로 가득 채워지고 고통을 산출하는 그들의 개별적 자아(individual selves)로부터 거리를 둘 수 있는 상황에 대한 쇼펜하우어의 최초의 탐구라고 이해된다.

§31: 플라톤과 칸트 사이의 유사성과 직관을 통해 일상적 삶의 비실재성을 초월하는 것의 가능성

쇼펜하우어는 §31에서 칸트 철학과 플라톤 철학 간의 유사성들을 기술하며, 인과적으로 관련된 시-공간 내의 대상들로 구성된 일상적인 세계가 진정한 세계가 아니라고 본다는 점에서 양자가 일치한다는 것을 관찰한다. 그러한 세계가 표현하는 보다 상위의 실재의 관점에서 보면, 이 일상적 세계는 비영구적인 까닭에 "공허하다". 무시간적인 존재 자체는 참되며, 시간 속에서 등장하는 개체들과 동일시 될 수 없다. 왜냐면 그런 개체들은 오직 그 무시간적 존재의 가멸적인 발현들이거나 객관화된 모습들이기 때문이다. 플라톤은 이 무시간적 존재를 이데아들의 영역(세계)으로 보았고, 칸트는 그것을 물자체로 칭했다.

쇼펜하우어의 형이상학 안에서, 그가 확인하는 무시간적 영역의 두 가지 측면들(즉, 의지와 플라톤적 이데아들) 사이의 차이는 미미하다. 그는 의지가 "직접적인 객관화들", 즉 플라톤적 이데아들을 지니며, 그 모든 이데아들은, 그것들이 무시간적인 객관적 대상들인 반면 의지는 **대상**이 아니라는 것만을 제외하면, 의지와 "동일하다"고 기술한다.[26] 의지와 플라톤적 이데아들 간의 사실상의 동일성을 확립함으로써, 쇼펜하우어는 그의 철학을, 두 가지 주된 측면들, 말하자면, 무시간적이고 보편적인 측면과 시간적이고 개별화된 측면들을 지니는 것으로서 제시할 수 있게 된다. 이것들은 구체적으로, (1)물자체로서의 의지와 고정된 플라톤적인 이데아들로 구성되는 두 수준의, 무시간적인 측면과 (2)가멸적인, 우리의 일상적 경험의 대상들로 이루어진 시간적 측면이다. 이 가멸적인 대상들은 플라톤적 이데아들의 렌즈를 통한, 간접적인 객관화들이다.

그 무시간적인 차원에 대한 우리들의 통찰 능력과 관련하여, 쇼펜하우어는 우리가 그것에 대한 경험이나 통찰을 지닐 수 없고, 물자체는 영원히 알려질 수 없다는 것이 칸트의 입장임을 재확인한다. 제 2부의 §18로부터 알 수 있듯이, 그럼에도 불구하고 쇼펜하우어는 그 자신의 철학 안에서 정반대로 우리가 그 무시간적 차원에 대해 직관적으로 파악할 수 있다는 입장을 견지한다. 제 3부는 이것을 한층 더 파헤친다. 대부

---

26   1814년의 노트에서 역시, 쇼펜하우어는 의지와 플라톤적 이데아들을 동일한 것으로 간주하기에, 이 동일성의 상정이 쇼펜하우어 철학의 일관된 입장이라 할 수 있다. *Manuscript Remains*, Vol. 1, Section 305, p.205 (Dresden, 1814)를 참조하시오.

분의 경우, 쇼펜하우어는 (무시간적인 차원의 객관적인 부면을 구성하는) 플라톤적 이데아를 파악하는 것이 과연 어떤 것인지에 주목한다. 제 3부를 마무리하는 §52에서, 그는 음악적 경험 속에서 그 무시간적 차원의 주관적 측면으로 관심을 돌린다. 이는 제 4부를 준비하며, 물자체로서의 의지와 사물의 내부적 본성에로 다시 우리의 주의를 돌리게끔 한다.

§32: 의지와 플라톤적 이데아의 동일성

쇼펜하우어는 §32에서, 물자체로서의 의지와 플라톤적 이데아들 사이의 차이를 탐구함으로써, 무시간적 영역의 주관적 측면과 객관적 측면 사이의 구분에 대해 고려한다. 그는 의지와 모든 플라톤적 이데아들 "각각"의 차이점을 염두에 둔 채 그의 논의를 진행하는데, 혼란을 피하기 위해, 지금 쇼펜하우어는 의지와, 하나의 이데아 혹은 이데아의 전체 집합이 아닌 모든 주어진 각각의 플라톤적 이데아와의 관계에 대해 고찰하고 있다는 것을 이해하는 것이 중요하다. 예를 들어서, 분명히 많은 이데아들(즉, 무기물에서부터 식물, 동물, 그리고 사람에 달하는, 의지의 많은 등급들)이 존재하기 때문에, 플라톤적 이데아의 영역에서 "다수성"이 존재하지 않는다는 (몇 차례 반복되는) 쇼펜하우어의 주장에 직면할 때 당황하기 쉽다.

  주목했듯이, 쇼펜하우어는 의지와 어떤 개별 플라톤적 이데아 사이에도 사실상 차이가 존재하지 않는다는 입장을 지닌다. 양자는 무시간적이고 다수성으로부터 독립해 있다. 모든 플라톤적 이데아는 (쇼펜하우어가 이해하기엔) 내부적으로 무차별적인, 단일한 보편적 성질이다. 그 이데아의 일양성과 단순성을 놓고 볼 때, "원형" 혹은 "빨강"의 플라톤적 이데아는 분명한 예가 된다.[27] 의지와 달리, 플라톤적 이데아는

하나의 대상 혹은 표상이라는 점에서만 양자가 다르다. 플라톤적 이데
아는 직접적인 객관화이고, 쇼펜하우어는 이 직접성이 의지에 오직 가
장 미미한 차이를 도입하는 것이라 기술한다.

쇼펜하우어가 플라톤적 이데아들과 의지를 형이상학적으로 그렇게
밀접하게 연결하는 또 하나의 이유는, 우리가 플라톤적 이데아들을 파
악할 때, 우리는 사물의 본성을 파악하는 데에 가깝게 다가간다는 것이
다. 만약 미적인 체험이, 쇼펜하우어가 생각하는 것처럼 플라톤적 이데
아들의 파악을 포함하고 있는 것이라면, 미와 예술에 대한 경험은 형이
상학적인 통찰을 제공할 것이다. 예술적 천재들은 따라서 세계의 무시
간적인 차원과 직관적으로 연결된 사람들로서 간주된다.

어떤 곳에서 쇼펜하우어는, 만약 우리가 오직 플라톤적 이데아**만**을
우리 지식의 대상으로서 지니고 있다면 "순수하고 투명한 지식"이 발
생했을 것이라고 적는다. 우리가 사물들을 알기 위해서는 우리의 몸의
매개를 통해야만 하며, 우리는 이 순전하게 투명한 조건에 못 미치는
근사치의 상태에만 도달할 수 있을 뿐이다. 쇼펜하우어가 (물자체의
파악을 약간은 불완전하게 하는) 시간의 "얇은 베일"을 통해서 우리가
의지를 물자체로서 파악하는 것에 대해 말하듯이, 우리는 이 투명한 플
라톤적 이데아들의 지식에 근접하고, 그것과 함께 시간이 멈추어 있는
것 같이 느껴지는 "영원한 지금"(*nunc stans*)에 있는 존재에 대한 감
(感)을 획득할 수 있다. 그리고 이것이 바로 미와 예술의 체험이 줄 수
있다고 쇼펜하우어가 믿는 초월적인 인식의 종류이다.

---

27   그렇지만 우리는, 만약 (쇼펜하우어가 §42에서 기술하듯) 더 높은 수준의 이데아
들이 깊은 의미와 암시적인 내용을 담고 있다면, 어떻게 이런 의미들이 모종의 내재적
인 차이(internal differentiation) 없이도 존재할 수 있는지를 의심해 보아야 한다. 쇼
펜하우어는 이후 §48에서 인간성의 형상이 "다면적(many-sided)"(*vielseitig*)이라 적
으며 이런 생각을 분명하게 한다.

§33: 1차적으로 실천적이고 생존과 관련된 것으로서의 지식

쇼펜하우어는 (엄밀한 의미에서의) 지식은 충족이유율에 의해 지배되며, 우리 인간은 무기물과 함께 시작해서 식물과 동물의 왕국들로 진행해 나아가는 존재의 자연적 연속체로부터 물리적으로 자라났다는 것을 환기시킨다. 우리가 이 연속체(즉, 그것 자체로서 하나의 의지의 발현)의 살아 있는 결과물로 서 있기에, 우리는 생존에 가치가 있는 반성적 사유, 추상화, 그리고 논리적 사고의 능력들과 함께 발생하였다. 이러한 관점에서 보면, 일견(*prima facie*) 인간의 지식은 실천적으로 쓰일 준비가 되어 있고, 주로 시-공간적인 사물들에 초점을 둔다. 그것은 근본적으로 의지에 이바지한다.

쇼펜하우어는, 무시간적인 대상들에 대한 파악은 그래도 가능하고, 그런 대상으로의 접근을 위해서는 무시간적으로 지향된 주관이 필요하기에, 이 파악은 주관의 지향에 있어 급격한 변화를 요구한다는 것에 주목한다. 결국, 플라톤적인 이데아를 파악하기 위해서, 여러 실천적인 이해관계들로부터, 미래를 바라보는 것으로부터, 그리고 욕구로 가득 찬, 개별적이고 이기적인 존재에 대한 사고로부터 한 발짝 떨어져 나올 필요가 있다.

§§34-35: 플라톤적 이데아들의 무시간적 파노라마인 "표상으로서의 세계"

우리가 한 일상적 대상의 플라톤적 이데아를 파악하기 위해서는, 그 대상 안에서 "우리 자신을 잃는" 것과 같이, 우리의 주의를 그 대상의 직접적인 지각적 현존에 바쳐야 한다. 목표는 그 대상이 속하는 종류를 누설하는 그것의 지각적 특질들 혹은 "본질"(what)만을 고찰하고, 그 대상이 어디에 있는지, 어느 때에 있는지, 그리고 어디서부터 비롯

되었는지는 무시하는 것이다. 그 대상의 시-공간적이고 인과적인 측면
들이 사물의 직접적인 지각적 현현에 있어 외부적인 한에서, 우리는 그
런 측면들을 무시한다.

　이러한 미적인 태도는, 그것이 공간과 인과성을 배제하고 미적인 체
험들이 "영원한 지금" 안에서 발생하는 것으로 느껴지는 한에서, 시간
을 포함하는 "얇은 베일"을 통해서 우리가 "의지"로서 우리 자신을 파
악하는 방식에 대체로 상응한다. 차이가 있다면 그것은, 여기서 다루어
지고 있는 미적인 지각에서는, 우리의 손의 내부를 느끼는 것처럼 그
대상의 내부적인 본질을 느끼고자 하는 것과는 반대로, 우리의 초점이
하나의 대상 **자체**로서의 모종의 물리적 대상을 향해 있다는 것이다. 손
을 예로 들자면, 쇼펜하우어가 제 2부에서 기술하듯, 처음에 우리는 우
리의 손의 내부를 느끼고 의지를 물자체로서 파악한다. 지금, 제 3부에
서 우리 앞에 놓여 있는 미적인 파악 유형에서, 우리는 우리 자신의 손
을 통해 빛나며 모든 손들의 안에 그리고 뒤에 기거하는 플라톤적인 이
데아를 파악하며, 그래서 (우리가 지각하는 다른 누군가의 손이었을
수도 있는) 우리 자신의 손을 무시간적인 손으로서, 다른 모든 인간과
손 있는 동물의 일부인 하나의 동일한 손으로서 파악하게 된다. 우리는
그렇게 직접적인 지각적 세부 사항들의 순전한 풍부함과 폭넓음 속에
서, 순수하게 미적인 의식 방식에서처럼 우리 자신을 잃는 것이 아니
라, 이런 모든 세부 사항들을 직관적으로 관통하여 그 대상의 순수하고
무시간적인 종류를 파악하는 것이다.

　쇼펜하우어의 견해로는, 우리가 이러한 미적인 태도를 채택할 때, 지
각적 대상의 무시간적인 특성이 자신을 드러내고, 그 대상은 그것의 종
류에 속하는 모든 개별 대상들이 어디에 언제 존재하는가와 독립하여
그것들의 실제적 본질을 알려 주는 이상적 성질을 띤다. 우리가 한 그

루의 나무를 미적으로 관조할 때, 우리는 그 나무를 한 특수한 나무로 서가 아니라 무시간적인 나무로서 본다. 그 나무의 이상적 형상은 개별 적인 세부적 양태들을 통해 강렬하게 빛나며, 우리는 거의 배타적인 방 식으로 그 이상적 형상을 파악한다. 우리는 거리에서 한 명의 사람을 보고, 그 사람을 통해서, 사실상 그 사람**으로서** 인류가 빛나고 있음을 음미한다. 우리는 꽃집에서 튤립 한 송이를 보고 그 튤립을 통해서 과 거에 존재했거나 미래에 존재할 모든 튤립들의 본질이 반짝임을 본다. 우리가 이러한 미적인 주의를 우리의 행동들과 함께 우리 자신의 몸 전 체에 집중시킨다면, 우리는 우리 자신의 가지적인 성격들을 식별해 내 고 자기에 대한 지식을 얻을 수 있을 것이다.

　우리는 이 미적인 인식 속에서 과거와 미래를 무시하고 현재에 주의 를 기울이기 때문에, 우리의 욕구들 그리고 그것들의 좌절이나 만족과 연합될 수 있는 미래에의 중요한 기투(企投)가 존재하지 않는다. 이런 의미에서 우리는 "무의지의" 상태가 되고, 충족되지 못한 욕구들과 연 결된 고통은 많은 부분 해소된다. 우리는 욕구로부터 정화되고, 쇼펜하 우어의 표현에 따르면, "순수한" 인식 주관이 된다. 우리의 욕구를 최 소화함은 자기-정화에 이르고, 이러한 순화된 태도를 띠자마자, 우리 의 "칸트적인" 시간, 즉 과거-현재-미래 지향의 시간에 대한 느낌 역시 도 해소되어 시간이 정체되어 있다는, 혹은 우리가 "영원한 현재"에 있 다는 느낌을 갖게 된다.

　쇼펜하우어는 이 미적인 인식 방식을 이상화된 용어로 기술한다. 그 는 순수 인식 주관은 **전적으로** 의지 없고, 고통 없고, 무시간적이고, 보 편적이며, 인격적이지 않다고 말한다. 그는 순수 인식 주관을 "인식하 는 개인"(knowing individual), 즉 욕구, 미래에의 기투, 인과 관계의 판별, 합리화, 시-공간적인 대상에의 관심, 그리고 (그 결과로서의) 고

통으로 채워진 개인과 대비시킨다. 쇼펜하우어는 우리가 항상 우리자
신과 세계를 우리의 몸을 통하여 경험할 수밖에 없다는 것을 확인하기
에(§18), 그의 인식하는 개인 대(對) 순수 지식 주관의 규정들은 실생
활에서 항상 서로 연결되고 어느 정도는 상보적인 이론적 극단들로서
간주하는 것이 가장 좋을 것이다. 어쨌든, 쇼펜하우어에 따르면, 우리
는 플라톤적 이데아를 지각하는 것과 연결된 무시간적인 느낌과 아주
가깝게 다가갈 수 있고, 이 이데아들이 지각될 수 있다는 것을 확인할
수 있으며, 그 태도는 시-공간적 세계에서 우리의 보다 세속적인 욕망
들을 만족시키기 위한 노력에 실용적으로 연루되었을 때의 그것과는
매우 다르다는 것이라는 것을 인정할 수 있다.

    §34의 후반부는 당혹감을 주기 쉬운데, 왜냐하면 거기에서 우리는,
미적인 태도가 **완전한** 의지의 객관화를 일으키고, 이것이 우리가 표상
으로서의 "진정한" 세계를 파악하게끔 해 준다는 구절을 읽게 되기 때
문이다. 잠재적인 혼란은, §34의 대부분에 걸쳐 쇼펜하우어가 단일한
대상의 지각에 주목하고, 이 지각이 그 단일한 대상의 이데아의 파악으
로 이끌 수 있다고 주장하는 것으로부터 발생한다. 우리는 그래서, 쇼
펜하우어가 오직 한 개별 대상, 예컨대 나무 한 그루나 하나의 바위덩
이를 미적으로 관조하는 경험을 기술할 때, 어떻게 표상으로서의 세계
전체가 갑자기 논의 대상이 될 수 있는지 궁금해진다.

    그 설명에는 언급되지 않은 일종의 비약이 존재하는데, 그것은 하나
의 단일한 대상의 미적 관조에 대한 기술로부터, 이 미적 태도를 지닌
채로 세계 전체를 살펴 보기 위해 세계 전체를 향해 눈을 뜨는 것에 대
한 (관련된) 생각으로의 비약이다. 쇼펜하우어의 설명에 따르면, 그 자
신은 우리가 자연 **전체**를 미적으로 음미하는 것은 과연 어떤 것인지,
그리고 어떻게, 그렇게 하자마자, 우리가 하나의 보편적인 의식으로서,

세계가 바로 이런 보편적인 의식에 의해서 지탱되고 있음을 깨닫는지를 기술해 왔다.

쇼펜하우어가 생각하기에, 우리가 이러한 미적인 태도로 자연 전체를 탐사할 때, 우리는 시선이 머무르는 지각적인 아이템들에 상응하는 플라톤적 이데아들을 거의 배타적으로 파악할 것이고, 우리가 만약 (소풍을 즐기고 있는 사람들로 가득한 공원을 가로질러 걸을 때처럼) 무기물, 식물, 동물, 그리고 인간의 사례들을 지각하고 있다면, 우리는 결국 플라톤적 이데아들의 하나의 대표적인 집합을, 그래서 표상으로서의 "진정한" 세계를 파악할 것이다. 이것은 의지 자체와 가장 가까운 하나의 "대상"으로서의 세계의 무시간적인 버전이다. 우리가 관조되고 있는 대상들 속에서 우리 자신을 잃는 한, 그리고 그 관조되는 대상들이 지금은 플라톤적인 이데아들인 이상, 우리는 이데아들의 무시간적인 주관적 대응물이 되고, 그래서 우리 자신을 그 이데아들을 직접적으로 객관화하는 물자체인 의지로서 인식하는 것에 접근한다. 이런 생각들로부터, 우리가 이 지점에서 우리 자신을 세계의 지지자(supporters)로서 의식하게 된다는 쇼펜하우어의 생각과 함께, 끝부분에서 우파니샤드(Upanishad)를 인용한 그의 동기가 비롯된다.

쇼펜하우어 자신의 사물에 대한 미적인 경험이 그의 철학적 관점에 중대하게 기여하기에, §34는 그의 세계관을 보증하는 중심적 경험들 중 하나를 제시한다. 그가 '미적인 태도'를 이해하는 방식대로 전체로서의 시-공간적 세계에 대해 그런 태도를 취하는 것은 그의 철학을 이해하는 데 있어 상당한 도움을 준다.

일상적인 대상들의 플라톤적 이데아들을 파악하는 것은 의미로 충만한 경험이다. 쇼펜하우어가 §35에서 기술하듯, 우리는 곧, 서사들(narratives)의 기본적인 성격과 유형이 지속적으로 반복되는, 개별적 인간들의 중단 없는 등장과 소멸은 말할 것도 없이, 구름을 움직이는 기압의 힘과 강이 흙과 돌을 가로질러 내려가도록 끄는 중력의 힘의 배치를 감상하게 되니 말이다. 이런 미적인 파노라마 안에서, 한 개인은 역사적 사건의 장 내에서 인간의 문화를 더 풍성하게 할 인물들이 우연히 죽음을 맞거나 그들의 잠재력 실현에 있어 방해를 받았던 것처럼, 굉장한 기회들이 손실되었음을 슬퍼할지도 모른다. 쇼펜하우어가 위로하면서 덧붙이길, 이러한 슬픔은 근거 없는 것인데, 왜냐하면 궁극적인 실재는 이득과 손실 없이, 소진됨도 없이, 자기 자신을 사례화하는 플라톤적 이데아들이기 때문이다. 종국적으로, 잃어버린 보물은 존재하지 않는다. 한 특정한 역사적 시기 안에서 발생하지 않았던 일은 다른 시기에서 발생할 것이다. 어떤 경우에 실현되지 않았던 것은 다른 경우에 실현될 것이다. 더 참된 실재는 무시간적이기에, 관련된 개체들은 그것들 자체로서는 중요하지 않을 것이며 그 (참된) 실재가 실현되는 것의 때와 장소도 중요하지 않을 것이다. 개별 사례들은 다만 일시적이다.

우리는 이쯤에서, 쇼펜하우어가 아직은 예술이나 미에 대해서 언급하지 않고, 대신 (그 경험이 형이상학적으로 진리를 드러내고, "순수하고", "의지 없으며", "고통 없는" 것인 이상) 시간을 멈추게 하는, 플라톤적인 이데아들에 대한 경험에 일반적으로 더 관심이 있다는 것을 알아차릴 수 있다. 비록 미와 예술이 그의 논의에 등장하지만, 그의 주된 관심은 플라톤적 이데아들의 파악에 있지, 항상 예술을 통한 혹은 미 자체와 관련한 그것들의 파악에 있는 것은 아니다. 제 2부(§27)로부터 우리는, 쇼펜하우어가 이상적 유형들, 예를 들면 식물이나 동물의 맥락에서의 "완전한 표본들"을 통해 파악될 수 있는 무시간적인 형상의 파악으로서 미를 정의한다는 것을 회상할 수 있다. 그는 지금 "예술"을 이러한 형상들을 파악하는 하나의 방식으로서 고려한다.

§§36-37: 예술적 천재들에게 떠올려진 대로의, 예술을 통한 플라톤적 이데아들의 향상된 제시

지금, §36에서 쇼펜하우어는 플라톤의 동굴의 우화를 언급하는데, 그 것은 쇼펜하우어의 미학 일반, 특히, 그의 미적 지각, 예술적 천재, 그 리고 예술의 본질에 대한 이해에 영감을 주었다. 그 우화는 『공화국』 (*The Republic*)의 제 4부에 등장한다. 거기에서 플라톤은 지하 동굴에 있는 일군의 죄수들의 이미지를 제시하는데, 그들은 넓은 벽을 마주하 고 사슬로 결박당한 채, 마치 거대한 영화 스크린 같은 동굴 벽에 드리 워진 그림자들의 움직임만을 볼 수 있게 되어 있다. 그 벽에 드리워진 그림자는, 죄수들에게는 알려지지 않은 채 죄수들 뒤에서 걸어 다니며, 불 앞에서 다양한 일상적인 사물들을 운반하는 사람들의 움직임에 의 해 생겨난 것이다. 그 죄수들은 벽에 드리워진 그림자의 세계만을 지각 하고, 그림자의 움직임을 예측하며 그러한 예측의 기술을 서로에게 자 랑할 정도로, 그림자를 보는 데 철저히 적응되어 있다.

어떤 시점에서 그 죄수들 중 한 명이 사슬에서 풀려나게 되어 동굴을 탈출하고, 밝은 빛으로 비추어진 지상으로 올라가게 된다. 그의 눈이 새로운 환경에 적응된 후, 밝게 세상을 비추는 태양과 함께, 그는 일상 적 세계의 실제적인 대상들을 파악한다. 이후 동굴로 되돌아와, 그 죄 수는 (동굴 안 그림자 세계의 토대를 이루는) 더 높은 실재에 대한 그 의 지식을 호의로 나누고자 하지만, 남은 죄수 무리는 그가 어둠 속에 서 잘 보지 못한다는 것을 보며 그를 심각하게 받아들이지 못한다. 그 들은 곧, 계속 자신의 경험을 이야기하려는 그 죄수를 미친 사람 취급 하고 그들의 사회적 관행에 위협이 되는 존재로 생각하게 된다. 시간이 어느 정도 지나, 그들은 터무니없는 얘기를 한다는 이유로 그를 죽이려 든다.

쇼펜하우어와 플라톤의 용어를 사용하자면, 죄수들의 그림자 세상은 과학적으로 이해가능한 시간, 공간, 그리고 인과성의 세계이다. 그것은 우리의 이른바 실제적인 세계에 상응한다. 죄수들의 그림자 세계는, 물리학, 수학, 기하학, 그리고 나머지 과학들을 포함하는, 충족이유율의 구체적인 네 겹의 표현의 영역에 상응한다. 이것은 개별적인 대상들과 지각을 통해 이끌어 낸 추상적인 개념들의 영역이다. 쇼펜하우어에 따르면, 그것은 허구적인 세계이다. (플라톤의 이야기에서 참된 지식을 획득하는 철학자를 의미하는) 자유로움을 얻어 햇빛을 보게 된 죄수는, 유비에 의해, 플라톤적인 이데아들을 파악할 수 있고, 그의 시–공간적인 조건을 초월할 수 있으며, 자기 자신을 무시간적이고, 욕망으로부터 자유로운 지각의 상태에 돌입시킬 수 있는 사람이다. 쇼펜하우어에게 있어, 이 사람은 본성상 어떤 대상도 파악할 수 있고, 그러한 파악에 의해서 개별적 대상을 통해 반짝이는 플라톤적 이데아 내지는 이상적 유형을 식별해 낼 수 있는 능력을 소유한 예술적 천재를 의미한다.

플라톤은 그의 우화에서, 상당 기간 동안 일광 아래서 머무른 자가 어둠 속에서 살면서 오직 그러한 밤의 세계만을 알고 있는 자들에게 어떻게 보일지에 대해 생각해 본다. 이미 언급했듯이, 그 사람은 미친 사람으로 보이기 십상이다. §36에서 쇼펜하우어는 천재성과 광기 간의 공통점들 중 일부를 고려하는데, 그것들은, 양자 간의 중요한 차이점에도 불구하고, 천재와 광인 모두 과거를 무시하고 현재에 배타적으로 주목한다고 여겨지는 것에 기인한다. 쇼펜하우어의 관찰로는, 그럼에도 불구하고 천재와 광인은 다른 이유에서 그렇게 한다. 천재는 무시간적인 형상에의 배타적인 주의로 인해서 과거를 무시하는 것이고, 반면 광인은 고통스런 기억들을 의식 밖으로 내몰기 위해서 과거에 대한 인식을 억압하는 것이다.[28] 천재는 충족이유율의 그림자 속에서 살아가는 사람들에겐 광기와 비슷한 것을 보여 줄지 모르지만, 그렇다고 해서 천재가 광인은 아니다.

비록 플라톤의 동굴의 우화가 쇼펜하우어의 미학과 철학에 영감을 준 것이 사실이지만, 우리는 플라톤의 예술에 대한 관점은 쇼펜하우어의 그것과 전적으로 다르다는 것에 주목해야 한다. 플라톤은 예술가들을 시-공간적인 세계 내 항목들의 모사자들인 동시에 우리를 더욱 무지 쪽으로 이끄는 사람들로 간주한다. 플라톤은 일상적 세계의 항목들에 대한 예술적인 모사를 그림자의 그림자로 보며, 이는 그 항목들을 무시간적인 진리로부터 두 배 멀리 떨어진 형이상학적인 거리에 위치시킨다. 플라톤과는 대조적으로, 쇼펜하우어는 예술작품이 일상생활의 형상들을 완전하며 이상적으로 만들고, 플라톤적인 이데아들을 일상의 사물들보다 더 직접적이고 명료하게 드러낸다는 것을 높이 평가한다. 과학 및 충족이유율에 반대하며, 쇼펜하우어는 예술이 우월한 지식의 형식이라 보는데, 이는 예술이 드러내는 대상들은 변덕스런 우리의 일상적 세계의 고정된 원형들로서 기능하는 것들이기 때문이다.

예술적 천재는 대부분의 사람들보다 더 자연스러운 방식으로 사물들의 이상적인 성질들을 파지하는 순수 인식 주관이 될 수 있는 자이다. 그러한 천재의 비전(vision)은 예술작품들 속에서 구현되고, 이 예술작품들의 기능은 타인들에게 무시간적인 실재에 대한 영상을 드러내는 것이다. 쇼펜하우어는 자연적이거나 예술적인 아름다움 그 **자체**에는 관심이 없고, 어떻게 플라톤적 형상들의 파악이 이 사람 혹은 저 사람에게서 발생하는지를 그렇게 강조하지도 않는다. 그는 단지 플라톤적 이데아들의 지각에만 주의를 기울이고, 완전한 표본이 되는 나무 한 그

---

28 우리가 마지막 장에서 쇼펜하우어의 영향에 대해 논할 때, 우리는 쇼펜하우어와 프로이트의 견해들 사이의 일치성에 주목할 것이다.

루와 나무를 그린 좋은 그림에 대해, 만약 이 둘 모두가 플라톤적 이데
아의 파악을 동일한 정도로 촉진한다면, 별다른 구별 없이 이야기한다.

§38: 의지, 좌절, 무관심한(disinterested) 지각, 그리고 평화

쇼펜하우어는 주-객관 구분이 다음의 두 수준들 중 하나에서 사례화될
수 있다는 것을 다시 떠올린다. 주관과 객관은 개별적인 존재들로서 나
타나거나, 보편적인 존재들로서 나타난다. 전자의 경우, 한 개인은 개
별적 대상들을 알고, 후자의 경우에선 하나의 보편적 주관("순수한, 의
지 없는[will-less] 인식 주관")이 보편적 대상들, 즉, 플라톤적인 이데
아들을 안다. 보편적인 주-객관 구분은 충족이유율의 일반적인 근거에
상응한다. 개별적인 주-객관 구분은 시간, 공간, 인과성, 욕구, 수학,
기하학, 그리고 과학과 관계가 있는 충족이유율의 네 겹의 표현들에 상
응한다. 쇼펜하우어는 인식의 보편적 양식으로 상승하기 위해 충족이
유율을 "포기하는 것"에 대해서 언급하지만, 이는 사실, 가장 보편적인
인식 방식에 의해서 더 일반적으로 정의되는 조건으로 상승하기 위해
서 충족이유율의 네 겹의 표현방식들을 던져 버리자는 요구이다.

　§38은 가장 자주 인용되는 쇼펜하우어의 지문들을 포함하는데, 이는
의지로 가득 찬, 우리의 일상적인 존재 상태에 대해 기술한다. 그의 견
해로는, 의지는 **결여** 혹은 요구의 표현이다. 그것은 없어진 무언가에
대한 느낌이고, 어떤 밝은 전망의 것을 향해 끌리는 느낌이다. 쇼펜하
우어는 우리가 욕망의 대상을 획득한 다음, 우리의 만족은 점차 사라져
가고, 새로운 욕망과 허기의 느낌들이 다시 솟아 올라 이전의 그것들을
대신하게 된다고 확신한다. 어떤 주어진 순간에서든, 새로운 욕구의 대
상들을 획득하는 것은 우리가 영원히 충족되고, 만족하고, 행복하도록
해 줄 것처럼 보이지만, 우리의 욕구들은 우리를 더 이상의 것을 향해

계속 몰아갈 뿐이라는 게 슬픈 현실이다.

혹자는 욕구가 고통스럽다는 쇼펜하우어의 주장에 대해 의혹에 찬 반응을 보일 수 있다. 우리가 즐거운 시간들(예를 들어 오랫동안 기다려온 휴가)을 고대할 때, 확실히 우리는 현재에 그 시간들을 "결여"하지만, 고통을 경험하기보단 일종의 만족감을 경험한다고 하면서 말이다. 이런 반응에 대해서, 그렇게 지각된 만족감은 미래에 기쁨을 주는 것들에 대한 이미지로써 우리의 욕구를 부분적으로나마 만족시키는 것으로부터 온다고 말할 수 있다. 그 쾌락은 상상 속에서 욕구를 만족시킴으로써, 그리고 욕구가 아직 실제로는 만족되지 않았다는 모순되는 생각을 배제함으로써 얻어진다. 만약 우리가 그렇게 기대하던 휴가가 취소되어야 함을 알게 된다면, 그것에 연루된 실제적인 원래의 결여가 즉각적으로 나타나게 되고, 우리는 (쇼펜하우어가 모든 욕망의 근저에 있다고 가르치는) 고통과 절망을 경험하게 될 것이다. 우리가 꿈같은 만족을 일으키는 상상의 대체물로써 그 간격을 메우지 않을 때, 우리가 그 욕구의 대상들이 사실 존재하지 않는다는 것을 깨달을 때, 욕망은 고통을 준다. 물릴 정도로 욕구가 채워진 후에 만족감은 곧 사라지고, 오직 새로운 욕구 속에서만 그것이 다시 일어나게 된다는 생각을 심각하게 받아들이면서, 쇼펜하우어는 이 자연적 상황이 고요하고, 평온하며, 평화로운 상태와 배치된다는 것을 깨닫는다. 그 인간적 상황은, 불타는 바퀴에 고정되어 타오르는 고통을 피할 수 없었던 익시온(Ixion)과 같은, 고대 그리스의 영원한 좌절의 인물들에 의해서 잘 표현된다. 다나이데스(the Danaides)에서도 그러한 상황은 반영되어 있는데, 그들은 쓸모없는 채를 사용해서 물을 퍼 담도록 강요받았다. 탄탈루스(Tantalus) 역시 그의 영원한 허기의 상황 속에서 그 인간적 상황을 개인화한다. 필사적으로 음식을 요구하지만 묶여 있는 채로, 탄탈루스는 아주 가깝게 매달려 있는 과일들 쪽을 향해 그의 머리를 내밀지만, 그 욕망의 대상들은 다시 그가 닿지 못할 만큼 그로부터 아주 조금 멀어지 게 된다. 쇼펜하우어는 일상적인 삶의 본질을 드러내 보이기 위해서 이런 이미지들을 끌어들인다. 쇼펜하우어가 보기엔, 일상적인 삶이란 본 능적이고 보잘 것 없는 욕망들에 의해 지배되는 감옥과도 같은 것이고, 우리가 주로 고통스럽고, 좌절시키며, 실망스러운 환경으로서 경험하 는 것이다.

평화, 고통의 부재, 자유, 그리고 위안에의 추구 속에서, 쇼펜하우어 는 지상의 모든 피조물들 중에서 오직 인간만이 자기-의식적으로 본능 적인 추동들의 효과를 경감할 수 있는 능력을 지닌다는 것에 주목한다. 이(능력)는 우리 자신을 지각 속에 침잠토록 하고, 지각된 사물 속에서 우리 자신을 잊으며, 통찰에 의해 그것들을 통해서 무시간적인 원형들 의 파악으로 상승함으로써 초월적인 인식의 상태를 경험할 힘을 우리 들에게 부여한다. 그러한 미적 체험은 원칙적으로는 어디에서든, 어떤 대상을 통해서든 일어날 수 있는데, 쇼펜하우어는 어떻게 가장 세속적 이고 보잘 것 없는 대상들이 우리를 자연적인 욕구의 장으로부터 은혜 롭고, 더 평온하며, 의지로부터 자유로운 마음의 틀로 고양시키는지를 보여 준다는 이유로 네덜란드의 정물 화가들을 칭송한다.

어떤 감각의 양식들은 다른 것들에 비해 세속적이며 욕구로 가득 찬 존재로부터 우리 자신을 끌어올리는 데 있어 더욱 효과적이다. 냄새와 맛은 가장 덜 효과적인데, 왜냐하면 우리는 그것들에 의해 즉각적이고 도 강하게, 감정적으로 영향 받기가 쉽기 때문이다. 비록 우리는 가끔 씩 대상의 결을 그것 자체로서 즐길 수 있지만, 촉각은 역시 관능적이 고 욕구-중심적이다. 소리는 역시 의지에 밀접하게 머물지만, 그것들 은 때때로 지각 속에서 순수함을 경험할 기회를 제공하기도 한다. 최적

의 감각 양식은 시각인데, 이는, 우리가 소비나 소유의 의지 없이도 수
면에 반영된 대상들을 즐길 수 있거나 추상적인 형태들을 감상할 수 있
기 때문이다. 이런 경험들은 즐겁게 거리를 두게 하며, 우리가 물리적
인 개별성에 대한 의식을 잃게 되는 순수한 지각을 통한 지식을 얻는데
있어 가장 유용하다.

§39: 숭고함의 "이상한 고리"

§38에서 상이한 감각 양식들이 미적 지각에서의 순수하고, 고통 없으
며, 의지 없는 인식 주관의 관점을 지니려는 우리의 노력들을 강화하거
나 방해할 수 있다는 것에 주목한 후, 쇼펜하우어는 이러한 방해들 중
일부에 대해 더욱 주의를 기울인다. 그는 어떻게 신체적 상해에 대한
공포, 강렬하게 음란하며 관능적으로 사로잡는 유혹, 그리고 강한 감정
적인 배척이, 무관심하며 보편주의적인(universalistic) 미적 관조의 상
태를 성취하려는 우리의 노력들에 영향을 미치고 심지어는 그것들을
막을 수 있는지에 대해 논의한다. 그리고 이것이 곧 숭고함, 혐오스러
움, 그리고 매력적임에 대한 쇼펜하우어의 논의이다.[29]

　　쇼펜하우어에 따르면, 숭고함의 체험은 우리가 관조하고자 하는 지

29　영어로 "the charming(매혹적임)"으로 번역된 단어는 "*das Reizende*"인데, 후자
는 때때로 "생리적으로 자극적임(the physiologically stimulating)"으로도 번역된다.
칸트 역시 지각적 대상들의 매혹적 성질과 그것들의 아름다움을 분리하여 생각하기
에, 쇼펜하우어가 칸트의 인도(lead)와 용어 사용을 따른다고 할 수 있다. 칸트에 따
르면, 매혹적인 쾌(快)는 조화가 불가능하게(irreconcilably) 개인에 따라 다르고, 이
는 칸트가 아름다움을 바라보는 방식과 배치된다. 칸트의 아름다움에 대한 관점에 따
르면, 미적인 판단에서의 차이들은 화해가능하다. 어떤 사람들은 화이트 와인의 맛을
좋아할 수 있고 또 어떤 이들은 그렇지 않을 수 있지만, 칸트에 따르면, 그것은 아름다
움과 관련이 없다. 아름다움의 경우, 만족감은 더 보편적으로 근거 지워지며, 원칙적
으로 우리는 다른 모든 사람들이 우리와 일치하기를 기대할 수 있다.

각적 대상이 1차적으로 우리들을 압도할 때 생기는데, 이는 그 대상이 우리들에게 해를 입힐 것처럼 위협하거나, 그것이 너무나 거대하여 단일한 상상의 범위 속에서 포괄될 수 없기 때문이다. 위협당하는 느낌이나 크기에서 압도되는 느낌의 정도들이 있기에, 자연히 숭고함에도 각기 다른 강도들이 있다. 그리고 숭고함의 이러한 다른 강도들은 모두 플라톤적인 이데아들의 지각과 미의 관조를 그것들의 목적으로서 지닌다. 쇼펜하우어는 숭고함을 분리된 하나의 미학적 범주가 아닌, 미의 일종으로 간주한다.

숭고함의 경험을 자극하는 대상들은 조용하고 평화롭지만 황량하고 환경적으로 희소한 사막에서부터 천둥과 번개를 동반한 채 휘몰아치며 충돌하는 엄청난 폭풍우에 이르기까지 다양하다. 쇼펜하우어의 논의는 상응하는 다양한 강도들 속에서 미적인 체험을 자극하는 위협적이고 거대한 대상들의 스펙트럼을 제시한다. 주제의 핵심을 잡아내기 위해서, 숭고함을 그것의 가장 특징적인 형식 속에서 고찰해 보도록 하자.

숭고함의 전체적인 효과는 두 가지 국면들로 구성된다. 첫째로, "무(無)로 환원되는" 느낌이 존재하는데, 이는 우리의 신체가 시간과 공간의 무한한 범위와의 대조를 통해 순전한 하나의 점으로 환원되는 것을 상상 속에서 지각하거나, 혹은 압도적으로 강한 물리적 힘에 의해 우리 몸이 소멸에 접근함을 느끼는 것으로부터 생겨나게 된다. 두 경우에 모두, 우리는 우리 자신을 객관적 대상들로서, 그리고 종국적으로 수억 개 중 하나의 표상 세계 내의 보잘 것 없는 존재들이면서 광대한 사물들의 틀 속에서 사실상 아무것도 아닌 것들로 지각하게 된다. 숭고함의 경험에서의 두 번째 국면은, 우리가 의지와 관련된 좌절과 우려들로부터 관심을 돌리고, 위협받은 우리들의 신체들 및 시간과 공간의 정신적 이미지가 포함되어 있는 존재(인식 주관)로서 우리 자신을 확인하기에, 관점에 있어 일종의 반전을 포함한다.

숭고함의 체험은, 그것의 기초적인 형식에서, 우리의 마음 혹은 의식
이 우리의 작고 여리며 변화하는 몸 안에 위치하며, 그 몸은 그 자체로
광활하고 요동하는 물리적인 우주 안에 위치해 있다는 1차적인 인식을
포함한다. 이후 이 1차적인 인식은, 나의 몸이 내 마음 안에 있다는, 즉
그 몸은 우리 마음 안에 있는 오직 하나의, 정신적 이미지들의 집합이
라는 깨달음과, 시간과 공간의 형식들을 포함하는 바로 그 물리적 우주
를 하나의 심상 혹은 표상들의 집합으로서 포함하는 것이 바로 우리의
마음이라는 깨달음으로 변모한다. 우리가 앞에서(제 1부의 §7과 제 2
부의 §27) 이미 살펴보았듯이, 의식의 두 겹의 본질을 나타내는 이 "이
중-포함"(double-containment) 혹은 이상한 고리의 구조는 쇼펜하우
어 철학의 근본적인 구조들 중 하나이다. 그것은 제 3부의 이 지점, 즉
쇼펜하우어의 숭고함에 대한 설명에서 다시 한 번 등장한다.

§40: 매혹적임, 역겨움, 그리고 외설적임
쇼펜하우어는 아름다움을, (그 대상의 이상적인 유형 혹은 플라톤적
이데아가 빛나게 하는) 시-공간적인 대상의 경험으로 정의한다. 그리
고 (아름다움을 정의하는) 바로 그 경험 속에서, 우리는 그러한 대상의
이데아에 대해 관조하며 개인으로서의 우리 자신을 잊게 되고, 비교적
의지로부터 자유로운, 무관심한, 그리고 평화로운 마음의 상태를 즐기
게 된다. 숭고함의 경험과는 달리, 그리고 상식적으로, 어떤 예술은 미
학적으로 덜 생산적인 방식으로 우리의 의지가 관여하게끔 하는 대상
들을 묘사한다. 예를 들면, 우리는 육감적인 음식이나 성적인 만족을
줄 것 같은 매혹적인 신체들의 그림에 의해 끌리게 되거나, 대변이나
소변 같은 체액들의 그림에 역겨워한다. 일반적으로, 섹스와 죽음에 대

한 그림은 우리의 의지를 사로잡는 경향이 있고, 이는 쇼펜하우어의 이상적인 미적 체험에 대한 관점에 배치된다.

쇼펜하우어는 가장 좋은 예술은, 적어도 대부분의 사람들에게 이런 식으로 욕구를 증가시키는 주제들을 피하거나 최소화하는 것이다. 그 이유는, 그런 주제와 이미지가 한 사람이 자기 자신을 시-공간 안의 개별적인 신체적 존재로서 더 강렬하게 인식하도록 만들고, 미적인 관조에 요구되는 거리 두기의 태도를 무너뜨리기 때문이다. 이런 작품들은 우리를 욕구로부터 더 자유로운 의식 수준으로 끌어올리기보다는, 욕구로 충만한 정신 상태를 지지하고, 우리를 충족이유율의 네 겹 표현의 세계 안으로 더 견고하게 가둬 둔다. 쇼펜하우어의 관점에서, 이러한 예술작품들은 마치 불 난 곳에 기름을 붓 듯 오직 더 많은 고통을 초래할 뿐이다.

외설적인 그림은 이러한 현상의 가장 노골적인 경우들 중 하나라 하겠는데, 이는 그러한 그림이 특히 우리의 욕망을 자극하고 강화하게끔 기획된 것이기 때문이다. 그것이 아름답고 이상화된 인간의 육체들의 제시를 통해서 그 소기의 목적을 이룰 때, 이상적 유형들의 현시는 강렬한 욕망과 뒤섞이며, (쇼펜하우어의 용어를 빌자면) '형이상학적으로 모순된' 혼합을 형성한다. 이러한 경우에, 삶으로부터의 관조적인 초연함을 자극할 수도 있을 뻔했던 이미지는, 고전적인 그리스의 조각상들에서 볼 수 있듯, 가장 강렬한 형태의 삶의 긍정을 촉진할 수 있는, 성적으로 경도된 표현과 연합된다. "아름다움은 다만 행복의 **약속**이다."라는 스탕달의 말은 이 맥락에서 음미해 볼 때 많은 것을 시사한다. 왜냐하면 쇼펜하우어는 그와 반대로, 일단 성적인 자극이 효력을 지니게 되면, 외설적인 그림이 종종 포함하는 매혹적인 아름다움은 좌절과 권태의 약속이라고 생각할 것이기 때문이다.[30]

쇼펜하우어는 매혹적이고 역겨운 주제들을 숭고함의 진정한 반대로서 간주하는데, 이는 사람들이 일상적으로 그런 주제들을 초월하지 못하고 오히려 그것들에 매몰되어 더 강한 욕망이나 혐오로 채워지기 때문이다. 그럼에도 불구하고, 쇼펜하우어가 논의하지 않는 숭고함의 경험과의 유사성도 존재하는 것이 사실인데, 이 유사성들은 우리가 음식을 담은 육감적인 그릇, 매력적인 신체, 피와 같은 대상과 그런 대상의 표현을 구분할 때 발생하게 된다.

아리스토텔레스는 그의 『시학』(Poetics)에서, 실제적인 대상과는 반대로 아주 혐오적인 (혹은 아주 매력적인) 대상이나 에피소드(예컨대 폭력과 죽음)의 표상은 우리가 좀 덜 정서적으로 결부된 채 그 대상이나 에피소드를 파악하게끔 한다고 주장했다.[31] 그런 표상들은 우리가, 그것들의 일상적으로 공포나 욕정을 유발하는 효과로부터 어느 정도 떨어져, 그 대상들에 대해 더 많이 배우고, 그것들을 이해할 수 있는 기회를 제공한다. 더욱 거리를 둔 측면에서, 음식을 담은 육감적 그릇이나 성적으로 매력적인 몸에 대한 미적인 묘사는 교훈적인 동시에 그 대상에 대한 적절히 미적인 태도를 지탱할 수도 있다. 우리가 실제적인 대상과 표상을 혼동할 때, 그리고 음식의 이미지를 실제의 음식인 양 혹은 매력적인 육체의 이미지를 실제의 몸인 양 생각하면서 그 표상을 사실상의 실재로서 파악할 때, (쇼펜하우어가 그렇게도 비판적으로 바라보는) 의지가 혼재한 상황 속으로 추락하게 되는 더 큰 위험성이 존재한다.

---

30   Stendhal(Marie-Henri Beyle), *De l'amour* [1822] (Paris, Gallimard, 1969), chapter XVII, p.53n.

31   "우리가 그것들 자체로서 고통스럽게 바라보는 대상들이 정밀하게 복제되었을 때, 우리는 그것들을 즐겁게 관조한다."(*Poetics*, Section IV, 1448b)

숭고한 성격을 규정하는 §39의 말미에서, 쇼펜하우어는 의지를 자극하는 표상들에 대한 더욱 미적으로 지향된 태도를 확인한다. 이는 객관적인 방식으로, 즉 다른 사람들이나 사물들이 그의 의지에 대해 지니는 관계와 독립해서, 그 사람들이나 사물들을 관찰할 수 있는 사람에게서 볼 수 있다. 이런 인격은 멸시하는 태도를 투사하는 사람들을 그들에 대한 분노, 증오, 혹은 공격성을 느끼지 않은 채 관찰할 것이다. 이런 숭고한 인격의 소유자는 비슷한 방식으로 타인들의 행운과 행복을 시기심 없이 바라볼 수 있을 것이고, 욕정을 느끼지 않고도 성적으로 유혹적인 육체를 지각할 수 있을 것이다.

숭고한 인격체는 그래서 매력적이거나 역겨움을 주는 주제를 꽤 많이 다루는 예술품조차 감상할 수 있을 것이라 짐작될 수 있을 것이다. 쇼펜하우어가 이런 주제들이 예술에서 회피의 대상이 되어야 한다고 조언할 때, 그는 이런 예술적인 표현들에 대한 예외적인 숭고한 반응보다는, 빈번하며 통상적인 반응을 염두에 둔 채 이야기하는 것이다. 매혹적이고 역겨운 주제들은 형이상학적으로 계몽된 관람자들에게만 미적으로 적합하다고 할 수 있겠다.

§§41-42: 미의 차원들과 플라톤적 이데아들의 위계

쇼펜하우어는 §41에서 미의 강도를 규정하는 두 미적인 차원들을 고려한다. 그 중 첫 번째는 한 대상이 미적인 관조를 얼마나 잘 촉진하는가이다. 예를 들어, 눈발과 꽃은 그것들이 잘 조형되어 있을 때, 우리들을 그것들에 대한 미적 관조로 사실상 초대한다. 반면, 잘 조형된 파리들이나 꿀벌들은 보다 덜 즉각적으로 매력적이고, 일단 우리가 그것들에 무심하게 주의를 기울였을 때 그것들의 형상들이 매력적으로 될 만큼 매력적이다. 그래서 눈발과 꽃은 이런 차원에서 보면 파리와 꿀벌보다는 더 아름답다.

　미의 두 번째 측면은 상응하는 플라톤적 이데아들의 내용들과 관계가 있다. 이데아들 간에는 무기물에서부터 인간 존재자들까지 상승하는 위계질서가 존재하며 우리가 그 질서 상에서 위로 올라갈수록, 이데아들은 더 풍성해진다. 결과적으로 쇼펜하우어는 인간들이 그들의 의미와 관련해서 가장 아름답고, 예술의 최상의 목표는 인간적 특성들을 표현하는 것이라고 주장한다. 각 예술 장르는 더 나아가 그것의 인간적 의미의 이런저런 측면을 표현할 수 있는 능력과의 관련 속에서 감상될 수 있다. 예를 들어, 조소는 인간의 형상과 표현력에 초점을 두며, 문예는 인간의 행위를 표현하는 데 있어 효과적이고, 음악은 인간의 감정을 구현해 내기에 가장 좋다.

　관조되는 이데아의 수준에 의존해서, 미적인 쾌감은 주관 혹은 객관에 중점을 둘 것이다. 무기물의 이데아들은 — 여기서 쇼펜하우어는 인위적으로 구성된 것들이 아니라 오직 자연적인 것들만을 염두에 두고 있다 — 단지 얄팍한 내용을 지니고, 그래서 미적인 쾌감은 이러한 이데아들이 제공할 수 있는 주관의 평정심에 주로 머문다. 일단 우리가 고등 동물들 그리고 특히 인간과 관련된 이데아들로 올라가면, 그 이데아들의 더 풍성한 내용이 미적 쾌감에 더 크게 기여한다.

§§43-44: 예술에 있어서 무기물, 식물, 그리고 동물 원형들의 아름다움

쇼펜하우어에 따르면, 하나의 예술 장르로서 고려될 때, 건축의 목적은 자연적 힘들이라는 낮은 단계의 이데아들을 명확하게 보여 주는 것이다. 중력은 건축물들을 아래로 끌어당긴다. 강성(剛性)(rigidity)은 그것들을 잡아 올린다. 한 건물의 구조는 그것이 이러한 힘들을 분배하는 방식과 관련해서 복잡할 수 있다. 하지만 쇼펜하우어는 건축 작품에서 표현되는 것과 같은, 중력과 강성이라는 기본적인 힘들에 대한 우리의 관조가 건축에 대한 미적 체험의 핵심을 이룬다고 믿는다.

이상적으로 말해, 건물의 각 부분은 다른 모든 부분들에 의존하도록, 그리고 그 건물이 구현하는 물리적 긴장의 배열을 효과적으로 보여 줄 수 있도록 배치되어야 한다. 그 건물은 하나의 유기적 통일체로서 구성되어야 하고, 그것의 재료들은 작동 중인 힘들에 대한 정확한 지각이 가능하도록 제시되어야 한다. 더 강한 힘들이 표현될수록 더 좋다. 그래서 쇼펜하우어는 나무같이 가벼운 재료들로 만들어진 건물들에 대해선 눈살을 찌푸린다. 그는 또한 실제 가벼운 재료들로 지어진 건물이 육중한 재료들로 만들어진 것처럼 보이게 하는 기만적인 표현들을 평가 절하 한다. 중력, 강성, 응집력, 견고함 등의 무기적(無機的)인 힘들에 더하여, 빛의 존재는 건축의 미적 지각에 있어 역시 중요하다. 반사되는 빛들의 향연, 그림자들, 그리고 밝게 비쳐진 영역들이 빛의 본성 자체를 나타내 주듯이, 그것들은 건축물 내의 윤곽들과 힘들을 나타내 준다. 이런 면에서, 건축물은 기본적인 물리적 힘들 뿐 아니라 빛에 대한 미적인 감상과 관련된다. 건축과 관련된 동일한 종류의 감상은 인공적으로 만들어진 분수, 폭포, 그리고 개울에 대해서도 이루어진다. 중력이 강성과의 갈등 속에 있지 않고 물을 아래로 끌어내려 그것이 자유롭고 유쾌하게 흐를 수 있게끔 한다는 사실을 제외하면, 무기적인 힘들은 여기서도 유사한 방식으로 작동한다.

§44는 플라톤적 이데아의 다음 단계로 우리를 이끄는데, 여기에서 쇼펜하우어는 예술을 통한 식물과 동물의 형상들의 파악에 대해 고려한다. 형식을 갖춘 정원들은 식물의 이데아들을 제시하지만, 정원들 그 자체는 어떤 한 특정한 상태에서 오래 지속되지 않는다. 그것들의 형상

들은 정확히 말해 그것들을 구성하는 식물들의 생명의 본성으로 인해 일정하지 않은 경향이 있다. 식물 이데아들의 더 나은 파악을 위해서, 풍경화는 더 예리한 이상화(idealization)와 더 영구적인 표현을 제공한다.

동물에 대한 그림과 조각상은 실제의 동물들에 대해 같은 종류의 미적인 우위를 지닌다. 이 주제와 관련해서, 우리는 이데아의 내용이 더욱 호기심을 자아내는 미적 파악의 수준으로 더 나아간다. 우리가 동물들의 내적 본성의 특질을 파악하고자 하기 때문에, 우리는 결과적으로 동물들의 자세와 표정을 주의 깊게 살피게 된다.

무기물의 이데아들로부터 식물과 동물의 그것들로 옮겨 갔기에, 사실상 플라톤적 이데아들의 전체 스펙트럼이 그것의 주요한 대표들과 관련하여 논의되었고, 그래서 우리가 만약 어떤 동물들(예를 들면 새들과 다람쥐들)을 포함하는 정원을 미적으로 관조한다면, 우리는 그 세계의 이면에 있는 플라톤적 이데아들의 위계질서 스펙트럼의 표본을 파악하게 될 것이다. 그리고 이는, 쇼펜하우어가 §34와 §35에서 기술하는 것과 유사한, 플라톤적 이데아의 파노라마에 대한 경험을 생성할 것이다. 그가 여기에서 덧붙이기를, 우리는 이러한 이데아들 이면에 있는 의지의 단일성 역시 지각할 수 있고, 우파니샤드적인 말인 *tat tvam asi* (저것이 너이다)가 기술하는, 주관과 객관의 보편적 동일성에 대한 경험도 할 수 있을 것이다.[32]

§§45-47: 조각상에서의 이상적으로 아름다운 인간 형상
쇼펜하우어는 지고의 이데아, 즉 인간성(humanity)의 예술적 표현에

---

32 이 문구는 원래 *Chandogya Upanishad*, chapter 6에 등장한다.

주목하기 시작한다. 대체로 고대 그리스의 조각이, 이후에 로마의 조각 상에서 등장하는 것 같은 구체적인 개인들이 아니라, 일반적으로 형성 된 인간 신체들을 나타내는 것과 유사한 방식으로, 이 이데아는 각 개 인들의 구체적인 성격을 배제하는 일반적인 관점을 표현한다. 그러나 각 개인의 성격도 그것만의 고유한 플라톤적 이데아라는 점을 확인하 며, 쇼펜하우어는 (종적인 인간에 대한 관점을 표현하는) 인간성의 아 름다움과 (엄밀히 말해 일반적 수준의 인간적 아름다움을 구성하지 않 는) 주어진 개인의 성격적 특질들 사이에서 균형을 잡는다. 현실적으 로 오직 소수의 사람들만이 이상적으로 아름다운 인간적 형상을 구현 하고 있다는 것을 관찰하면서, 쇼펜하우어는 어떻게 예술가가 이 이데 아를 그의 예술, 특히 조각 속에서 형성하는지를 묻는다.

그의 대답은, 예술적인 과정이 기계적이지 않고 비전(vision)과 한 개인 안에서 특징적인 것에 대한 통찰을 포함한다는 것이다. 또한 쇼펜 하우어는, 예술가가 이상적인 표현의 일부로서 우아한 **동세**(grace)를 포함시킬 필요가 있다고 덧붙인다. 이유인 즉, 순수하게 정태적인 형상 들은 아름다울 수 있지만, 아름다운 사람의 완전한 이상적인 이미지는 시간적인 차원도 요구한다는 것이다. 이것은 어느 정도의 우아함을 첨 가함으로써 성취되는데, 이 우아함은 무용가의 그것처럼 유쾌하게 구 성되고 부드러우며 균형 잡힌 움직임의 느낌을 선사한다.

쇼펜하우어는 트로이의 성직자인 한 남자와 그의 두 아들이 뱀에 의 해 공격당하는 것을 묘사한, 그 유명한 라오콘 그룹(*Laocoön group*)과 관련하여 이야기한다. 쇼펜하우어의 관찰에 따르면, 그 성직자는 입을 벌린 채로 있지만, 석재 조각상이 지니는 침묵의 본질로 인해, 당연히 어떤 비명도 들리지 않는다. 그 예술작품에 대한 여러 학문적인 논의들 에 반대하여, 쇼펜하우어는 만약 그 작품이 조각 자체의 본질과 일치하는 것으로 해석되려면, 우리는 (다른 설명들과는 달리) 어떤 비명도 표현되고 있지 않다고 결론 내려야 한다고 주장한다. 그의 논점은 결국, 예술 비평이 주어진 다양한 예술적 매체들에 대한 평가 기준들을 인지하고, 비판적인 관찰을 그 매체 안에서 가능한 것에 제한할 필요가 있다는 것이다. 예를 들어, TV에서 요리사가 그의 요리를 제시하는 것을 비판하는 것은 그런 제한을 넘어서는 일일 텐데, 그 이유인 즉 그런 제시 방법은 그 요리 나름의 식감과 향을 드러내 주지 못한다는 것이다.

쇼펜하우어의 조언에 따르면, 조각이 이상적 인간 형상을 표현하고자 하는 한에서, 조각상에서 표현되는 주름이 있는 옷이나 천(drapery)은 인간 신체의 윤곽을 잘 드러낼 수 있도록 기능해야 한다. 자연스럽고도 이완된 신체적 자태를 나타내기 위해서는, 그 의상이 신체의 표현을 흐릿하게 할 수 있는, 두껍거나 무겁거나 고도로 장식된 것이 아닌, 얇으면서 은근한 멋이 있는 것이어야 할 필요가 있다.

§§48-50: 학문적 회화, 이상적 회화, 그리고 불순한 회화

전통적으로 학문적 회화(academic painting)는 그 주제에 따른 회화의 유형이나 장르들의 위계질서를 인정한다. 가장 저급한 단계에는 풍경, 정물, 그리고 동물을 그린 그림들이 있는데, 이는 그것들에서 묘사되는 대상들이 인간이 아닌 것들이기 때문이다. 중간 단계에는 인물화와 장르 회화가 있는데, 이들은 모두 인간의 일상적인 삶의 장면들을 보여준다. 역사적인, 종교적인, 신화적인, 그리고 문학적인 주제들에 대한 그림들은, 그것들이 중요한 사회적 활동에 연루된 인간 존재들 그리고 때로는 신들을 다루기에, 위계질서상에서 최상의 단계를 이룬다.

쇼펜하우어는 이러한 서열화에 강하게 반대하진 않지만, 그것(서열화)이 회화의 목적, 즉 다면적이고 무시간적인 인간성(humanity)의 이데아를 드러내는 것을 담고 있지 않다고 믿는다. 이 목적을 이루기 위해서, 우리는 어떤 주요한 역사적 사건 속에서 활동하는 사람들을 보여줄 필요는 없다. 왜냐하면, 무엇보다도, 어떤 역사적인 사건들은 정신적인 내용면에서 피상적이고, 두 번째로는, 추구되는 보편적인 성질들은 일반적으로 이러한 사건들과 독립해 있기 때문이다.

인간성의 **내적인 성격**(inner character)은 가장 중요한 묘사의 대상이고, 이는 인간적 성격의 다양성과 무시간성을 드러내는 것과 관련된다. 그리고 그 다양성과 무시간성 속에서, 인격 자체의 본질은 역사적이거나 종교적인 상황들로부터 독립적이다. 예컨대, 쇼펜하우어에 따르면, 우리가 지도상에 그려진 나라들의 통제권을 놓고 싸우는 정부 관료들을 지시하던, 장르 회화에서 보이는 것 같이, 맥줏집에서 카드와 주사위 놀이를 하며 다투는 일상적인 사람들을 지시하던 간에, 관련된 인물들과 행위들의 내적인 의미는 정확히 동일할 것이다. 사람과 심리적인 태도 등의 유형들은 본질적으로 같다.

그렇다면, 회화에서 핵심적인 것은 어떤 유의미한 역사적 사건이 묘사되는 것이 아니라, 무시간적인 진리 혹은 인간과 관련된 성격의 깊이가 드러나는 것이라 하겠다. 이는 장르 페인팅, 인물화, 역사적이거나 종교적인 회화에서 달성가능하다. 역으로, 어떤 개별적인 회화 유형도 그것 자체로서는 그 유형에 속하는 회화가 큰 인간적 의미를 지닐 것이라는 것을 함의하지 않는다. 어떤 종교적이거나 역사적인 회화들, 인물화들, 그리고 장르 회화들은 소소하거나 공허한 주제들을 다루며, 회화의 주된 과제를 실현하지 못한다.

쇼펜하우어는 역사적인 작품들 대신, 코레지오(Correggio)와 라파엘로(Raphael)의 작품들과 같은 일반적으로 구성된 종교적 인물들의 초상화들을 회화에 있어 최상의 성취들로서 언급한다. 쇼펜하우어의 관심사는 종교적인 관련성이 아니라 인물들의 어떤 표정이다. 후자는, 만약 어떤 이가 플라톤적 이데아들의 위계를 파악하는 것, 그리고 시-공간적인 세계의 개별성들과 우연성들을 통해서 바라보는 것에 대한 쇼펜하우어적인 비전을 공유할 경우 지닐 수 있는 평정심을 드러내 주는 것이다.

　쇼펜하우어가 생각하기에, 이렇게 평화로운 상태에서 인식하는 인물들을 표현하며, 모든 의지함으로부터의 초연함의 느낌을 전달할 수 있는 회화들이 미술의 정점에 위치한다(우리는 붓다의 이미지를 이러한 회화들에 포함할 시킬 수 있겠다). 그런 예술작품들은 그것들을 지각하는 사람이 시간이 정지된 것처럼 느끼도록 하고, 시-공간적인 세계로부터의 탈피와 구원이 하나의 가능성으로서 심각하게 고려되는 지점으로 그 사람을 인도한다.

　쇼펜하우어는 §49에서, 플라톤적 이데아를 파악함이 일반적인 능력은 아니라는 것을 다시 한 번 분명히 하며, 가장 출중한 미술작품들도 대다수 인간들에게는 그렇게 지각되거나 감상되지 않을 것이라는 점도 덧붙인다. 추상적 개념들에 일치해서 기계적이고 도식적으로 구성된 작품들과 마주치는 것이 보다 일반적이다. 그런 개념들 안에서 만들어진 작품들의 본질은 생명력을 잃은 규칙들과 절차들에 의존한다. 쇼펜하우어에 따르면, 이러한 작품들은 미술이 지녀야 할 본질에 도달하지 못하고, 그래서 그것들은 진정한 의미에서의 미술로 간주될 수 없다. 이미 경험된 항목들의 고정된 요약들에 불과한 추상적 개념들과는 달리, 미술의 진정한 기반은 플라톤적 이데아들에 있는데, 그것들은 추상 개념들이 이후에 추출되는 바로 그 지각적인 항목들에 대한 근원적인 계획들이다.

　추상적 개념들에 대한 쇼펜하우어의 반복된 비판을 이해하기 위해,

우리는 그의 추상개념들에 대한 관점과, 위의 §§36-37에 대한 논의에서 언급된 플라톤의 미술에 대한 부정적인 관점을 비교할 수 있겠다. 플라톤에 의하면, 일상적인 지각적 대상들은, 더 참되고 완전하며 무시간적인 이데아들의 불완전한, 시-공간적인 모사들이다. 쇼펜하우어는 이점에 있어 플라톤에 동의한다. 그러나 플라톤의 관점에서 보면, 물고기 한 마리에 대한 2차원적 그림이 실제의, 3차원적인 물고기를 모사하여 그만큼 더 물고기의 이데아로부터 멀어져 있듯이, 미술품들은 불완전한 지각적 대상들의 모사 그 이상도 그 이하도 아니다. 쇼펜하우어는 이 플라톤적인 미술에 대한 관점에 반대하지만, 그래도 **추상개념들**에 대한 전자의 부정적 관점은 미술적 표현들에 대한 후자의 부정적 관점과 거의 정확하게 비교할 만하다. 우리는 이 두 철학자가 미술작품들은 (1)이데아들로부터 두 배로 멀어져 있고, (2)더 희미하며 더욱 생기를 결여한 모사들이고, (3)우리가 진리를 파악코자 한다면 마지막으로 보아야 할 아이템들이라는 것에 동의한다고 말할 수 있다. 왜냐하면, 이들이 보기에, 일상적인 지각적 사물들은, 그것들의 그림자들(미술작품들)에 비해서 이데아들에 더 가깝기 때문이다.

추상개념들로부터의 내용을 실질적으로 통합하는 회화나 조각은 그래서 쇼펜하우어로부터 낮은 평가를 받는다. 그가 제시하는 주된 예는 그림이나 조각이 우화적이거나 상징적인 내용을 담고 있는 경우, 다시 말해, 그 작품이 그것이 묘사하는 대상과는 다른 어떤 것을 의미하고 있는 경우이다. 한 송이 장미는 은밀함을, 푸름은 충성스러움을 상징하도록 의도될 수 있다. 이것들은 조각상을 밑받침으로 하는 촛대, 혹은 전투 중에 파괴될 수도 있는 표면장식을 포함한 방패 또는 (더 나쁜 예로서) 불이 붙으면 타 버리고 말, 기도하는 손의 형상을 한 아름다운 초들과 같다. 이런 경우들에서, 미적인 사물은 때때로 충돌하는 두 가지 목적들과 두 명의 주인들에 봉사한다. 이런 종류의 그림들과 조각상들은 결국 혼란스럽고, 불순하며, 미적 안목의 표현을 결여한다.

§51: 시, 역사학, 그리고 비극

쇼펜하우어가 추상개념들의 형이상학적으로 공허하고, 단순히 요약적인 특성을 비판한다는 것을 고려할 때, 시는 그의 이론에 있어 도전적인 예술 장르이다. 시는 거의 전적으로 추상개념들로 구성되지만, 그는 시를 칭송하는 오랜 전통을 따라 그것을 음악과 더불어 최상의 예술 형식으로 간주한다. 쇼펜하우어에 따르면, 시는 인간성의 이데아를 그것의 가장 외현적인 다면성과 진실성 속에서 표현하기에 가장 좋은 예술 형식이다.

시에 내재한 플라톤적인 이데아와 추상개념 사이의 긴장에 대한 쇼펜하우어의 해결책은 시에서 그 개념들이 결합되는 방식에 주목하는 것이다. 그는 시를 화학에 비유하는데, 마치 화학자가 애초에 투명하고 맑은 액체들을 섞어서 고체들을 탄생시키듯이, 시인의 과제도 구체적인 지각들을 단어의 연쇄를 통해 발생케 하는 것이다. 시적으로 사유함이란, 각 개념과 관련된 연상들의 조합에 민감한 것과, 혼합되었을 경우 보충적이며 상상적인 사유들의 풍요를 낳을 연상들을 지니는 개념들을 서로 묶어 주는 능력을 포함한다. 결과적으로, 쇼펜하우어가 §52의 말미에서 주장하듯, 우화적인(allegorical) 사유는 회화와 조각에서는 잘 기능하지 못하지만, 시의 영역에선 수용가능하다.

쇼펜하우어는 추상적 개념들의 다른 사용방식들과 (아리스토텔레스가 같은 주제에 대해 논하는 것이 발견되는) 미학사에 대해서 반성한다. 그러면서 쇼펜하우어는 시가 역사학보다도 더 높은 경지의 분야라는 아리스토텔레스의 입장에 동의를 표한다. 시는 상상력을 통해 인물들과 상황들을 구성할 수 있고, 주어진 주제를 묘사하기 위해 그것들을 이상적인 관계 속에서 배치할 수 있다. 반면, 역사학은 실제로 발생한 사건들, 실존 인물들의 성격이 지니는 우연성, 그리고 사건들의 우연성 및 불완전성에 의해 구속된다. 결과적으로, 역사학에선 (시에서 핵심이 되는) 영원한 인간적 주제들의 매끄럽고도 명료한 표현이 거의 불가능하다.

비록 시가 역사학과 비교할 때 더 우월한 지위를 차지하지만, 그럼에도 불구하고 시는 다양한 종류들을 지니며 이 종류들은 인격의 무시간적인 깊이를 표현할 수 있는 정도 면에서 다르다. 쇼펜하우어는 시의 유형들 중에서 담시(譚詩)(ballad), 서정시, 전원시, (노래)가사, 서사시, 그리고 비극(tragedy)을 언급하는데, 이 중 비극을 시적 예술의 최고봉에 위치시킨다. 쇼펜하우어가 이렇게 생각하는 유일한 사상가는 아니다. (헤겔과 셸링의 미학 역시 그 유형의 시를 최고의 정신적으로 지향된 예술로 꼽는다.) 하지만 쇼펜하우어의 독특한 의지-지향적인 세계관이 그의 이와 같은 평가의 동기를 이룬다. 쇼펜하우어적인 관점에서 비극의 목적은 삶의 고통, 비참함, 불운, 그리고 부조리를 예술적으로 폭로적이고 자연스럽게 보이며 작위적이지 않은 방식으로 기술하는 것이다.

모든 예술 장르들 중에서, 쇼펜하우어는 비극이 그의 염세주의적 세계관을 가장 효과적으로 보여 준다고 믿는다. 개인들, 그리고 특히 전형적으로 위인들은, 그들의 성격들과 이해관계들이 불가피하게 충돌하기 때문에, 예측가능한 갈등에 봉착하게 된다. 재앙은 이에 뒤따라 발생하는데, 왜냐하면 만물의 이면에 있으며 자기 살을 깎아먹는 단일한 의지로 이루어져 있는 이 개인들이 서로를 공격하고 종국에는 죽음에 이르기 때문이다.

감상자들에 있어, 비극은 삶을 어느 정도의 거리두기와 이해로써 볼 수 있는 거울 속에 붙잡아 둔다. 그런 시들은 쇼펜하우어가 그의 철학에서 제시하는, 도처에 갈등이 스며든 시-공간적인 세계상을 드러내 준다. 그리고 쇼펜하우어에 따르면, 단언컨대, 비극들은 이 세상에 대한 적절한 반응, 즉 심오한 탈속(시-공간적 세계에 참여코자하는 추동의 부정을 포함하는 탈속)을 자극한다.

§52: 음악, 우리의 내재적 본질의 고통 없는 형식(form)

쇼펜하우어는 음악의 본질에 대한 나름의 해석과 함께, 제 3부와 미학에 대한 그의 전반적인 논의를 마무리한다. 음악은 이전의 그의 논의에 들어맞지 않는 예술 장르로서, 제 3부에서 4부로 넘어갈 때, 중요한 전이적인 역할을 수행한다. 쇼펜하우어에 따르면, 음악은 플라톤적 이데아를 드러내지 않는 대신, 의지의 "모사"(a copy of Will)로서 의지 그 자체를 드러낸다.

만약 우리가 (무기물질로부터 인간까지 포괄하는) 플라톤적 이데아들의 총체에 대한 전체적인 시각을 회상하고, 아울러 이 이데아들이 의지의 직접적인 객관화라는 것을 덧붙인다면, 음악의 고유성에 관한 쇼펜하우어의 관찰들의 일부를 이해하는 것이 더 쉬울 것이다. 의지가 그 것 자신을 플라톤적 이데아들의 위계질서로 객관화한다면, 음악의 기본적인 구조는 그 객관화의 활동과 결과적인 위계질서를 상징적으로, 다음과 같은 세 가지 방식으로 표현한다. (1) 음악은 낮은 음에서 중간음 그리고 고음에 이르는 범위에 따라 구조화된다. (2)음악은 박자, 화성, 그리고 선율이라는 삼부(三部)(tripartite)의 차원들에 따라 구조화된다. (3) 우리가 어떤 현 악기에서 한 음을 내면, 그 음은 낮은 음으로부터 높은 음까지의 일련의 배음(倍音)들(overtones)과 공명한다. 우리는 그래서, 의지의 직접적인 객관화들, 즉 플라톤적 이데아들의 위계와 상징적으로 일치하는, 음악적 구조상의 일련의 상호 관련된 수준들을 지니는 것이다. 이런 유사성들과 음악이 지니는 인간의 감정 표현 능력을 이유로, 쇼펜하우어는 이데아들의 위계질서로 자신을 객관화하는 의지의 "모사"로서 음악을 높이 평가하는 것이다.

쇼펜하우어가 단일한 음을 내는 것과 그것의 배음들을 플라톤적 이데아들과 연결하는 것은 만두키아(Mandukya) 우파니샤드를 읽은 것의 영향일지도 모른다. 후자는 시적인 비유의 방식으로 하나의 음을 실재의 중심에 위치시켰다. 브라만교의 경우에는 그 스펙트럼이 플라톤적 이데아가 아니라, 일상적인 각성의 상태(A)로부터 꿈의 상태(U), 그리고 깊은 꿈의 상태(M)를 거쳐 궁극적인 상태(AUM)까지에 달하는 의식의 단계들과 관련된다. "AUM"(혹은 "OM")를 노래할 때, 그렇게 노래하는 사람은 상징적으로 무지로부터 계몽까지의 의식적인 상태들을 관통한다. 이는 하나의 낮은 음을 연주하는 것이 그 떨리는 현이 만들어 내는 배음들의 연속을 통해 플라톤적 이데아들의 위계를 상징적으로 관통하는 것에 상응한다. 자신의 설명을 보강하면서, 쇼펜하우어는 음악이 공간적이거나 인과적인 양상을 전혀 지니지 않는 시간적인 예술 형식이라고 기술한다. 충족이유율의 기준 내에서 경험되는 방식대로, 오직 시간만이 그것의 형식이다. 이러한 배타적인, 시간에의 제한은 공간과 인과성으로부터 독립한 시간의 "얇은 베일"에 부합한다. 그리고 §18에서의 쇼펜하우어의 중심 주장에 따르면, 의지가 우리의 몸을 통해 자신을 드러낼 때, 이 얇은 베일을 통해서 우리는 의지(Will)를 경험한다.[33] 음악은 그래서 물자체에 대한 우리의 직접적인

33 단일한 시간의 형식에 제한되지만, 하나의 차이점은, 음악 속에서 우리는 "얇은 베일"의 더 큰 특징인 정체된 시간의 느낌과는 대조가 되는, 과거-현재-미래의 의식

파악에 가장 근접해 있는 예술의 형식이고, 이는 쇼펜하우어가 음악이 의지 차제의 직접적인 반영 혹은 모사(*unmittelbar Abbild des Willens selbst*)라 간주하는 또 다른 이유이기도 하다.

인간의 내적 본성과 음악 간의 유사성에 대한 논의를 발전시킬 때, 쇼펜하우어는 선율의 본질에 주의를 기울인다. 그는 선율의 상이한 종류들(직접적인 것, 종잡을 수 없는 것[wandering], 장조와 단조, 짧은 것과 긴 것, 해소된[resolved] 된 것과 그렇지 않은 것 등)이 우리가 느낄 수 있는 방식들과 유사하다는 것에 주목한다. 음악의 구조는 그것의 긴장과 해소 속에서 인간 정서의 구조들에 상응한다. 슬픈 음악은 슬픔이란 정서가 느껴지는 방식의 구조를 구현하고, 이 같은 점은 환희, 고통, 비애, 평화, 쾌활함 등에 대해서도 동일하게 적용된다. 음악은 그렇게 인간 정서의 형식들을 구현한다.

그렇지만, 음악이 오직 감정의 **형식들**을 구현하는 한에서, 음악에서는 그 감정들을 초래하는 특수한 경험들이 누락된다. 번민과 고통을 표현하는 음악은 이러한 느낌들을 실제로 갖는 특수한 개인들의, 비명이 따를 정도로 고통스러운 경험들을 배제하는 것이다. 인간의 몸을 표현하는 고대 그리스의 조각상들이 개별적이지도 개인적으로 구체적이지도 않은 것과 마찬가지로, 감정의 음악적 표현은 개인적으로 구체적이지 않고 보편성을 지향한다. 음악은 번민 **그 자체**, 고통 **그 자체**, 슬픔 **그 자체** 등을 드러내고, 우리가 고통 안에서 무반성적으로 정서적으로 소모되는 것과는 대조적으로, 슬픔의 본질을 이해하는 것을 가능하게 한다. 음악은 우리가 의지의 본질, 그리고 철학이 개념 속에서 파악하고자 하는 것을 파악하도록 하는데, 우리는 음악 속에서, 음악적 형식

을 더 강하게 경험한다는 것이다.

의 추상적(abstractive) 본성으로 인해, 이런 것들을 직접적이고 고통 없이 느낄 수 있다.

우리는 지금, 인간과 세계의 내부적 본질에 대한 경험을 향한 제 3부에서의 점진적 진행을 알 수 있다. 그리고 그 경험은 음악을 통해 고통 없고 추상적인 형식으로 등장하고 있다. 제 3부는 비유기적인 개체들의 플라톤적 형상의 파악과 함께 시작하여 식물과 동물의 그것들로 나아간다. 그런 다음, 그것(제 3부)은 인간 존재에 대한 맥락에서, 인간의 외적 형식의 플라톤적 이데아에 대한 논의와 함께 새롭게 시작하고, 결국 회화를 통해 시로 진행하며 (상상을 통해 배열된 추상개념들에 의해 표현된 대로의) 내부적 세계에 도달한다. 결론적으로 그것은 음악에로 나아가게 되고, 우리는 있는 그대로의 의지 자체에 사실상 접촉하며 우리 자신의 내부적 본질 속으로 더 깊이 들어가게 된다.

쇼펜하우어의 관찰에 따르면, 어떤 이에게는 음악적 체험이, 의지 혹은 실재가 있는 그대로의 모습으로, 동시에 고통 없는 방식으로 다루어지는 마지막 단계를 이루게 된다. 그 결과는 평온함의 체험이고 일시적인 위안이다. 음악 안에서는 어떤 외현적인 의지의 부정도 존재하지 않고, (욕구, 좌절, 획득, 그리고 새로운 욕구와 좌절의 끊임없는 순환 속에서 우리가 일상적으로 의지를 경험하는 것과는 대비되는) 고통 없고 소화하기 쉬워진 의지의 경험이 있을 뿐이다.

여기서 부족한 것은 보다 충일하고 더욱 실제적인 방식으로 의지를 물자체로서 음미하는 것이다. 그런 방식으로 의지를 파악함은, 그것의 발현으로서의 인간의 내부적인 삶 안으로 더 구체적으로 들어가는 것이다. 이 단계에 이르기 위해서 우리는, 슬픔, 기쁨, 실망 등을 이루는 인간의 실제적인 경험들 속으로 공감적인 방식을 통해 돌입해야 한다. 오직 이 지점에서만 우리는 인간성의 이데아를 그것의 구체성 속에서 이해할 수 있고, 그 이데아의 발현이 (쇼펜하우어에게 있어) 도덕적으로 혐오스러운 것이라는 것 역시 이해할 수 있다.

인간의 모든 세부적인 사항들 속에서 인간성 자체를, (음악이 그것을 제시하는 것처럼 하나의 추상성으로서가 아니라) 하나의 생생히 살아있는 실재로서 의식한다는 것이 과연 어떤 것인지를 이해하는 것은, 상상력을 동원하는 대단한 노력을 요한다. 그렇게 생동하는 실재 속에서, 경험은 모든 살아있는 존재를 통하여 내다보는 "하나의 눈"의 배후에 있는 마음과 관련된다. 우리는 그 머나먼 지점에 도달하자마자, (의지가 시공간적인 개인들의 영역 내에서 사례화되는 한에서) 우리의 초개인적인(transpersonal) 본질을 의지로서 이해하는 것에 최대한 가깝게 다가갈 것이다. 쇼펜하우어가 『의지와 표상으로서의 세계』의 마지막 부분인 제 4부에서 기술하겠지만, 이 통로를 따라가다 보면 도덕적 인식이 등장하는 지점에 도달하게 된다. 이 전이(transition)를 나타내기 위해서, 그는 악기를 내려놓고 한층 더 높은 영역을 향해 위를 응시하는, 라파엘로가 묘사하는 대로의 성 세실리아(St. Cecelia)의 이미지를 제시한다.

우리는, 제 1부와 제 3부가 (충족이유율에 종속되거나 상대적으로 독립적인 것으로서) 표상으로서의 세계와 관계하는 한, 양자가 서로 유사하다는 것을 관찰함으로써 제 3부에 대한 논의를 시작했다. 쇼펜하우어 철학 이면의 종교적인 분위기를 이해하기 위해서, 우리는 그가 제 1부와 3부를 기독교적 이미지들로 마무리한다는 것을 관찰할 수 있다. 제 1부는 예수의 이미지와 함께, 제 3부는 성 세실리아의 이미지와 함께 종결된다. 우리가 곧 살펴볼 제 4부는 기억할 만한 기독교적 이미지들의 조합을 포함하고, 힌두교적, 불교적, 기독교적 신비주의에 대한 언급들로 마무리된다.

연구를 위한 물음들

1. 쇼펜하우어가 어떻게 아름다움을 정의하는지 그리고 왜 그는 모기나 두꺼비가 아름다울 수 있다는 생각에 동의할지에 대해 설명하시오.

2. 쇼펜하우어에 따르면, 예술적 천재들의 특별한 능력은 무엇이며, 이 능력은 예술의 목표와 어떤 관계가 있는가?

3. 풍경화와 정물화를 가장 밑에, 역사적 회화를 가장 위에 위치시키는, 학문적 미술의 전통적인 장르별 서열에 대해 쇼펜하우어는 어떤 불만을 갖는가?

4. 왜 쇼펜하우어는 비극을, 플라톤적 이데아들을 나타내는 예술 형식들 중 최상의 것으로 간주하는가?

5. 왜 쇼펜하우어는 음악 이론을 제 3부의 맨 끝에 배치하는가? 그리고 그러한 배치는 제 4부로의 전환에 어떻게 기여하는가?

V. 제 4부, 윤리학과 금욕주의, §§53-71

§53: 철학과 윤리학에의 길로서의 미적인 인식

쇼펜하우어는 철학의 본질과 자신의 철학적 방식(상대적으로 시간으로부터 자유로운 인식으로부터 비롯되는 방식)에 대해 반성적으로 고찰하며 제 4부를 시작한다. 그의 방식은 칸트와 헤겔이 채택한 그것들과 대조를 이루는데, 후자의 방식들은 각각 아리스토텔레스 논리학과 변증법적 이성을 기초로 한다. 마르크스의 잘 알려진, 1845년 이후의 노선(즉, "이제껏 철학은 오직 세계를 다양한 방식으로 해석해 왔다; 중요한 것은 그것[세계]을 바꾸는 것이다.")을 예기하며, 쇼펜하우어는 철학이 우리 목전에 경험적으로 주어진 것들을 해석하고, 설명하며,

지적으로 명료화할 수 있을 뿐이라고 생각한다.[34] 철학적 이론들을 연구함이 그것 자체로서는 철학적인 이상주의자(visionaries)를 낳지 못할 것이다. 그리고 정확한 미학 이론은 위대한 아티스트를 배출하지 못할 것이고 좋은 도덕 철학이 고상한 인품의 소유자들의 수를 필연적으로 늘이진 않을 것이다. 이러한 적절한 관찰과 함께, 그는 제 3부의 미학이론으로부터 그가 "윤리학" 혹은 "실천철학"이라고 일컫는 인간의 행위에 대한 철학으로 관심을 돌린다. 쇼펜하우어는 그가 제시하고 옹호하고자 하는 종류의 윤리학 이론과 칸트의 윤리학을 구분한다. 쇼펜하우어의 윤리학 이론은 경험에 기초하며, 과연 존재가 가치가 있는지 없는지에 대한 질문으로부터 비롯된다. 쇼펜하우어의 이론은 (칸트가 그랬던 것처럼) 의무의 이론을 전개하지 않을 것이며, 도덕적 원리들을 상술할 절차를 구성하지도 않을 것이다. 아울러 그의 이론은 가능한 경험의 영역을 넘어서는 도덕의 토대에 관해서 사유하기 위해 이성을 사용하지도 않을 것이다. 추상적 개념들은 쇼펜하우어의 윤리학에 있어 핵심적 항목들에 속하지 않는다.

쇼펜하우어는 그의 철학적 방법을 헤겔이 대표하는 철학 방식과도 대조시킨다. 그러면서 그는 호기심을 자아내며 생각을 촉발하는, 헤겔과 역사-중심적인 철학하기 일반에 대한 반론을 제시한다. 헤겔에 따르면, 인간의 역사는 발전해 오고 있고, 철저히 이성적이고 자기-의식적이며 자유로운, 이상적인 문화적 상태를 향하여 필연적으로 발전을 지속하고 있다. 헤겔이 역사 철학에 관한 강의에서 강조하듯, 고대의 동양 세계(예를 들면 이집트)에서는, 오직 한 명의 개인(예컨대 파라

---

34 마르크스의 이와 같은 언급은 "Theses on Feuerbach"(1845), Thesis XI로부터 인용된 것이다. 이 논문들은 엥겔스의 저서, *Ludwig Feuerbach and the End of Classical German Philosophy*의 부록으로서 1886년에 처음 발행되었다.

오)만이 본질적으로 자유롭다는 것이 일반적으로 인정되었다. 고대 그리스와 로마에선 시민과 노예가 구별되었기에, 일부의 사람들이 자유로운 자들이었다. 동시대엔, 우리는 프랑스 혁명을 보며 모든 사람들이 잠재적으로 자유롭고 인간으로서 서로와 동등하다는 것을 깨닫는다.[35] 따라서 헤겔은 역사를 관통하여 "한명"에서 "일부"로 그리고 "모두"로 나아가는, (논리적 판단의 형식적 틀에서 발견되는 것과 같은) 자유의 영역에서의 논리적 진보를 지각하게 된다. 이는, 헤겔이 인간 역사의 과정을 이끈다고 믿는 심층적인 논리의 한 요소를 규정한다.

쇼펜하우어는 이성적으로 구조화된, 인간의 사회가 지향하며 나아가고 종국적으로 도달할 것으로 기대되는 모종의 목표를 상정하는 이론들에 동의하지 않는다. 쇼펜하우어에 따르면, 만약 시간이 무한하다면, 영원함은 이미 지나갔다. 만약 영원성이 **이미** 지나갔다면, 변화의 과정 속에 있어 온 모든 것들은 그것들이 되기를 목표해 온 것이 이미 되어 있을 것이다. 결국 철저하게 이성적인 조건을 향한 발전적 과정의 중간에 우리가 있다고 생각하는 것은 이치에 맞지 않는다. 쇼펜하우어가 보기엔, 결과적으로 시-공간적인 세계는 플라톤적 이데아들의 무시간적 질서로부터 비롯하는 주제들을 영구적으로 반복하는 개인들의 물결에 지나지 않는 것들로 구성된다.

쇼펜하우어는 §28에서 무시간적인 플라톤적 이데아들 사이의 우열 관계가 역사적 발전의 연속을 일으킨다는 것을 인정한다. 예를 들면, 흙-이데아는, 나무-이데아와의 무시간적 관계 속에서, 흙의 시-공간적 사례들이 나무의 시-공간적 사례들 이전에 필연적으로 발생하도록 한다. 그럼에도 나무의 구체적이고 개별적인 사례들이 흙의 구체적이

---

35   Hegel, *The Philosophy of History* (New York: Dover Publications, Inc., 1956), Introduction, p.18을 참조하시오.

제3장 본문 읽기   171

고 개별적인 예들에 뒤따른다는 것이 그 나무들이 항상 실존하는 존재들로서 그 이후로 항상 번성할 것이라는 사실을 함축하진 않는다. 어느 정도 시간이 지나면, 나무들은 죽어 없어지고, 아마도 흙은 남아 있을 것이며, 지구는 이전의 무기적인 상황으로 되돌아가서, 우리가 지금 믿고 있는 것처럼, 종국적으로 팽창할 태양으로 다시 흡수될 것이다.[36]

이런 고려들에 기초해서, 쇼펜하우어는 그의 미적 지각에 대한 기술로부터 우리에게 익숙한 표현을 사용하여 그 나름의 철학적 방식을 제안한다. 철학적인, 아울러 도덕적인 통찰에 다다르기 위해서, 우리는 사물들과 관련한 "언제", "왜", "어디서", "어디로" 등의 문제들을 넘어서서, 오직 그것들의 본질, 즉 그것들이 "무엇임"만을 고찰할 필요가 있다. 이런 종류의 비일상적이고 상대적으로 시간으로부터 자유로운 인식에 도달하기 위한 쇼펜하우어 나름의 패러다임인 미적 지각이 그러하듯, 철학적이고 도덕적인 통찰 역시 무시간적인 실재들의 파악을 포함하는데, 이런 파악은 실용성으로부터 거리를 둔 마음의 상태에 의해서 구현된다.

자유의 문제에 관해서 쇼펜하우어는 오직 의지(Will)의 자유만을 확인하는데, 이는, 그에 따르면, 세계가 단지 의지일 뿐이고, 의지는 그래서 자기-결정적이기 때문이다. 어떤 특정한 개인이든지 "자유로운" 한에서, 이 자유는 의지 자체의 행위와 활동이라고 생각될 수 있을 뿐이다. 그리고 그 행위와 활동에 의해서 우리는 우리 자신을 의지의 발현이라고 생각하게 된다. 여기서 중요한 것은, 의지 외에는 **아무것도 없다**는 쇼펜하우어의 주장이다. 만약 의지 외에 다른 어떤 것이 존재한다면, 의지는 자유롭지도 자발적이지도 않을 것이다. 자의식적인 우리 자

---

36 그럼에도 이런 순환이 영원히 자신을 되풀이하는 우주적인 발전과 쇠퇴의 패턴이 있다는 것과 양립불가능하지는 않다는 점이 지적되어야 한다.

신의 존재로부터, 쇼펜하우어는 표상으로서의 세계가 자기인식으로 다
가가는 의지라는 함의를 도출해 내는데, 이것은 그에 따르면 그의 철학
전체를 압축하는 명제이다.[37] 더 나아가 우리가, 쇼펜하우어 자신이 그
렇게 하듯, 의지의 자유, 자발성, 전능성에 대해 정합적으로 이야기하
려면, 실재는 (은폐돼 있든 드러나 있든) 의지가 아닌 다른 어떤 차원
을 지니지 않은 채, 지속적으로 의지 자체여야만 한다. 이 중요한 논점
은, 이후 우리가 쇼펜하우어 철학 내에서 그것(그 논점)이 초래하는 긴
장들과의 관련 속에서 §71에서의 쇼펜하우어의 신비주의와 살려는 의
지의 기각에 대한 언급을 고찰할 때 재등장한다.[38]

제 4부의 부제는 "자신에 대한 인식, 그리고 살려는 의지의 긍정과
부정에 관하여"이다. 짧게 말해 쇼펜하우어의 관점은, **의지**가 무의식적
으로 표상으로서의 세계로서 자신을 객관화하고, 인간적 객관화들(hu-
man objectifications)의 일부를 통해 자기 자신을 끝없는 고통의 원천
으로서 인식하게 된다는 것이다. 그 관점에 따르면, 이 의지는 또한, 이
러한 자기-인식에 대한 반응으로, 그것 자신이 표상으로서의 세계로서
발현하는 그 고통을 없애기 위해서 활동한다. 그 이미지는, 자랑스럽게
자신의 가족사를 탐구하던 끝에 결국 가장 존경받던 가족 구성원들이
악명 높은 학살자들이었다는 사실을 알게 되면서 도덕적 공포감에 휩
싸이게 되는 사람에 비유될 만하다. 그 사람은 혐오감 속에서, 그의 가
족이 저지른 만행들을 보상하기 위해 애쓰게 된다. 쇼펜하우어적인 맥
락에서, 이는 (일단 우리가 의지의 본질이 무엇인지를 파악하면) 현상

---

37   *Manuscript Remains*, Vol. I, Dresden, 1817, §662, p.512.
38   §54와 §63에서 쇼펜하우어는, (보다 일반적으로 말하며 "물자체"를 언급하기 보
다는) "의지"(Will)가 "전능하고", "절대적으로 자유로우며", "전적으로 자기-결정적"
이라고 말한다.

속에서의 의지의 발현들이 지닌 이기적이며 공격적인 경향들을 부정하
는 방식으로 행동하는 것에 비견될 수 있겠다. 쇼펜하우어는 이 우주적
으로(cosmically) 참회하는, 자기-부정적인 활동들을 "살려는 의지의
부정"(*die Verneinung des Willens zum Leben*)이라 칭한다.

§54: 삶의 긍정, 용기, 그리고 비도덕성
우리가 이미 살펴보았듯이, 쇼펜하우어는 실재가 본질적으로 하나의
무시간적인 존재이고, 우리가 알 수 있는 한에서 그것(실재)은 자신을
플라톤적 이데아들의 집합으로 객관화하는 **의지**에 의해 구성되는 것이
라는 입장을 견지한다. 이로부터 더 나아가서, 인간의 경험이 항상 시
간 안에 있고, 시간의 형식은 우리가 절대적이고 무조건적으로 실재의
본성을 아는 것을 불가능하게 한다는 것을 인정함으로써, 쇼펜하우어
는 큰 틀에서 볼 때 칸트를 따른다. 하지만 칸트와는 달리, 쇼펜하우어
는 "얇은 베일"을 통해서 물자체를 파지할 수 있으며 이 베일이 "얇기"
때문에, 우리는 물자체(즉, 쇼펜하우어가 이어서 **의지**라 칭하는 것)에
대한 꽤 명료한 파악을 얻을 수 있다. 우리가 이미 살펴보았듯이, 쇼펜
하우어의 중심 주장들은 제 2부의 §18에서 시작된다. 그의 주된 입장
은 §53에서 다시 한 번 등장하는데, 거기에서 그는 표상으로서의 세계
가 의지의 자기-인식에 "불과하다"는, 그의 철학에 대한 요약적 진술
을 제시한다.

§54에서 쇼펜하우어는 (의지와 동일한) 무시간적인 실재의 파악에
가장 적합한 시간에 대한 의식에 대해 탐구한다. 그의 논점은, 우리가
시간이 정지하고 있는 것(쇼펜하우어의 용어로는, *nuns stans*)처럼, 혹
은 이와 유사하게, 오직 "지금" 내지는 "현재"만이 근본적으로 존재한
다고 느낄 때, 우리는 형이상학적으로 더 계몽된 인식의 상태에 시간적

으로 위치한다. 세계에 대한 비전(vision)은 이러한, 상대적으로 시간적으로부터 자유로운 마음의 상태에서 비롯하고, 여기에서는 이러한 비전에 대한 논의를 다소 상세하게 전개한다.

의지는 직접적으로 그것 자신을 플라톤적 이데아들의 집합으로 객관화시킨다. 그리고 §32에서 보았듯이, 쇼펜하우어는 의지를 플라톤적 이데아와 긴밀하게 동일시하는데, 무시간적인 주관이 그것 자신의 객관화인 무시간적인 대상과 구별되는 한에서만 그것들(의지와 플라톤적 이데아)을 구별한다. 이는, 무시간적인 "나"가, (우파니샤드의 구절인 *tat tvam asi* ["저것이 **너**이다."]에서처럼) 그것이 자기 자신으로서 투사하며 파악하는 그 무시간적인 대상 속에서, 자기 자신에 대해 어떻게 생각하며 인식할지를 반영한다.

의지가 이로부터 더 나아가, 플라톤적 이데아들의 렌즈를 통해서 시-공간적인 세계로 자신을 객관화시킬 때 그것은 궁극적인 "존재에의 의지"의 형식을 띠며, 가장 높은 객관화의 수준에서는 "살려는 의지"의 형식을 지닌다. 이 살려는 의지는 생물학적 세계에 스며든 항상적인 현존이며, 모든 생명이 있는 존재, 과거, 현재, 미래의 모든 생명이 있는 존재의 내적인 추동이다. 그 살려는 의지는 오래 전 멸종된 공룡들에서도 표현된 의지이며, 우리에게 생명을 부여하는 의지이고 또 모든 미래 세대들에서 발현될 의지이다. 이 살려는 의지는, 살아 있는 것들이 언제 어디서 존재하든지 간에, 영원한 생명의 합창이라고도 하겠다.

이 무시간적인 살려는 의지와의 일체감을 느끼는 것, 다시 말해 자기 자신을 통해 그것이 표출됨을 느끼는 것은 불멸성의 의식을 일으킨다. 왜냐하면, 이 살려는 의지를 느끼는 것은 자신의 개별적인 자아(self)와, 유한하고, 새롭게 생성되는 동시에 파괴되는 상황 속에 있는 어떤 특정 개체도 초월해 있는 "생명 그 자체"와의 융합(fusion)을 파악하는 것과 같기 때문이다. 이런 관점 안에서는, 우리의 눈이 모든 생명으로부터 항상 밖으로 향해 왔으며 앞으로도 항상 밖을 향할 보편적인 눈으로서 느껴진다.

쇼펜하우어는 이 무시간적인 느낌을 "완전한 **삶에의 의지의 긍정**" (*die gänzlichen Bejahung des Willens zum Leben*)이라 칭한다. 우리가 우리 자신 안에서의 에너지의 흐름을 모든 것을 관통하는 영원한 에너지로서 느끼고, 죽음의 공포가 사라지고, 영혼에서 용기가 샘솟고, 개인의 죽음은 (전 세대를 거쳐 지속적으로 분출하고 우리 자신의 진정한 본질을 이루는 생명의 에너지와는 반대로) 허상에 불과하다는 것을 실감하기에, 그 느낌은 삶에 대해 "예"(Yes)라고 말한다. 이 느낌은 "영원한 현재"에 대한 것이고, 이 영원한 현재 속에서, 생명의 항상적인 재현 자체는 우리의 보편적인 생이고, 우리는 하나의 영원히 재생하는 신이 된 것처럼 느낀다. 요컨대, (이렇게 이해되는) 삶에의 의지의 완전한 긍정은 초인간적이고(superhuman), 보편적으로 자연적인(universally natural) 느낌이다.

이 내용은, 상대적으로 시간으로부터 자유로운 삶의 관점을 취하는 개인에 대한, §54에서의 쇼펜하우어의 묘사에 이미 포함되어 있다. 반복컨대, 그 관점은 사물들 안에서의 무시간적인 아름다움을 드러낼 수 있는 미적인 태도에 기초해 있다. 하지만, 여기에서 그것(그 관점)은 유사한 방식으로 음악 예술과 더욱 밀접한 무시간적인 에너지로서의 살려는 의지에 초점을 둔다. 결과로서의 힘, 용기, 불멸성, 영원한 현존 등의 느낌들은, 비교적 시간으로부터 자유로운 이러한 세계에 대한 관조 방식으로부터 뿜어져 나오는 것이다.

살려는 의지의 완전한 긍정 혹은 생명에 "예"라고 말하는 것에 대한 쇼펜하우어의 최초의 규정은, 그것이 제공하는 형이상학 지식, 용기,

상승된 에너지, 불멸성의 의식 등을 놓고 볼 때, 매혹적이다.[39] 쇼펜하
우어의 놀라운 주장은, 이 고도의 영감을 주는, 희망을 회복하도록 하
는 태도는 더 깊은 진실, 즉 영구적인 고통이 모든 삶에 있어 본질적이
라는 진실을 **아직 깨닫지 못한 사람**에게서 일어난다는 것이다. 쇼펜하
우어는, 우리 자신과 영원히 동일한 살려는 의지가 세상의 고통을 초래
하며 그 자신을 통해 흐르는 살인적인 에너지라는 사실이 도덕적으로
볼 때 혐오스럽다고 생각한다. 쇼펜하우어에 따르면, 긍정적으로 초인
간적이고 초인적인 힘을 부여하는 삶의 긍정의 태도를 경험하는 것의
전제조건은 우리 자신의 본질 자체로부터 기인하는 세상 도처의 고통
에 도덕적으로 둔감한 것이다. 도덕적인 근거들에 의해서, 쇼펜하우어
는 삶의 긍정과 자기 긍정의 태도에 동조할 수 없는 것이다.

§55: 자유, 결정론, 그리고 성격

쇼펜하우어는, 우리의 자유가 시간과 공간의 차원으로부터 독립적인
차원으로부터 비롯한다는 칸트의 입장을 수용하면서, 의지가 개인적인
성격들을 결정하도록 다양한 방식으로 활동하고, 이 개인적인 성격들
모두는 그 자체로 무시간적이라는 관점을 견지한다. 무시간적인(time-
less) 것들로서의 우리들 각자의 성격은 고정되어 있으며, 우리가 모종
의 주도적인 욕구들을 지닌 채 태어나도록 결정한다. 그리고 이 주도적
인 욕구들은 우리가 우연히 지니는 개인적인 성격들로, 우리 자신을 규
정한다.

    우리에 내재하는 욕구들을 실현하기 위한 대안적인 방식들이 가능하

---

39 예를 들면, 그것은 니체에게 매혹적이었다. 니체는 그가 『비극의 탄생』(*The Birth
of Tragedy*)(1872)에서 발전시킨 비극의 이론, 그리고 초인(*der Übermensch*) 및 영원
회귀(eternal recurrence)의 개념들의 기초로서 §54에서 표현된 생각들을 활용했다.

지만, 우리의 전반적 품성은 지속적으로 동일하게 유지된다. 우리 삶의 다른 시기들에, 우리는 다른 정도의 지식을 지닐 것이며, 이런 차이에 따라서, 같은 목표를 향하는 다른 경로들이 우리에게 제시될 것이다. 인정과 명성에 대한 욕구는 다양한 방식들로, 예컨대 상황들과 자신에 대한 지식의 상태에 의존하여 충족될 수 있다.

쇼펜하우어의 관점에서 보면, 성격에 대한 이러한 설명이 지니는 함의는, 각 개인이 지니며 그 개인을 규정하는 단일한 경향성(tendency)이 존재하며, 삶의 과정 동안에 한 개인은, 한 개의 씨앗이 충분한 물, 햇빛, 그리고 영양분을 공급받는가의 여부에 따라 약하거나 강한 나무로 자라날 수 있는 것처럼, 이 지향성을 보다 더 혹은 덜 효과적으로 실현할 수 있다는 것이다. 분명히 인간은 동물이나 식물보다는 더 큰 자기-통제의 능력을 지니기에, 쇼펜하우어는 한 개인의 발달을 그 자신의 본성과 가능한 한 일치하게끔 행동하는 것을 향해 나아가는 움직임이라고 이해한다. 종국에 그 개인은, 자신의 고정된 본질을 반영하고 그럼으로써 "성격"을 획득하는, 단일하며 방향 지워진 특징적인 의지와 함께 행동할 것이다. 성품을 획득하고 결과적으로 그 자신이 되자마자, 어느 정도의 자기와의 일치성(self-coincidence)과 만족감이 뒤따르게 된다.

쇼펜하우어는 성격이 일반적으로 명령하는 방식보다 더 고상하거나 더 이타적인 방식으로 행동하는 것이 가능하다고 말하는데, 이때 쇼펜하우어의 논의 안에서의 흥미로운 측면이 등장한다. 그러한 일이 발생할 때, 그 사람은 특징적이지 않은 자신의 행동에 대해 불편한 느낌들을 갖게 될 것이며, 불가피하게도 그 사람의 더욱 전형적인 이기적인 행동방식들이 다시 시작되면서 이전의 균형 상태로 복귀하게 될 것이다. 이런 면에서, 쇼펜하우어가 보기에, 각 개인의 윤리적 속성은 고정되어 있고, 그 개인의 성격과 불일치하게 행동하는 것과 대조적으로, 그 성격과 일치하여(authentically) 행동하는 것이 가장 좋다.

　도덕적 책임감과 관련해서, 우리는 한 개인의 특정한 행동을 비난하거나 칭찬하기보다는, 근본적으로 그의 성품을 칭찬하거나 비난할 것이다. 또한 우리는, 어떤 이가 그의 성품에 맞게 행동하지 않았다는, 즉, 그가 잘못된 자기-실현에로의 길을 택했다는 이유로 그를 합리적으로 비난할 수도 있다. 이와 관련된 생각은, 우리가 어떤 개인을 비난할 때, 우리는 그 개인이 보편적인 행위 규범에 일치하여 행동하지 않았다는 이유에서가 아니라, 그 개인 나름의 품성이 명령하는 것에 일치하여 행동하지 못했다는 이유로 그렇게 한다는 것이다. 이 도덕적 책임의 개념이 처음엔 꽤 이상하게 들릴지도 모르겠다. 하지만 만약 우리가 그리스 비극의 인물들이 자신들에게 책임을 부과했던 방식에 대해 반성해 본다면, 쇼펜하우어의 이와 같은 관점은 그 고전적인 근원을 드러낸다. 오이디푸스(Oedipus)가 그의 아버지를 죽였을 때, 그는 그가 죽인 사람이 그의 아버지인 줄 몰랐다. 그는 또한 그가 결혼한 사람이 그의 어머니인 줄도 몰랐다. 현대적인 도덕의 관점에서, 오이디푸스는 그의 부친살해와 근친상간의 행위에 대해 비난을 받아서도, 그 자신을 비난해서도 안 된다. 하지만 결국 오이디푸스가 자신이 이와 같은 행위들을 했다는 것을 알아차리자마자, 그는 자신이 이런 행동들을 했다는 이유만으로 (그가 세부적 사실 관계들에 대해 모르는 상태에 있었는지의 여부와 상관없이) 심하게 자책했다.

§§56-59: 고통으로 가득 찬 세상의 그림자 속에서의 삶의 긍정

우리는 시-공간적 세계에서 필연적으로 내재적인 욕구들을 발현하는 하나의 가지적인 성격이며, 우리 자신의 성품에 진실함으로써 어느 정도의 만족감을 얻을 수 있다고 이야기한 다음, 쇼펜하우어는 그럼에도 불구하고 자신의 성품에 맞추어 사는 것으로부터 얻는 만족감이란 것이 공허하다는 것을 지적한다. 만약 우리가 살아 있는 것들의 위계질서를 조사하고 어떻게 신경 체계들이 더 높은 수준의 복잡성으로 구체화되는지를 관찰하면, 증가된 고통은 생물학적인 복잡성의 증가를 수반한다는 것이 명백해진다. 과거와 미래를 조명함을 통해 후회, 공포, 근심 등을 주는 추상적 개념들 속에서 생각할 수 있는 부가적인 능력과 함께, 그 위계는 모든 생물체들 중에서 가장 고통스럽게 보이는 존재인 우리 인간들에 최종적으로 도달하게 된다.

인간 존재는 의지의 최상의 발현이고, 그것(인간 존재)은 어떻게 의지의 객관화가 오직 더 큰 고통으로 이끄는지를 보여 주는 예가 된다. 이런 깨달음과 함께, 쇼펜하우어는 §38에서 제시된 그의 반성적 사유 중의 일부를 회상한다(거기에서 쇼펜하우어는, 고통이 인간의 삶을 지배하고 우리는 그것으로부터 잠시 벗어날 수 있을 뿐이라는 것을 설명하기 위해서, 익시온, 탄탈루스, 그리고 다나이데스의 이미지들을 사용하였다). §56의 말미에서, 쇼펜하우어는 본질적으로 "삶은 고통이다."(*alles Leben Leiden ist*)라고 주장하며 이 생각을 강조한다. 이런 고려는, 이전의 §54에서는 그렇게 매력적으로 보였던, 완전한 삶의 긍정, 용기, 그리고 불멸성의 느낌이라는 초인간적인 이미지와의 대조를 위해 지금의 논의에 등장한다. 삶의 긍정을 독려하기보다는, 쇼펜하우어는 도덕적으로 지향된, 자기-처벌적이며 참회적인 삶의 비하 혹은 그가 '의지의 부정'(the denial of the will)이라고 부르는 것으로 방향을 돌린다.

결과적으로 §57은, 내재적으로 고통스러운 세상인 표상으로서의 세계에 대한 통찰을 발전시킨다. 우리는 우리 자신이 원하는 것을 추구하고, 그런 것들을 얻고 난 후 잠깐의 시간이 지나 우리는 또 다른 욕구의 대상을 추구하기 시작한다. 그 짧은 짬 동안에는 약간의 휴지(休止)와 권태라는 궁극적인 느낌이 밀려든다. 곧이어, 대단한 것을 안겨줄 것만 같은 또 다른 욕구의 대상들을 획득하길 의지함으로써 그 권태감을 해소해 보려는 노력이 등장한다.

인간의 삶에 대한 쇼펜하우어의 평가에 따르면, 대다수 인간들은 그들의 욕구를 부질없이 만족시키며 삶을 연장해 간다(마치 욕망되는 것들이 곧 무너지게 될 모래성과 같다는 것을 깨닫지 못한 채, 개 한 마리가 자신의 꼬리를 좇듯이 말이다). 이런 낙담시키는 상황에 더하여, 심지어 (예술적 천재들을 포함하는) 욕망의 세계를 초월할 수 있는 사람들의 대부분도 본성상 너무 예민하여 무시간적인 대상들을 파악함과 시간이 멈춘 것 같은 느낌이 주는 희열과 짧은 위안의 와중에서조차 고통을 경험한다. 더 자기-의식적인 이런 개인들 안에서, 충족되지 않은 바람과 충족 후의 권태감 사이에서의 시계추 같은 왕복은, 생의 충동들의 좌절시키는 본질이 있는 그대로 보이는 더욱 고양된 마음의 상태에 종국적으로 이르게 한다. 욕구를 만족시키고자 하는 내적 추동, 이어지는 권태, 그리고 그것과 연합되는, (카드놀이를 하고 동물원에서 동물들을 놀리고 좋은 건물의 벽에 낙서나 하는 사람들에서 보일 수 있는) 공허한 오락에의 욕구 등에 대한 1차적인 반응은, 자신의 우울감이 천천히 자신의 영혼으로 침투해 오는 것처럼 느끼는 것이다. 이는 자신이 의지라는 형이상학적인 진리를 깨닫고 이 의지의 강한 에너지를 느끼는 사람의 경험이다. 하지만 동시에, 이 경험을 하는 사람은 발현된 대로의 살려는 의지가 영원히 고통을 산출하는 방식을 이해하고, (모든 것이 하나이기 때문에 고통을 필연적으로 일으킬 뿐 아니라, 그것이 야기하는 고통을 감수할 수밖에 없는 하나의 존재로서) 비참함을 느끼기 시작한다.

비록 모든 것이 **의지**이고 의지는 항상적인 투쟁이지만, 혹자는 세속의 만족 속에 행복이 있을 것이라 생각할 수도 있다. 이런 만족들은 의지의 압박으로부터의 다소의 해방을 주는 것이 사실이다. 이런 종류의 행복감은 그러나 오래 지속되진 않는다. 왜냐하면 새로운 욕구의 대상들이 또 다시 등장하며 우리를 이끌기 때문이다. 이와 관련하여 쇼펜하우어는 §58에서, 일상생활이 우리의 일련의 욕구들을 만족할 수 없다는 것과 삶이 얼마나 공허하며 피상적인지를 고려할 때, 대다수 사람들의 삶이 비극적인 코미디라고 적는다. 먼 곳에서, 그리고 전체로서 보면, 우리의 삶은 비극적이다. 가까이에서 지켜보면, 예를 들어 사람들이 소소한 것에 대한 논쟁에 몰입해 있는 자신을 발견할 때처럼, 인간의 삶은 슬픈 농담처럼 보인다.

쇼펜하우어가 가정하길, 희미하게나마 실제 삶의 공허와 좌절 그리고 피상적임을 깨닫자마자 사람들이 보이는 일반적인 반응은 악령과 신 등의 대상들이 사는 상상의 세계들을 창출해 내는 것이다. 희생과 기도를 바치고 성지순례를 하는 것 등에 몰두하게 됨으로써, 사람들은 권태와 무의미감을 덜고, 희망이라는 위안적인 허상을 만들어 내고, 삶의 부조리함으로부터의 탈출을 제공받을 수 있다. 쇼펜하우어의 이와 같은 반성적 고찰들은 종교가 사람들의 아편이라는 마르크스의 생각을 예기한다.[40]

이에 덧붙여, 쇼펜하우어는 더 구체적인 방식으로 세계 도처에 퍼진 고통이 얼마나 강렬한지를 말한다. 불합리성과 변태성이 고상함과 지

---

40   이 유명한 문구는 마르크스의 *A Contribution to the Critique of Hegel's Philosophy of Right*(1844)의 머리말에서 등장한다. 헤겔의 *Philosophy of Right*는 『의지와 표상으로서의 세계』의 제 2판과 같은 해에 동시적으로 출판되었다.

혜를, 예술에서의 무미건조함이 진정한 미적 감수성과 영감을, 그리고 사회생활에서의 사기와 사악함이 진실함과 동정을 어떻게 압도하는가에 대해 언급한 후, 쇼펜하우어는 병원, 감옥, 고문실, 전쟁터, 사형장, 그리고 노예들의 일터와 거주지 등, 고통으로 채워진 주변 환경들을 상기시킨다. 쇼펜하우어의 무시무시한 세계에 대한 관점을 이해하기 위해서 우리는, 고난당하고, 불에 타고, 총탄에 맞고, 바람이나 물에 휩쓸리며, 사지를 절단 당한 역사 속 모든 이들의 고통이 하나의 의식 혹은 이 모든 고통을 한꺼번에 견디는 하나의 존재 속으로 모여드는 것을 상상해 볼 수 있다. 쇼펜하우어는 우리의 세상이 **내부적으로**(on the inside) 실제 어떠한지에 대해 생각해 볼 것을 요구한다. 아울러 그는 이 어마어마한 고통의 의미를 (예컨대 그 고통이 정당화가능하며 도덕적으로 수용가능하다고 주장함으로써) 축소시키는 어떤 관점도, 말할 수 없는 인간성의 고통에 대한 씁쓸한 비웃음 정도로 간주한다. 이런 고려가, 현세가 최선의 가능한 세계라거나 신의 영광이 무한성 속에서 모든 세계의 축적된 고통을 다 덮어 버릴 것이라고 주장하는 것과 같은 이른바 "낙관주의"에 대한 그의 비판적인 평가이다. 쇼펜하우어는 이런 낙관주의가 일종의 사악한 사유방식인 동시에 진정한 기독교적 가르침에도 위배된다고 본다.

이는 일상세계가 전체로서 가끔씩 평화롭게, 가끔은 아름답거나 즐겁게, 또 가끔은 영감을 주는 것으로 보인다는 것을 부정하는 것은 아니다. 쇼펜하우어에 따르면, 이런 모습은 오직 외견일 뿐이다. 그것은, 마치 평온한 풍경 이면에서 끓고 있는 용암의 흐름과 같이, 세계의 객관적인 표면 이면에 흐르는 고통의 엄연한 실재를 은폐하는, 유혹적이며 거짓된 반짝임 같은 것이다. 이런 점에서, 표상으로서의 세계는 연극적 성격의 인물을 묘사한 아름다운 그림과도 같다. 왜냐하면, 마치 우리가 반창고를 떼면서 그 밑에서 곪아 가고 있었던 상처를 공포감 속에서 목도할 때처럼, 쇼펜하우어는 지금 세계의 내부적인 성격에 주목하고 있으며, 그것의 여기저기에 고통이 스며들어 있다고 보기 때문이다.

§60: 성적인 재생산과 살려는 의지의 긍정

우리의 몸은 의지의 객관화이다. 좀 더 구체적으로, 그것은 우리의 본질인 "가지적인 성격"의 객관화, 즉 의지의 무시간적 활동의 하나이다. 이런 이유에서, 쇼펜하우어는 "의지의 긍정"과 "몸의 긍정"이라는 문구들을 호환하여 사용한다. 몸의 자연적인 목적은 건강과 그 종의 재생산이고, 이런 동기들로부터 성적인 충동은 인간의 몸의 긍정에 대한 핵심적인 표현이 된다. 쇼펜하우어에 따르면, 일반적으로 말해서 동기들은 항상 완전한 만족감을 줄 것처럼 약속하고 그것에 따라 우리를 몰아가지만, 그런 목적들이 달성되면 그 만족감이란 일시적일 뿐이고, 결국 새로운 욕망들이 등장해서 완전한 만족감을 약속하는 또 다른 허상을 향하도록 우리를 내몬다. 그래서 몸의 긍정의 차원에서 가장 깊은 동기면서 가장 깊은 허상의 창조자는 성적인 만족감과 함께한다. 모든 사람들은 성적으로 추동되고, 성적 욕구의 충족에 따르는 "영원한 행복"의 허황된 확신에 의해 계속 이끌리게 된다. 몸의 긍정의 영역 안으로부터, 쇼펜하우어는 한 개인이 어느 정도의 안전을 확보하면, 그 다음의 자연스런 단계는 재생산을 향하는 것이라고 주장한다. 일상적인 표현을 빌자면, 많은 이들의 삶의 계획은 안정적 직장을 확보하고, (만족스러운 종착지로서) 가족을 부양하는 것이다. 이는 신체적 긍정에 있어서 최상위의 목표라고 할 수 있다. 그리고 다수의 사람들에게, 고소득의 직업을 성공적으로 확보하고 가족을 안정적으로 이끄는 것이 절대적 가치가 되고 삶이 잘 마무리되는 느낌을 부여한다.

우리는 아이를 안고, 그 아이와 천진난만하고 즐겁게 웃으며 놀고, 그런 활동 속에서 마치 자신의 삶이 완전히 충족된 듯이 느끼는, 자부심에 찬 행복한 부모를 상상해 볼 수 있다. 미래 세대에는, 그리고 종국적으로 지구 자체에 어떤 일이 발생할 것인가 하는 장기적인 관점은 제시되지 않을 뿐더러, 인간의 삶에 내재한 본질적인 고통과 좌절은 어떤 외현적인 화두도 되지 못한다. 이런 제한된 관점 안에서는 생식기들이 삶의 의미를 상징한다. 왜냐하면 (살려는 의지가 무시간적이기에) 그것(생식기)들이 영원한 삶과 영원한 창조를 상징하기 때문이다.

더 넓은 관점으로부터, 쇼펜하우어는 종족번식 활동에 대한 그의 해석을 의지의 본질에 대한 그의 설명 안에 위치시킨다. 그 설명에 따르면, 의지는 축복받을 수 있는 영원한 삶의 힘이 아니라 영원한 결여와 끝없는 투쟁이다. 불가피한 개인적 좌절의 경험과는 별도로, 쇼펜하우어에 따르면, 종족번식의 최종 결과물, 즉 새 생명의 창출은 살려는 의지 이면에 있는 목표가 되고, 그것(새 생명의 창출)은 세계의 고통이 영원하도록 한다. 인간 존재는 본성상 고통스럽고, 더 나아가, 그것만이 소유한 반성과 개념화의 능력으로 인해서, 다양한 생명체들의 스펙트럼 내에서 가장 고통스럽기도 하다. 그래서 새로운 인간들을 만들어 냄이란, (우리의 아이들도 결국 고통을 받다가 죽기 때문에) 더 큰 고통과 더 많은 죽음을 야기하는 행동과도 같다.[41] 쇼펜하우어의 관점에서, 성행위는 결국 고통과 죽음에 대한 긍정이 되고, 그래서 우리들은

---

41 쇼펜하우어에게 과연 자식이 있었는지를 묻는 것은 자연스러운 일일 것이다. 그는 한 번도 결혼하진 않았지만, 그의 생애의 다른 시기동안 두 딸이 있었다. 그 중 한 명은 1819년 드레스덴에서 출생했고 다른 한 명은 1835년 혹은 36년에 프랑크푸르트에서 태어났으나, 그들 모두 아주 어린 나이에 죽었다.

그것에 대해 죄책감을 지녀야 한다.

이런 사유의 귀결은, 한편으론, 인간이 "아담"의 성경적 이미지를 구현한다는 것이다. 왜냐면 인간은 자신을 유지하고 재생산하고자 하는 내재적인 욕망을 지닌 신체적인 존재이기에, 고통을 겪다가 죽음에 이르도록 저주 받았기 때문이다. 본능적으로 이끌리는 생명체로서의 우리의 본성은 우리 자신의 원죄이다. 다른 한편으로는, 우리의 본능적 본성이 새로운 생명을 영속화하는 행동 속에서 고통과 죽음에 책임이 있다는 것을 폭로하는 반성적 사유 활동이 우리 내부에 존재한다. 이는 우리의 본능적 에너지에 대한 의심과 그로부터의 거리 두기의 태도를 도입하고, 결국엔 본능과 삶의 긍정을 기각함을 가능하게 한다. 쇼펜하우어는 이 후자의 맥락에서 예수의 이미지를 끌어들인다. 쇼펜하우어의 관점에서, 예수는 살려는 의지의 부정과 자기-희생의 관념을 대표한다. 그리고 이후에 쇼펜하우어는 이 이미지를 더욱 발전시킨다.

쇼펜하우어가 몸의 긍정이 결국 자신을 객관화하는 의지의 긍정과 같다는 것을 관찰하기에, §60의 결론은 쇼펜하우어가 봉착하고 있는 큰 난점을 드러낸다. 쇼펜하우어가 의지 밖에는 아무것도 없다는, 즉 의지가 곧 실재(reality)라는 점을 분명히 했기 때문에, 의지의 객관화로부터의 도피라는 발상은 실재로부터의 도피라는 역설적인 사고와도 같다.

인간 존재의 희극성과 비극성은 객관화된 의지 그 자체와 다를 바 없기 때문에, 의지 **그 자체**는 고통, 책임 그리고 죄책감을 감수하게 된다. 그리고 계몽된 인간 안에서, 의지는 자기 자신이 그러한 존재임을 알아차린다. 의지는 자기 자신에 대해서 이 모든 것을 행하기에, 헤아릴 수 없이 많은 객관화의 행위들과 죄책감의 느낌들이 발생하는, 실재의 닫힌 순환 외에는 아무것도 없다. 이 닫힌 순환은 우주에 내재하는 **영원**

한 정의(eternal justice)를 드러내는데, 이는 그 다른 측면들(고통, 책임, 그리고 죄책감)을 감수하는 것도 오직 하나의 존재이기 때문이다.

§61: 의지 내의 근원적 불일치의 표현으로서의 이기주의와 세속의 갈등

어떻게 몸을 긍정함이 고통과 죽음을 산출하는지를 밝힌 후, 쇼펜하우어는, 모든 갈등의 원천을 드러내려는 목적을 가지고, 그러한 상황을 더 근본적인 수준에서 고찰한다. 쇼펜하우어는 서로 간에 갈등하는 이데아들의 집합으로 자신을 직접적으로 객관화하는 것으로부터 유래하는, 의지(Will) 안의 근원적인 불일치를 관찰하며, 모든 갈등의 원천을 실재 자체의 본질에서 찾는다. 말하자면, 개미핥기의 이데아는 개미의 이데아와 충돌하고, 비너스 파리-함정(the Venus fly-trap)의 이데아는 파리의 그것과 갈등한다. 일단 이러한 이데아들의 사례들이 시간과 공간 속에서 등장하면, 그 이데아들을 반영하는 개체들 각각은 서로 갈등하게 된다.

개별화의 원리(*principium indiviuationis*)로서의 시간과 공간은 있는 그대로의 의지의 양상이 아니라, 오직 경험적 지식에 요구되는 인간의 마음의 양상일 뿐이므로, 표상으로서의 세계 내에서의 폭력은 부분적으로는 인간의 본질 때문이다. 인간의 본성은 그 자체로서 의지의 객관화의 한 양식이고, 그래서 시간과 공간이 표현하는 충족이유율은 의지 내의 근원적 불일치의 객관화가 된다. 그리고 그 불일치는 우리 자신이 플라톤적 이데아의 무시간적 위계로서도 파악하는 불일치이다.

우리가 그 위계질서를 통해서 위로 올라갈수록, 의지의 내적 본질은 더욱 분명해진다. 인간들의 가지적인 성격들은 정점에 있고, 그래서 의지 내의 근원적인 불일치는 우리 안에서 보다 명확하게 그것 자신을 보여 준다. 우리 자신의 이기주의에 대한 의식은 전체로서의 실재 내부의 그러한 근원적 불일치를 보여 준다(그리고 쇼펜하우어는, 일반적으로 고려할 때, 이기주의가 모든 갈등의 시작이라고 본다).

쇼펜하우어의 숭고함에 대한 논의에서 이미 살펴보았듯이, 인간은 이중의 자기-인식을 지닌다는 점에서 더 이상의 불일치를 나타낸다. 이 이중의 자기-인식은, 우리들 각자가 한편으로는 자신을 우주 안의 수없이 많은 대상들 중 극히 미미한 하나의 물질적 존재로서 간주하고, 다른 한편으로는, 바로 그 물질적 우주를 자신의 심상들의 집합으로서 자신의 마음속에 지니는 인식 주관이라고 자신을 바라보는 것을 의미한다. 인식 주관의 관점에서 볼 때, 우리들 각자는 자신이 우주의 중심인 것처럼 느낀다. 우리는 물질적으로 볼 때 우리 자신이 더 넓은 사물들의 틀 안에서 먼지 조각과 별 다를 바 없다는 것을 인지함에도 불구하고 이런 식으로 느낀다. 우리 자신 외의 존재자들의 직접적인 드러남도 또 다른 우리의 정신적 표상들이고, 그런 이유에서, 그것들은 그들 자신의 존재를 위해 우리를 필요로 하는 존재자들로 보인다. 이는 우리의 이기적인 느낌을 더욱 강화한다.

더 나아가, 우리의 의식이 시간과 공간 안으로 침잠하는 것은 의지가 다른 표상들의 내적 본질이라는 우리의 인식의 강도를 약하게 한다. 그래서 외견상, 우리는 타자들을 외부적인 존재들로서 직면하고, 우리의 이기적인 자기-확실성에 대한 잠재적 위협으로서 간주한다. 우리는 그렇기 때문에 이 타자들을 통제하거나 제거하고자 한다. 이런 근원적인 인간 조건에서, 우리의 이중적인 자기 인식과 1차적인 시-공간적인 세계에의 함몰을 놓고 볼 때, 우리는 *bellum omnium contra omnes*, 즉 만인에 대한 만인의 투쟁의 한가운데에 서 있다.

§62: 옳음, 그름, 재산, 처벌, 그리고 국가

"의지의 부정"(자신의 내부에서의 의지의 욕구, 그리고 그 욕구 대상의 추구활동의 에너지들을 최소화 혹은 "부정"하는 상황)을 논의하기 전에, 쇼펜하우어는 자신 외의 다른 존재 내부에서의 의지의 표현을 부정하는, 더 일반적인 상황에 주목한다. 이것은 타자들에 대한 폭력적이거나 공격적인 행동과 동일한 것이다.

　모든 것이 의지이기 때문에, 공격성의 존재는 의지가 그것 자신을 일단 객관화하면 근본적인 자기-갈등의 상태에 있게 된다는 것을 폭로한다. 시-공간적인 세계 내에서는, 이 갈등은 꽤 큰 정도의 허상 속에서 발생하는데, 왜냐하면 이런 경우 공격자들이나 희생자들 모두가 타자 안에서 부정되는 의지가 그렇게 부정하는 자를 통해 발생하는 의지와 같은 **의지**라는 것을 깨닫지 못한 것을 반영할 가능성이 높기 때문이다. 이는 "윤리학"이라는 문턱과 영역으로, 혹은 우리가 자신과 타자를 명확히 구별하는 일상적 대인관계의 맥락으로 우리를 이끈다. 쇼펜하우어에 따르면, 윤리학의 주 관심사는 옳거나 그른 행위이다.

　"근원적 이기심" 혹은 "근원적인 허기"(original hunger)라 칭할 수 있는 상황인 이기주의를 시-공간적 개인들의 기본적인 상태로서 확정한 후, 쇼펜하우어는 옳은 행위와 그른 행위에 대한 관점을 발전시킨다. 여기서 기저선이 되는 것은 "만인에 대한 만인의 투쟁"으로 규정되는 자연적 상태이다. 이런 상태로부터, 그리고 그것에 대한 반동으로, 윤리적 관계는 발생한다. 시-공간적인 존재자들로서, 우리는 지속적으로 이기적이라고 가정하며, 쇼펜하우어는 "그릇된" 행위를, 한 개인이 자신의 이기적인 욕구를 추구하는 가운데 타인의 유사한 이기적 욕구의 추구 활동들의 표현을 부정할 때 발생하는 행위로 규정한다.

　"그름"(*das Unrecht*)은 우리 자신의 이기적인 목적들의 추구 동안 발생하는 타인에 대한 공격 혹은 폭력이다. 개인들뿐 아니라 기관과 국가들도 그릇된 행위를 할 수 있다. 반대로, "옳음"(*das Recht*)은 단지 그름의 부정으로서, 다른 이의 의지 주장(assertion of will)을 침해하지 않는 어떤 행동도 서술할 수 있는 개념이라 하겠다. 쇼펜하우어의 용어 사용에 따르자면, "옳음"의 개념은 "허용가능함"(permissible)이나 "괜찮음"(alright)등의 용어에 의해 더 정확하게 표현되고, "그름"은 "금지되는"(prohibited) 혹은 "해서는 안 되는"(ought not to)의 용어로 더 정확히 표현될 수 있다. 그의 이론은 무엇이 '허용가능한가'를 기술하는 것이고, 여기서 후자의 개념은 해서는 안 되는 것, 즉 공격적인 것의 반대로서 정의된다. 만약 어떤 행위가 타인의 목적과 상충하지 않는다면, 그것이 얼마나 이상하든 간에 그리고 심지어는 곤경에 처한 타자에 대한 원조를 삼가는 것을 포함하더라도 허용가능하다. 쇼펜하우어는 그의 윤리학의 기초를 타자의 삶에의 불간섭 원칙에 두는 이론가이다. 또한 그는 모든 이가 자기-방어의 권리를 가지고 있으며, 자기-방어의 와중에서의 공격자에 대한 거짓말, 사기, 그리고 폭력은 그르지 않다는 입장을 편다. 쇼펜하우어에 따르면, 이것이, 다시 말해 자신에게로 향하는 그른 행위를 방어하는 것이, "옳음"의 **근원적인** 의미이다.

쇼펜하우어는 절도, 노예삼기, 신체적 폭력, 살인, 인육을 먹는 것 등의 행위들을 그른 행위들의 예로서 열거한다. 절도 행위의 맥락에서, 그는 짤막하게 재산권에 대해 고찰한다. 그러면서 그는, (무기를 든 채로 탐험 중에 어떤 땅을 발견할 때처럼) 이 땅이 "내 것"이라고 단순하게 선언하는 것은 그 땅에 대한 어떤 권리도 주지 못한다고 언급한다. 누군가가 실제로 그리고 유의미하게 그 땅에서 노동을 했을 때에만 소유권과 재산권이 합법적으로 인정될 수 있다. 우리는 어떤 땅에서 노동을 함으로써 그 재산을 합법적으로 획득할 수 있지만, 힘

에 의해 뒷받침되는 순전한 선언만을 통해 그것을 합법적으로 소유할
순 없는 것이다.

　거짓말과 사기를 통해 타인을 조작하여 타인이 자신의 의지에 봉사
하도록 강요할 때처럼, 그른 행위들은 교묘한 방식으로 행해질 수도 있
다. 쇼펜하우어가 볼 때, 가장 완벽한 거짓말은 계약을 위반하는 것이
고, 가장 비난할 만한 거짓말은 교활함과 속임수를 통해 지속되는 것이
다. 아울러, 노골적인 폭력이 간교함을 통한 공격보다 어찌 보면 덜 저
열한 종류의 그른 행위인데, 그 이유는 전자의 경우 적어도 (모든 이가
어느 정도는 존경하는 눈으로 바라보는) 물리적인 힘을 드러내는 반
면, 후자는 자신의 품격을 떨어뜨리고 조롱할 만한 약함을 보여 주기
때문이다.

　쇼펜하우어는 법적체계와 국가 모두 도덕성을 함양하고자 애써서는
안 된다고 믿고, 그런 한에서 그는 최소 한도의(minimalistic) 법체계
와 국가를 지향한다. 그렇게 하는 대신, 법과 국가는 공격성에 반하는
동기들을 확립할 필요가 있으며, 각자가 타인의 욕구충족을 방해하지
않는 범위 내에서 자신이 원하는 대로 행동할 수 있는 조건을 마련해야
한다. 법의 취지는 각 개인이 타인의 권리를 침해하는 것을 방지하는
것이 되어야 한다.[42] 쇼펜하우어는 처벌에 대해서도 비슷한 방식으로
생각하는데, 말하자면 그는 처벌을 보복이나 보상이 아닌, 재발 방지책
으로 간주한다. 쇼펜하우어는 이로부터 더 나아가, 피해자가 가해자에
게 보복을 할 권리가 없다고도 말한다. 이런 언급들은 모두, 시-공간적

42　쇼펜하우어는 "소극적인 자유(negative liberty)"의 개념을 옹호한다. 이 개념은,
Isaiah Berlin이 1969년에 발행한 *Four Essays on Liberty* (Oxford: Oxford University
Press)의 유명한 일부인 "Two Concepts of Liberty"(1958)에서 보다 현대적인 형식
으로 명시된 것과 유사하다.

맥락 속에서는 각자가 자신의 욕구를 충족하고자 애쓰는, 근원적으로
이기적인 개체들이라는 쇼펜하우어의 애초의 가정의 연장선상에 있다
고 하겠다. 그의 이런 입장은, '고립되고 자폐적인 개인'이라는 핵심적
인 개념이 인간의 사회적 본성과 배치된다는 비판으로부터 자유롭지
못하다. 우리는 태어난 순간부터 언어적인 공동체 내에 위치하게 된다.
어린 시절부터 우리는, 우리를 보살펴 주는 사람들을 동정과 신뢰의 태
도로 이해하는 경향이 있고, 아이가 장난감을 보며 이야기하면서 그것
을 살아있는 것처럼 다룰 때와 같이, 다른 존재들에게 생명을 투사하는
경향도 있다. 우리의 기본적인 심리의 어떤 양상들은 이기적이지 않다
는 것을 보여 주는 압도적인 증거들이 있다. 이런 점들을 확인하자마
자, "사회적인 존재"가 "인간성"의 근본적인 범주라는 관점을 채택함
으로써, 혹자는 쇼펜하우어의 "의지"-중심적인 그름, 옳음, 법, 그리고
국가에 대한 공식화와 설명을 암묵적으로 거절할 것이다.

　§62의 몇 몇 장면에서, 칸트는 쇼펜하우어의 공격 대상이 된다. 쇼
펜하우어 비판에 있어 핵심이 되는 것은 옹호할 수 있을지 모르겠지만,
그가 어떤 지점에서 칸트의 입장을 잘못 인용하고 전달한다는 것이 사
실이다. 쇼펜하우어는 처벌이 순전히 방지적인 기능을 수행한다는 자
신의 관점에 대한 "칸트적인" 반대를 언급하면서 그것을 거부한다. 그
반대의 요지는, 이러한 (쇼펜하우어적인) 처벌에 대한 설명이 처벌당
하는 자를 순전히 하나의 목적에 대한 수단으로서만 대우하는 것, 즉,
재발 방지를 위해 사용되는 수단이라는 것을 함의한다는 것이다. 여기
서 쇼펜하우어는 칸트가 인간을 오직 목적으로서만 대우해야 하고, 결
코 수단으로서 대해서는 안 된다는 입장을 편다고 해석한다.[43] 그러나

43　쇼펜하우어는 §62의 마지막 부분쯤에서, (아마도) 칸트에 따르면 "man dürfte
den Menschen immer nur als Zweck, nie als Mittel behandeln."이라고 말한다.

이는 칸트에 대한 부정확한 해석이다. 칸트의 주장은 오히려, 사람은
단지 수단으로서만 대해져서는 안 된다는 것이다.[44] 우리가 택시 운전
사나 비행기 조종사를 이동의 수단으로서 사용하듯이, 우리는 일상의
활동 속에서 사람들을 수단으로서 사용한다. 칸트의 논지는 우리가 그
렇게 할 때, **또한** 그 사람들을 전적인 인간적 존중으로 항상 대우하라
는 것이다. 쇼펜하우어는 일반적으로 볼 때 칸트에 대해 신중한 비판을
가하지만, 이 경우엔 칸트의 입장을 잘못 소개하고 있다.

§§63-64: 피해자와 가해자의 동일성으로서의 영원한 정의

정의는 국가의 법규들에 따라 처벌 기관을 통해 불완전하게 실현된다.
그 결과로, 남아 있는 상황은 우리를 좌절케 할 수 있다. 범죄적인 삶을
사는 많은 자들이 법의 망을 종종 피해 간다. 반면 유덕한 사람들의 삶
은 때때로 비참하게 막을 내린다. 고통을 주고 살인을 하는 사람들이
때론 자유롭게 활보한다.

쇼펜하우어의 형이상학은 오직 하나의 실재만이 있고, 그것이 바로
의지라는 것을 골자로 한다. 이 단일한 실재는 다양한 형식으로 자신을
발현한다. 그것은 직접적으로 플라톤적 이데아들로부터 시작해서, 시-
공간적인 개별자들의 영역으로 그 발현을 지속해 나간다. 의지는 이들
모두에 동시에 기거한다.

만약 어떤 이가 (그 자신의 형이상학적 실체의 관점인) "의지"의 관
점과 자신을 동일시한다면, 다른 모든 이들과 사물들은 같은 실체임이

---

44 칸트는 *Foundations of the Metaphysics of Morals*(1785)의 두 번째 절에서 다음
과 같이 적는다: "Handle so, daß du die Menschheit sowohl in deiner Person als in
der Person eines jeden andern jederzeit zugleich als Zweck, nimals bloß als Mittel
brauchst."

분명해질 것이다. 이런 보편적인 인식의 단계에서는, 우리는 신체적으로 우주 전체와 동일하고, 본질적으로 우주로 객관화되는 단일한 에너지와 동일하다. 물리적 세계는 그렇게 자기 자신의 몸과 동일하게 생각되고, 전체의 원리와 에너지로서의 의지는 우리 자신의 내면 가장 깊숙한 곳의 본질과 몸의 진실로서 간주된다. 쇼펜하우어에 따르면, 이런 관점은 예외적이지만 계몽된 것이며, 세계 곳곳에 침투한 정의를 드러낸다(물리적 세계에서 작용과 반작용이 영원한 균형 속에서 유지되듯이 말이다).

물리적 세계를 결국 자신의 몸과 동일시하고, 의지를 자신의 내부적 본질로서 간주하자마자, 세계의 폭력성은 다른 빛을 띠게 된다. 한 사람이 다른 사람을 괴롭힌다는 것은 한쪽 손으로 다른 쪽 손을 치거나 한 쪽 발로 다른 쪽 발을 차는 자기-파괴적인 광기와 같다. 이런 관점에서 보면, 의지의 한 발현이 그것의 다른 발현을 파괴하며 오직 새로운 형식으로 순환하고, 종국엔 또 다른 발현들에 의해 파괴되기에, 세계의 폭력성은 영원한 변형의 성질을 띠게 된다고도 하겠다.

세계의 내적인 본질인 의지는 지속적으로 불변인 채로 남아 있고, 가해자의 공격적인 의식은 형이상학적으로 피해자의 고통에 찬 의식과 동일한 존재이다. 누구든지 의지를 긍정하고 전유(專有)와 충족을 즐기는 순간, 그 사람은 동시에 전유와 충족을 위한 모든 행동들을 긍정하는데, 이는 의지가 자신의 발현으로서의 무수한 존재자들 내에서 공격적으로 작동하기 때문이다. 우리 자신은 의지이고 물리적 세계는 우리의 진정한 신체이기에, 결국 세계의 모든 가능하거나 현실적인 고통들은 우리 자신의 것이다.

가해자로서 행동하고 피해자로서 고통 받는 단 하나의 존재만이 있기 때문에, 결국 영구적인 정의가 지배하게 된다. 가해자의 죄책감은 희생자에게 엄습하고, 희생자의 고통은 가해자에게 닥친다. 의지는 끝없이 자학적으로 행동하고, 그래서 의지 자체는 모든 고통과 죄책감을 감수하게 된다.

쇼펜하우어는 이 맥락에서, 과연 인간 존재의 도덕적 가치가 무엇인지 묻는다. 그의 판단은, 인간의 가치는 인간의 운명에 반영되고, 이 운명은 부족, 비참함, 슬픔, 그리고 죽음이라는 것이다. 쇼펜하우어에 따르면, 인간의 운명이 인간의 본질을 표현하듯, 이 인간의 운명은 인간이 경멸할 만한 것이라는 것을 의미한다. 위에 제시된 주장들의 함의는 의지를 긍정하는 것이 공격과 죽음을 낳고 그래서 그것의 긍정은 그르다는 것이다. 쇼펜하우어에 따르면, 더 실질적으로는, 의지의 객관화가 폭력성의 객관화이기 때문에 실재 자체는 그른 행동을 일삼고, 우리의 우주적인 몸(cosmic body)는 본질적으로 그른 것을 행한다. 쇼펜하우어의 논의는 더 나아가, 우리가 의지의 관점을 채택할 때, 우리는 인류의 고통과 집단적인 죄책감의 상태로 돌입하게 된다는 것을 함축한다. 기독교적인 용어로, 우리는 세계의 죄악을 떠안고, 결국 예수적인 인물이 된다.

쇼펜하우어는 모든 것이 **하나**라는 그의 관점을 지지하는, 우파니샤드의 "저것이 너이다"(*tat tvam asi*)와 영혼의 윤회설 등과 같은 주도적인 종교적인 교의들 인용한다. 윤회설에 따르면, 만일 하나의 존재가 다른 존재를 해치면, 정의(justice)의 한 표현으로서, 전자는 후자의 형태로 환생하게 된다. 모든 것이 **하나**이기에, 한 사람이 다른 사람에게 행하는 것을 결국 자기 자신에게도 하는 격이다. 쇼펜하우어는 시간적 존재의 최종적 탈출 혹은 소멸에 대해 논하는 불교적인 열반(nirvana)의 교의 속에서도, 삶의 긍정으로부터의 해탈로서의 계몽의 관념을 발견한다. 쇼펜하우어의 관점에서는, 계몽은 구체적으로 물리적이며 내부적인 본질 모두로부터의 거리 두기, 즉 표상으로서의 세계와 의지로서의 세계 **모두**로부터의 해탈을 포함한다. 이에 따라 쇼펜하우어는 "의지의 부정"이 이런 해탈에 도달하려는 노력이라고 언급한다.

§64에서 쇼펜하우어는, 우리 모두가 의지이기에 영원한 정의의 의식은 모든 이에게 희미하게나마 주어져 있다는 그의 믿음을 표현하고, 기독교 윤리설이 우리가 가해자에게 악을 행함으로써 악에 보복해서는 안 된다고 명한다는 것을 인용한다. "보복은 나의 것(즉 오직 신의 것)"이라는 생각은 의지 자신이 영원한 정의를 통해서 도덕적 균형을 관리한다는 것을 상징한다고 이해된다. 쇼펜하우어는 이에 대한 이상한 예로서, 한 개인이 멀리 떨어진 어떤 땅의 척박함에 대해 알자마자, 그 개인이 하나의 응징자로서 그 땅을 여행할 때처럼, 자신과 아무 개인적 관련이 없는 죄에 대한 복수를 자기 자신에게 가하는 일이 때때로 있다는 것을 언급한다. 쇼펜하우어의 해석에 따르면, 이런 사람이 영원한 정의의 무기가 되는 것은 그 사람이 자기 자신을 의지로 인식하는 것에 기인한다.

비판적인 시각에서 바라보면, 우리는 쇼펜하우어가 인류의 집단적인 고통, 우리가 의지 자체의 관점을 취했을 경우 세계의 모든 고통을 감수하는 것의 집단적인 고통, 그리고 의지가 결국에는 꽤 혐오스럽다는 것의 집단적인 고통에 대해서 언급한다는 것을 관찰할 수 있다. 하지만 쇼펜하우어는, 만약 우리가 의지 자신, 혹은 더 좁게는 인류 자체가 된다면 우리가 동일시 할 수 있는, 헤아릴 수 없는 기쁨들과 만족들에는 큰 집단적인 무게감을 부여하지 않는다. (쇼펜하우어적인) 그러한 인식이 초래하는 상태가 전적으로 매력적인 것은 아닐지 모른다. 하지만, 그 상태는 쇼펜하우어가 그것을 기술하는 것과 동일한 방식으로 지옥 같은 것이 아닐 것이다. 우리가 그렇게 세상을 인식한다면, 그 결과는,

혼란스럽고 달콤 쌉쌀하며 불합리하고 무질서에 가까운, 느낌들의 총
체에 보다 더 가까울 것이다. §68에서, 우리는 쇼펜하우어가 왜 표상으
로서의 세계에서 고통들이 쾌락들을 훨씬 능가하며, 집단적인 즐거움
과 만족이 가치를 결정하는 데 있어 별 차이를 주지 못한다고 믿는지를
알 수 있을 것이다.

§65: 강하게 삶을 긍정하는 사람은 나쁜 사람이다.

인간 존재들이 의지의 객관화라는 것, 그리고 의지로서의 사람들은 근
원적으로 자기 자신을 시-공간적인 세계 내의 욕구로 가득한 이기적
존재들로서 발견한다는 것을 가정하며, 쇼펜하우어는 개별화된 **의지**에
대한 고려 속에서 "좋음"과 "나쁨"(*gut und böse*)이란 용어들을 정의
한다. 구체적으로, "좋은"은 우리가 어떤 특정한 욕구를 (그것이 무엇
이든지 간에) 충족시키거나 그것에 유용한 조건내지는 대상을 기술하
는 방식이다. 이에 반해 "나쁜"은 어떤 특정한 욕구든지 그것을 방해하
거나, 충족시키지 않거나, 유용하지 않은 대상이나 조건을 기술하는 방
식이다.

  이러한 개념화 상에서는, 한 사람에게 좋은 것이 다른 이에게도 항상
좋은 것은 아니다. 또한 한 사람에게 나쁜 것이 다른 사람에게 반드시
나쁜 것은 아니다. 선과 악에 대한 모든 언급은 관련된 사람과 상황에
관계적이고, 적어도 욕망되는 특수한 대상들과 관련해서는, 모든 이가
목적하는 절대적이거나 단일한 선은 존재하지 않는다. "최고선"(*sum-
mum bonum*)은 없다.

  모든 윤리학적 체계의 바깥에서, 쇼펜하우어는 "은유적으로" 혹은
"비유적으로" 최고선으로서 언급될 수 있는 조건을 확인한다. 이는 그
가 이후에 기술할, 완전한 의지의 부정(the complete denial-of-the-

will)이라는 조건이다. 하지만 현재의 맥락에서는, 그는 그의 상대주의적인, 의지-지향적인 선악의 관념들에 대한 탐구를 지속한다.

그릇된 행위들을 삶을 긍정하는 타자의 노력을 방해하는 것으로 이미 정의한 후, 쇼펜하우어는 "나쁜" 사람이란 기회가 있을 때마다 그릇된 행동을 일삼는 사람이라 정의한다. 나쁜 사람은 예외적으로 강력한 살려는 의지로 채워진 사람이고, 타인의 의지와 영역을 침해하는데 있어 죄책감이 없으며 자신이 어떤 종류의 인간인지를 일반적으로 알고 있는 사람이다. 형이상학적 관점에서, 우리는 바로 그러한 **의지**의 발현이 나쁘다는 것을 알 수 있고, 나쁜 사람은 실재의 본질을 발산한다는 것을 알 수 있다.

일반적으로 말해서, 극도로 강한 욕구의 소유자들은 높은 수준의 좌절 역시 경험하는데, 이는 그들 자신의, 많은 것을 바라는 욕구들의 배열이 오랜 기간에 걸쳐 결코 만족될 수 없기 때문이다. 나쁜 사람들은 그래서 매우 큰 좌절을 겪는 사람들이기도 하다. 이 강력한 좌절감은 일종의 고통이고, 그래서 이 고통을 경감하기 위한 노력의 일환으로 나쁜 사람은 때때로 잔인하고 사악하게 된다. 잔인하고 사악한 사람은 자신의 고통을 잊기 위해 타인에게 고통을 주며, 자신의 고통을 줄이거나 없애기 위해 타자의 고통에 즐거워 한다.

쇼펜하우어는 모든 사람들이 (잠재의식적으로나마) 그들 자신이 다른 사람과 다른 존재자들을 통해 흐르는 에너지를 지닌 더 큰 우주의 일부라는 것을 인식하고 있다고 확신한다. 그렇기 때문에, 그는 심지어 가장 잔인한 사람들도 가끔씩은 양심의 가책을 느낀다고 덧붙인다. 이런 양심의 가책은 가해자와 피해자가 하나라는 희미한 인식이고, 이에 수반하는, 보편적인 죄와 가해에 대한 의식이다. 쇼펜하우어는 나쁜 사람들이 그들 자신이 모든 것에 침투한 의지의 농축된 양태들이라는 것을 깨닫는 의식 수준에 도달할 수 있다는 것에 대해 고찰하는데, 이때 그의 논의는 매력적으로 된다. 이런 사람들은, 강하고 무서움을 모르며, "지금"을 살고 있기에 영생의 느낌을 갖는, 완전하고 탈−도덕적인, 삶을 긍정하는 사람들로서의 그들의 위치 속에서, 실재 자체의 체화 (embodiments)가 된다.

§§66-67: 타인들에 대한 공경과 존중에 기반을 둔, 정의롭고 고상하며 동정적인 성격들

인간 성품의 긍정적인 측면으로 주의를 돌리며, 쇼펜하우어는 도덕주의적이거나 인간의 동기를 변형시키는 것을 목표로 하는 이론들에 대한 그의 반대를 표출한다. 쇼펜하우어의 주장에 따르면, 도덕주의적 이론들은 영감을 주지 못한다. 그러나 동기들이란 의지의 표현들이기 때문에, 동기를 변형시키고자 하는 이론들은 인간의 개인적 이익에 호소하고 그것들 자체로서는 도덕에 기초하고 있지 않다. 이런 이론들 역시 이성과 논변에 호소하는 한에서, 추상개념들에 기반을 두고 있는데, 이 개념들은 덕이 가르침을 받을 수 있다는 (그럴 듯해 보이지 않는) 함의를 지닌다. 쇼펜하우어는 덕이 가르침을 받을 수 없는 것이라 확신하기 때문에, 그는 애초부터 이러한 이론들을 거부한다.

  더 중요한 점은, 덕은 추상적인 지식보다는 직관적이고 직접적인 지식으로부터 나오는 것임에 틀림없다는 쇼펜하우어의 견해이다. 이는 어떤 경고나 반성 없이 어떤 지점에서 한 개인에게서 동트는 직관적인 지식이다. 그리고 이 지점에서, 어떤 다른 사람 그리고 진실로 다른 모든 사람들, 생명체들, 그리고 물리적 개체들이 자신과 같은 내부적 본질을 지닌다는 것이 인식된다. 이런 지각은, 그리고 이런 종류의 공감은, 좋은 성격의 열쇠가 된다.

좋은 사람은 결과적으로 타인들이 자신과 동일한 실체라는 지각으로부터 행동한다. 이는 더 구체적인 수준에서 모든 이가 동일한 성격이라는 것을 의미하진 않는다. 각자는 서로 다른 성격을 소유하고, 각 개인의 활동은 자신의 성격을 발현한다. 성격의 특질은 그 행위의 도덕적 가치를 결정한다. 하지만 관찰가능한 어떤 동일한 행동들은 각각 다른 동기를 지닐 수 있고, 그래서 한 개인의 행위의 가치를 평가한다는 것은 불가능에 가깝다. 더구나, 발현되는 가지적인 성격을 그 자체로서 분별하기도 어렵다. 이 도덕적인 불가해성(inscrutability)은 자신과 타자들에게 모두 적용된다.

모든 이의 행동들이 도덕적으로 보일 수 있도록 하는 외적인 환경을 정치적으로 조성하더라도, 그렇게 하는 것이 사람들이 실제 좋은 성품을 지니고 있는지를 결정케 하진 못한다. 만약 언젠가 인간들이 법적이고 정치적으로 완전한 국가에서 조직화된다고 할지라도, 이런 국가가 그 구성원들의 내부적인 성격을 항상 다루지는 못할 것이다. 완전한 국가의 구성원들은 바르게 행동할지는 모르지만, 이기심이 이런 행동들의 이면을 이룰 수 있기에, 그 행동들 자체가 그 사람들이 좋다는 것을 의미하진 않을 것이다. 쇼펜하우어는 법과 정치가 인간의 삶의 피상적 수준에 머물러 있으며 인간들이 직면한 더 중요한 이슈들, 즉 정신적이고 실존적인 이슈들로 파고들지 못한다고 믿기에, 결과적으로 이런 (완전한) 국가의 구성에 주의를 기울이는 것은 쇼펜하우어의 과제가 아니다. 이런 이유로 그의 철학은 정치 철학에 별 관심을 두지 않는다.

자기 자신의 욕구 만족을 추구함에 있어 다른 이들을 방해하지 않고자 주의하는 사람은, 쇼펜하우어에 따르면, "정의로운"(*gerecht*) 사람이다. 이런 사람은 자신을 다른 사람들 안에서 확인하고 자신이 공격을 당하고 싶어 하지 않는 한에서 다른 사람들을 훼방하진 않을 것이다.

정의로운 사람은, 자신이 자유롭게 살기를 원하기에, 다른 사람들이 자유롭게 살도록 내버려 둔다.

이것은, 자신의 욕망 대상을 추구함에 있어 타인들의 현존과 욕구를 무시하고, 나쁘게 행동하면서 타인들이 자신의 만족에 장애가 될 경우 그들을 주저 없이 밀어내는, 이기적인 사람들의 태도에서 한 발짝 더 나아간 것이다. 정의로운 사람은 자신의 요구가 주변 사람들이 표출하는 욕망의 바다와는 대조적으로 최소화됨에 따라, 심지어 자발적인 빈곤 상태로 기울어질 수도 있다. 정의로운 사람은 다른 이가 더 많이 가질 수 있게 하기 위해서 덜 취하는 경향이 있다. 그럼에도 불구하고 공감(empathy)은 이런 (정의로운) 사람에게서 발현되지 않는데, 왜냐하면 정의로운 사람은 개별적인 자아에 대한 상당한 의식을 유지한 채로, 오직 자신의 바람과 타인의 그것 간의 공정한 균형을 유지하고자 노력할 뿐이다. 자신과 타자들의 동일성에 대한 인식이 강해짐에 따라서, 우리는 "고귀한"(edel) 인간에 이르게 된다. 고귀한 인간은 자신에게로 향하는 존중의 태도로 타인을 바라볼 뿐만 아니라, 타인의 고통을 마치 자신의 것인 것처럼 느끼는 상태에 근접한다. 이는 더욱 강렬한 수준의 타인과의 동일시로 이끌고, 눈에 띌 만큼 자기 희생적인 행동을 하게끔 한다.

정의롭고 고상한 사람들과 연합된 자신의 행동에 대한 뿌듯한 느낌은, 그들 자신과 나머지 세계와의 동일성의 인식으로부터 비롯된다. 그 느낌은 이러한 형이상학적 동일성을 확증하며, 고상한 사람이 일관적이고 차분한 성향에 동반되는 세계에 대한 우호적인 태도를 발전시킴에 따라, 그 사람의 자기의식을 만족스런 방식으로 확장시킨다. 우파니샤드적인 구절, "저것이 너이다"(tat tvam asi)는 이 고상한 태도를 잘 표현하며, 쇼펜하우어는 그것을 §67의 마지막 부분에서 인용한다. 그리고 쇼펜하우어가 그렇게 하는 것은, 모든 것이 **하나**라는 형이상학적인 통찰[즉, 우리가 개별화의 원리(*principium individuationis*)를 뚫고 비공간적이고 무시간적인 실재를 파악할 때 발생하는 통찰]과 좋은 개인적 품성간의 관련성을 보여 주기 위해서이다. 우리가 우리 자신과 세계와의 동일성을 더 많이 알수록, 더 우리는 더 잘 베푸는 사람이 될 수 있다. 도덕성은 동일성과 함께 한다. 비도덕성은 차별화와 함께 한다.

쇼펜하우어가 §67에서 기술하듯, 선(善)의 가장 높은 경지에서, 개인은 다른 사람의 고통을 마치 자신의 것인 것처럼 느끼게 되고, 그 고통을 경감키 위해서 개인적 희생을 할 것이다. 이것이 바로 동정적이고 자애로운 영혼이며, 한 개인이 인류의 모든 구성원들과 동일한 보편적인 인간이 되는 경지로까지 발전된 것이다. 이 모든 것의 이면에는 고통은 심리적으로 유해하며, 도덕적으로 혐오스러운 것이며, 가능한 한 많이 줄여야 하는 대상이라는 가정이 있다.

가끔씩 연민은 우리를 울게 만드는데, 쇼펜하우어에 따르면 이는 자기 자신에 대해 동정을 느끼는 것에 의해 발생하는 것이다. 우리가 타인이 고통스러워하는 것을 지각하고, 그 사람이 얼마나 슬픈 상황에 처해 있는지를 이해하며, 상상으로 자신이 그 사람이 되도록 그 상황 속으로 자신을 투사한다. 그렇게 최초로 경험되는 연민의 정은, 우리가 그 고통스러워하는 사람과 자신을 동일시하는 한에서, 우리 자신의 것으로 여겨진다. 이 지점에서, 우리가 상상 속에서 우리 자신이 고통스러운 상황에 있다고 파악함에 따라, 우리는 눈물을 흘리게 된다. 쇼펜하우어에 따르면, 결국 눈물을 흘리는 것은 자기-연민과 관련된 것이고, 그 사람이 좋은 심성의 소유자임을 드러낸다.

§68: 살려는 의지의 부정(The Denial of the Will-to-Live)

§68은 아마도 『의지와 표상으로서의 세계』에서 가장 중요한 부분일 것이다. 개별성의 의식이 줄어들고 모든 사물들의 기저에 있는 통일성이한 사람의 관점에서 점차 지배적으로 됨에 따라, 몇 단계를 통해 흐르는 더 무시간적인 의식이 등장한다. 우리가 제 3부로부터 알 수 있듯이, 맨 처음에는 무시간적인 플라톤적 이데아들을 파지하게 되는 미적인 인식이 존재한다. 그리고 이 인식은 내부적으로 흐르는 정서적인 상태의 형식을 표현하는 음악적 조건으로 향한다. 이 정서적인 상태의 역동적인 표현은 제 3부에선 형식적이고 추상적으로 남아 있고, 제 4부에서 우리는 더욱더 타인들의 내부적 삶에 더 상세하고, 구체적인 방식으로 맞추어지게 된다. 이는 가장 먼저 "정의로운"(just) 태도를 낳는데, 이런 태도 속에서 우리는 근본적으로 이기주의인 상태에 머물러 있게되지만, 타인들을 방해하지 않기 위해 신중하며 주의를 기울이게 된다. 이 태도에서부터 한 발짝 더 나아간 것이 "고상한"(noble) 태도이다. 이 태도를 지니는 자는 더 넓은 사람들 집단의 복리에 자신을 전적으로 희생할 것을 고려하게 될 것이다. 이런 고상한 태도를 넘어서는 것이 "성스러운"(saintly) 태도인데, 이런 태도 속에서 개인은 타인들의 고통에 매우 민감하여 타인의 고통이 자기 자신의 그것과 같은 것으로서 경험된다.

이 전적인 연민의 지점에 도달하자마자, 쇼펜하우어는 그것에 수반하는 극적인 관점의 전환을 보여 준다. 완전히 동정적인 개인은, 의지가 모든 것에 침투해 있음을 인식하며, 첫 번째로는 의지가 자기 자신에 침투해 있다는 것을, 그리고 두 번째로는 의지가 맹목적이며 항상투쟁하는 에너지로서, 충족이유율에 의해 이끌리는 인간 본성과 결합되어, 세계의 고통의 원천이라는 것을 깨닫는다. 성자(the saint)(*der*

Heilige)는 그 자신을 생명으로 채우는 에너지가 세계의 끝없는 고통에 책임이 있으며, 이 사실 자체가 괴롭다는 것을 이해한다. 성자는 밖을 바라보고 타인과 공감함으로써 세계의 고통과 하나가 된다. 성자는 이런 식으로 세계의 죄악들을 짊어지게 되고 엄청난 고통에 동정하게 된다. 하지만 성자 안의 의지의 흐름이 온 세상에 편재한, 고통을 초래하는 동일한 에너지이기 때문에, 성자는 자신 역시 본성상 고통을 초래하는 존재라는 것을 깨닫는다. 고통 초래의 에너지는 성자 안에 침투해 있고, 그가 **의지**를 긍정하는 한에서, 그는 다른 모든 사람들과 다른 모든 존재자들만큼 나쁘다.

앞서 언급한 것처럼, 이 끊임없는 고통과 연관시켜서, 세상 안의 희열과 행복이 대비되는 정도에 관한, 즉 그 희열과 행복 역시 성자의 그러한 깨달음 속에 의미 있게 고려되어야 하는지에 대한 질문을 제기할 수 있다. 이와 같은 질문에 대한 쇼펜하우어의 답은 한 예를 통해서 알 수 있다.[45] 만약 우리가 영양(antelope)을 공격하는 사자의 쾌락과, 사자의 이빨이 영양의 살을 찢어놓을 때 영양이 느끼는 고통을 비교한다면, 쇼펜하우어가 믿기에, 우리는 모두 영양의 고통이 사자의 쾌락을 압도하리라는 것에 동의할 것이다. 동물의 왕국 안에서 벌어지는 모든 폭력은 거칠게 말해 이런 식의 비례 관계에 있다고 간주하고, 이 모델을 인간의 영역으로 확대함으로써, 쇼펜하우어는 시-공간적인 세계 전체에서 고통이 쾌락을 압도한다는 것은 의심의 여지가 없다고 믿는다. 만약 우리가 표상으로서의 세계의 내부적 삶의 총체적 특성에 대해 요

---

45 *Parerga and Paraliponema—Short Philosophical Essays*, Vol. II, trans. E. F. J. Payne (Oxford: Oxford University Press, 1974)의 chapter XII, "Additional Remarks on the Doctrine of the Suffering of the World", §149, p.292를 참조하시오.

약적으로 평가한다면, 우리는 그 내부적 삶이란 것이 얼마나 고통스러운 것인지를 깨달으며 세계의 기쁨들이 고통의 바다에 의해 삼켜지고 압도되는 악몽 같은 이미지에 도달하게 된다.

세계와 일체라 느끼고 모든 것들의 통일성을 파악하는 사람에게 그러한 일체성과 통일성이 처음에는 매력적으로 들릴 수도 있겠다. 자연에 대한 신비주의의 어떤 버전들은 이런 매력을 지니는데, 이는 그것들이 자연 자체가 인도적이며 자비로운 힘을 지닌다고 간주하기 때문이다. 하지만 쇼펜하우어의 철학 안에서는, 세계의 통일성은 의지이며 의지는 맹목적이고 지속적으로 고통과 죽음을 생성하는 존재이다. 만약세계가 의지라면, 그리고 고통과 죽음이 실재의 객관화된 본질을 표현하는 것이라면, 전적으로 동정적인 관점에 도달했을 때의 유일한 도덕적인 반응은 의지의 객관화를 최소화하는 방식으로 행동하는 것이다.

그 반응은, 실재가 도덕적으로 민감한 존재를 통해 흐를 때 그것이 자신에게 등을 돌리는 것이다. 그 경험은 고통과 죽음을 생성하는 에너지들에 대한 반역, 또한 그럼으로써 자신 안의 의지를 "부정"하는 것의 경험이다. 우리는 의지 자체와 다름 아니기 때문에, 이 경험은 자신의 한 발현 속에서 자기 자신에 반항하는 의지에 대한 것이고, 의지의 참회와 자기-처벌을 표현한다. 그 실천적인 결과는 자발적으로 독신생활을 하고 청빈하게 되는 것을 포함하는 금욕적 생활방식이고, 쇼펜하우어의 견해에 따르면, 그것은 우리가 (의지로 간주된) 실재 혹은 우리자신과의 전쟁을 선포하도록 이끈다. 금욕적이고 성자적인 사람들의 쇼펜하우어적인 본보기는 아시시의 성 프란시스(St. Francis of Assisi)(1182-1226)와 프랑스 엄숙주의의 중심인물인 귀용 여사(Madame Guyon)(1648-1717)이다.

금욕적인 인물은 공격에 동조하길 거부한다. 그래서 신체적으로 학

대나 모욕을 당하거나 또 다른 방식으로 침해를 당할 때 금욕주의자는 보복을 하지 않고 표상의 영역 내에서 의지가 자연스럽게 요청하는 것과 반대의 방식으로 행동한다. 학대는 우호적인 태도와, 폭력은 비폭력과, 분노는 인내 및 사랑과, 그리고 이기심은 자기희생과 마주하게 된다. 고통과 죽음을 줄이기 위해서, 성자는 살려는 의지에 적합할 모든 것의 **반대를 행한다**. 금욕적인 사람은 도덕적으로, 그리고 우리가 알 수 있듯이, 이상적으로 기독적인 방식으로 행동하고자 한다. 그리고 그의 이런 행동에 대한 주된 동기는, 이런 저런 특수한 상황에 처한 타인들을 향해 확장되는 연민이나 사랑의 감정들이라기보다는, 세계를 이루는 고통-생성의 에너지에 대한 혐오감과 그 결과로서의 고통을 경감하려는 욕구이다.

타인들의 고통을 줄이고자 애쓰는 것과 별개로, 의지에 대해 이러한 반대적 태도를 취하는 것의 부수적 효과들 중 하나는 천국에 있는 것 같은 평화의 느낌, 쾌활함, 그리고 평정심이 자신 안에서 생성되는 것이다. 표상으로서의 세계, 즉 고통과 폭력의 세계는, 우리가 일상적이며 욕구로 가득하고 허상을 불러일으키는 세상의 활동들을 지고의 초연함과 함께 바라봄에 따라, 실천적인 관여로부터 물러난다. 그리고 이런 격리는, 우리가 체스 게임이 끝나고 체스 말들을 바라보거나 카니발이 막 끝난 후 한 때 공포를 자아냈지만 지금은 버려진 파티 의상을 바라보는 것과 유사하다.

욕구가 창출하는 허상들은 지금 해소된 채로 있고, 일상적인 세계(세속적인 만족, 신체적인 쾌락의 약속과 함께하는 표상으로서의 세계)의 매력적인 가치는 무(無)로 전락한다. 우리가 의지 자체로부터 떨어지고 그것과 반대에 서 있는 경지에 도달하자마자, 즉 의지를 우리자신으로부터 멀리 하게 되자마자, 우리는 금욕적 인간 속에서 의지가 참회하기 시작하는 나쁜 사람과 유사하다는 것을 보게 된다. 그렇다면 어떤 의미에서, 쇼펜하우어는 우리에게 집단적인 죄의식과 참회 혹은 원죄와 최후의 구원의 철학을 제공하고 있는 것이다.

쇼펜하우어는 표상으로서의 세계를 의지의 몸으로 간주한다. 그래서 금욕적 인간의 소우주적인 수준에서의 자기 자신의 몸에 대한 무관심은, 그 사람 내에서 의지가 이미 진실로 자신으로부터 등을 돌렸고 자신을 부정했다는 더 큰 사실을 반영한다. 쇼펜하우어에 따르면, 내부적인 실재가 욕구로서의 자신을 기각하고 고통과 죽음을 산출하는 것과는 반대의 방향으로 움직이는 지점에 도달했음을 경험하는 것은, 플라톤적 이데아들과 공격적인 개인들로의 객관화 속에서의 의지의 직접적인 자유보다 더 높은 수준의 자유이다. 이 자유는 구원이다.

쇼펜하우어에 따르면, 의지의 부정은, 한 개인의 내면 안에서 동기들, 성격, 생리적인 조건들에 따른 일상적으로 철저히 기계적인 그 개인의 결정이, 그러한 현상 속에서 대안적이며 자기-부정적인 의지의 표현과 만나게 되는 상황이다. 통상적으로 의지는 플라톤적 이데아의 위계질서로서, 그리고 시-공간적인 개체들로서 자신을 자유롭고 직접적으로 발현하고, 그러한 개체들 중 우리의 몸은 많은 발현들 중 하나에 불과하다. 살려는 의지의 부정 안에서 의지의 자유의 표현은 시-공간적 영역 그 자체 내에서 발생한다(의지의 자유의 표현은 다른 경우에는 철저하게 결정되는 현상들의 장 안에서 발생한다). 의지는 그렇게 결정론적 다양성의 계기에 반대하여 활동한다는 의미에서 자유롭게 행동한다. 그것은 시-공간적 영역 속에서 쇼펜하우어가 인정하는 자유의지의 유일한 예이고, 부정적으로 규정된다. 일반적으로 의지는 각 신체적인 개인을 해소되지 않는 욕구로 가득 채우도록 작동하는데, 자유로울 때 우리는, 죄책감을 유발하는 의지의 힘을 중화(neutralizing)하기 위해 주어진 욕구, 충동, 폭력성에 반대하여 행동한다.

§69: 자살은 살려는 의지의 부정이 아니다.

어떤 이가 정신적으로 혹은 신체적으로 심하게 고통을 받고 있고, 고통을 잠재우기 위해 자살을 시도할 때, 이것은 의지 부정의 예가 아니다. 이는 삶의 긍정의 예인데, 왜냐하면 고통이 갑자기 사라질 경우 살고자 하는 욕구는 적극적으로 솟아오를 것이기 때문이다. 이런 예들에서, 삶을 긍정하는 능력은 방해를 받아 왔고, 그 개인들이 더 이상 그들 자신이 원하는 것을 얻을 수 없는 한에서, 고통으로 채워진 상황 안에 결박되어 있다는 느낌이 자살로 이끄는 것뿐이다. 감당하기 어려운 신체적 고통은 자기-파괴의 명확한 동기이다. 신체적 건강 면에서의 철저한 희망의 상실은 역시 자살에의 동기를 부여한다. 양자의 경우, 한 개인의 태도는 삶의 긍정에 대한 근본적인 지향을 유지한다. 그 개인은 필사적으로 살기를 원하지만, 엄청난 고통 없이 살 어떤 방법도 발견하지 못하기 때문에 자기-파괴는 고통을 경감하는 유일한 방법이 되는 것이다.

　그럼에도 불구하고, 한 사람이 자신의 몸이 더 이상 기능하지 않도록 할 때, 삶이 분명히 "부정"되거나 제거되기 때문에, 자살을 의지의 부정의 한 예로서 들고자 하는 유혹이 생긴다. 하지만 쇼펜하우어에 따르면, 객관적으로 말해 존재하기를 멈추는 어떤 개인이든지 플라톤적 이데아의 존재 혹은 그것이 한 사례가 되는 가지적인 성격에는 전혀 영향을 미치지 못하는 것처럼, 한 개인의 자살을 통한 소멸은 (그 개인을 통해 발현하는) **의지**를 기각하거나 부정하지는 못한다. 쇼펜하우어의 의지의 부정이라는 개념은 보다 심오한 형이상학적인 수준에서 작동한다. 살아있는 물리적 신체 **자체**를 죽이는 것을 지시하지 않고, 대신 몸의 **내부적 본질 안의** 욕구의 강도를 줄이고자 하는 목적으로 그 몸의 내부적 본질을 변형시키는 것을 의미한다. 자살과 살려는 의지의 부정 간의 차이점은 다음과 같이 상상될 수 있다. 살려는 의지의 부정은 마치 우리가 뜨겁고 불편한 느낌을 주는 공기로 채워진 풍선인데, 팽창된 채로 머물기를 원하지만 원래의 뜨거운 공기가 아닌 차가운 공기로 채워지고자 노력하는 것과 같은 것이다. 우리 안의 공기를 차갑게 할 때, 그 풍선은 크기가 줄지만, 그것은 어느 정도는 팽팽함을 유지하며 여전히 풍선으로서 남아 있게 된다. 이와는 대조적으로, 자살은 우리가 내부의 뜨거운 공기를 견딜 수 없어 그 풍선을 터뜨리는 것과 같다. 자살과 살려는 의지의 부정 간의 차이점은 감옥 안에 있는 동안에 자신을 죽이는 것과 출소의 날 실제적인 자유를 경험하는 것의 차이와도 같다.

쇼펜하우어가 보기에, 살려는 의지의 부정은 의지의 활동(an act of will)을 통해서 발생하지 않는다. 즉, 우리는 반성적으로 의지를 부정하길 "선택"하지 않는다. 쇼펜하우어는, 개인이 연민을 통해서 계몽된 마음의 상태에 도달했을 때, 그리고 그 결과로서 개인 안에서 욕망이 스스로 침묵할 때 자발적인 독신생활이나 가난이 진정한 의미에서 비로소 일어난다고 믿는다. 우리가 의지로 인해 생성되는 끊임없는 고통을 느끼게 됨에 따라, 이러한 인식의 상황, 즉 실재를 향한 도덕적 역겨움과 자기-혐오의 경험은 자연적 욕망들의 만족에 관여하려는 자신의 경향이 역행토록 한다. 이런 인식의 획득과 함께 욕망들은 희미해져 간다. 우리가 자신에게 "나는 진리를 더 잘 파악하기 위해서 덜 사고 덜 소비하길 결정할 것이다."라고 말하는 것 같은 방식으로 의지한다고 해서 욕망들은 사라지지 않는다. 오히려, 우리가 진리를 획득하고 모종의 인식에 도달한 후에, 물질적 이익들의 쾌락들은 스스로 덜 호소력을 지니게 된다.

의지(Will) 자체의 수준에서, 살려는 의지의 부정에 의해 표현되는 자유의 행위는, 그 발현들 중 하나의 내부로부터 경험되는 바와 같이, 의지가 그것 자신의 발현들의 영역으로부터 약화된 형태로 자기 자신으로 후퇴하는 것으로 이해될 수 있다. 왜 의지가 충족이유율을 통해서 주어진 세계를 파악하는 인간 존재로서 자신을 표현하는지는 합리적으로 대답될 수 없는 질문이다. 왜 의지가 그것을 이곳저곳에서 자기 자신을 최소화하는지의 질문은 적어도 하나의 도덕적 대답을 지니는 것으로 보인다. 고통과 죽음의 현상은, 그것(의지)의 최상의 발현, 즉 인간의 대표자들 중 가장 계몽된 자들에게는 도덕적으로 수용될 수 없다. 계몽된 인간 존재 내에서의 의지의 발현은, 한 인간의 형식으로 존재하는 의지에게, 그것(의지)이 나쁜 에너지라는 것을 폭로한다. 의지 자체는 어떤 의식도 양심도 없다. 오직 인간 존재들이 사물의 본성을 깨닫고 고통을 덜기 위해 무언가를 할 수 있는 위치에 있는 것이다. 고통을 덜기 위해 행동하자마자, 해방의 느낌, 그리고 자신의 비-반성적인 내부적인 본질, 즉 거칠고 투쟁하며 상당히 성적인 에너지의 형식 속에서 자기 자신을 통해 흐르는 의지가 더 큰 고통과 죽음을 지속하는 것이 허용되지 않고 있다는 안도감이 생기게 된다.

요컨대, 쇼펜하우어에 따르면, 비록 자살이 통상적으로 살려는 의지의 부정과 피상적 유사성을 지닌다 할지라도, 자살은 삶의 긍정이라는 반대적인 마음의 상태로부터 비롯된 것이다. 쇼펜하우어가 살려는 의지의 부정의 표현으로 인정하는 유일한 형태의 자살은 자발적인 금식으로 한 사람이 죽는 경우이다. 이런 드문 경우에, 자살은 고통을 피하고자 하는 사람의 표현이라기보다는, 금욕적인 태도의 부작용이라고 하겠다.

§70: 살려는 의지의 부정과 성격의 소멸

쇼펜하우어에 따르면, 각 개인은 (경험적인 성격과 동기들이 완전히 알려진다면), 원칙적으로 시-공간적 세계에서의 행동이 완벽히 예측될 수 있는 가지적인 성격이다. 개인의 자유는 의지가 자신을 이런저런 가지적 성격으로 자신을 객관화하는 데에 존재한다. 이런 관점에서는, §55에서 이미 언급되었듯이, 우리는 한 개인이 다른 행동을 할 수도 있었다는 가정하에서 그 개인을 비난할 수는 없을 것이다. 우리는 그 개인이 지닌 본질을 이유로, 하나의 전체로서의 그(녀)를 비난할 것이다. (우리가 새를 죽인 고양이를, 단지 그것이 그런 폭력을 초래한 고양이의 본성을 지녔다는 이유로 비난할 수도 있는 것처럼 말이다.)

쇼펜하우어는 의지가 발현하는 가지적인 성격과 경험적인 성격의 고정성이 무너질 수 있는 단 하나의 특수한 상황을 확인한다. 그것은 **의지**가 그것 자신에 대한 인식에 도달한 후, 자신의 발현 내에서 (살려는 의지의 부정으로서) 자신과 등지게 되는 상황이다. 쇼펜하우어는 성적인 재생산이 고통 받는 더 많은 존재자들을 생산한다는 것을 깨닫게 되고, 고통의 영속화를 피하기 위해, 그 깨달음 하나만으로 성행위와 연관된 만족을 더 이상 즐기지 않는 사람의 예를 든다. 그 사람의 생식기는 아마도 재생산의 목적에 부합하게끔 완벽히 잘 기능할 능력을 지니고 있을지 모른다. 하지만 영구적 고통에 대한 순수한 인식에 의해서, 생식기를 재생산의 활동으로 몰고 갈 수 있는, 상응하는 욕망의 내적인 생명(inner life)은 증발하고 만다. 그리고 이는, 청량음료, 감자 칩, 도넛 등의 음식들이 매우 맛있고 쾌감을 주지만, 생리학적으로 몸에 어떤 영향을 미치는가를 아는 것에 의해서 바라지 않게 될 수 있는 것에 비유될 수 있겠다.

몸은 의지의 객관화이고 생식기는 성적 욕망의 객관화이다. 개인의 내적인 삶은 역시 하나의 의지의 객관화지만, 앞서 기술한 상황에서는 그 개인 내부에서 객관화된 의지 안에서 갈등이 존재한다. 한 측면은 성욕에 의해 추동된다. 다른 측면은 형이상학적 지식의 빛 속에서 그것에 역겨움을 느낀다. 쇼펜하우어가 말하길, 이는 물자체로서의 의지 내에서의 "실제적인"(real) 모순의 예이다.

이 모순을 조명하기 위해서, 쇼펜하우어는 어떻게 은총(grace)의 기독교적 교의가 의지가 자기 자신과 모순관계에 있다는 발상을 포착하는지를 언급한다. 아우구스티누스와 루터를 인용하면서, 쇼펜하우어는 이 사상가들이 의지는 자유롭지 않고, 악을 행하도록 결정되어 있으며, 그런 상황으로부터 자신을 떼어 내기 위해 우리가 개인적으로 할 수 있는 일은 아무것도 없다는 입장을 견지한다는 점에 주목한다. 신으로부터의 은총의 행위가 구원을 위한 유일한 길이다. 쇼펜하우어는 이런 입장이 그의 관점과 기본 정신면에서 유사한 것으로서, 동시에 덕과 성스러움은 의지 보다는 지식으로부터 비롯된다는 사실의 종교적인 표현이자 확증으로서 간주한다. 여기서의 쇼펜하우어의 목적은 기독교의 어떤 버전들이 그와 비슷한 방식으로 사유한다는 것을 보이는 것이다.

또한 쇼펜하우어는 자신의 철학적인 관점이 원죄와 동정녀로부터의 예수의 탄생에 대한 기독교 교의들과 기독교 윤리학의 주요 교리들에도 반영되어 있다고 주장한다. 앞서 언급했듯이, 쇼펜하우어는 아담이 인류가 고통을 겪고 죽음에 이르도록 저주받은 것을 상징한다는 이유로, 아담과 삶의 긍정을 연결시킨다. 그리고 쇼펜하우어는 살려는 의지의 부정과 예수를 연결하는데, 이는 살려는 의지의 부정이 평화와 자기 헌신을 낳으며, 이들은 각각 폭력과 이기주의를 대치한다는 이유에서이다. 이런 논의들은 모두, 전통적 기독교의 교의를 더 합리적이고 철학적인 형식으로 번역하려는 쇼펜하우어의 하위 계획을 드러낸다. 쇼펜하우어는 그의 철학을 우파니샤드와도 조화시키기 위해, 그의 이론이 인도의 성전들의 계율과 교의들에도 일치한다고 덧붙인다. 그러면서 쇼펜하우어는, 자신의 철학이 세계의 주요 종교들에 의해 더 구상적으로(imagistically) 표현된 중심 사상들을 포함한다는 것을 암시한다.

살려는 의지의 부정의 현상 속에서 의지가 시-공간의 세계 속에서 자신을 배신한다는 쇼펜하우어의 생각이 지닌 극적인 함의는, 이러한 모순의 과정 동안 의지가 자신이 활동하는 장인 구체적인 가지적인 성격을 제거하고 초월한다는 것이다. 이는 어떤 개별적인 가지적 성격으로부터도 자유로운, 순수한 인식 주관으로의 재탄생, 그리고 일상에서 우리를 추동하던 기본적인 동기들로부터 자유로운 존재로서의 재탄생을 낳는다.

§71: 절대적인 자유로서의 상대적인 무(無)

쇼펜하우어는 완전한 살려는 의지의 부정으로부터 비롯되는 의식상의 변화에 대한 기술을 발전시키면서, 『의지와 표상으로서의 세계』를 맺는다. 의지로 가득 채워진 채로 남아 있는 사람들에게 살려는 의지의 완전한 부정과 연결된 그 사유 방식은 큰 가치를 지니는 것으로 인식될 수 없다. 욕구의 그러한 관점에서는, 완전한 의지의 부정은 죽음과도 같은 허무를 약속하고, 그래서 그것은 부조리하게 보인다. 이는 쇼펜하우어의 "염세주의적"(pessimistic) 철학에 대한 일반적인 반응이고, 이런 반응 안에서 염세주의의 정서가(情緖價)는 비난적이고, 평가절하하거나, 거부적이다. 쇼펜하우어는 "절대적인 무"와 "상대적인 무"를 구분함으로써 그의 관점을 방어한다. 그는 무가 존재 혹은 어떤 존재의 상태와의 대조 속에서만 생각될 수 있기 때문에 절대적인 무는 생각조차 할 수 없는 것이라고 적는다. 이는 그가, 의지의 부정이 무(즉, 욕구의 관점에서는 죽음)로 이끄는 것으로 보일지 모르지만, 다른 관점에서 보면, 무라는 것이 상대적인(relativistic) 개념이기 때문에, 그것은 다른 종류의 인식, 다시 말해 욕구로부터 자유로운 마음의 상태를 지시할 수 있다고 주장하는 것을 가능케 한다.

쇼펜하우어는 완전한 의지의 부정의 상태를 수반하는 인식을 구성적으로 기술할 수 있는 철학적 능력을 지니고 있지 않지만, 만약 우리가 하나의 적극적인(positive) 관념을 구성하고자 한다면, 우리는 일종의 황홀경, 희열, 계시, 혹은 신과의 합일을 보고하는 신비주의자들의 저술들로 눈길을 돌려야 할 것이라 제안한다. 이러한 개인들은 의지의 부정에 기초한 금욕적인 삶의 방식을 채택함의 결과로, 대안적인 의식 상태에 이미 도달한 사람들인데, 쇼펜하우어는 이런 의식 상태가 일상적인 욕망의 삶이 주는 그것에 비해 더욱 평화로운 것이라 해석한다.

모든 금욕주의자들이 같은 종류의 경험을 하는가는 확실하지 않지만, 그들이 그럴 것 같아 보이진 않는다. 그래도 금욕주의가 의지의 부정을 포함한다는 것은 여전히 사실이다. 그래서 쇼펜하우어적인 최종적 상태를 해석하는 한 가지 방식은, 그것을 자유 혹은 욕구로부터의 해방의 특수한 경험으로 생각하는 것이다. 어떤 이가 파괴적인 중독으로부터 자신을 자유롭게 했을 때, 큰 무게의 짐을 던 것 같은 안도감이 따른다. 우리가 이미 살펴본 것처럼, 욕망 자체를 본성적인 중독의 일종으로 간주하고, 그래서 욕망으로부터의 해방은 일반적으로 일종의 해방감을 동반하는 만족감을 주는 것으로 이해될 수 있다(그리고 이는 불교의 교의에 일치한다). 그 경험 **자체**엔 아무런 긍정적인 것도 존재하지 않는다. 왜냐하면 그것은 오직 전에 존재하는 짐의 소거와 부재만을 포함하기 때문이다. 하나의 인식 유형으로서 쇼펜하우어적인 최종-상태는 그래서 의지와 표상으로서의 세계와의 관계에서 완전히 부담감

없이, 그리고 무관심하게 느끼는 것이다.

　쇼펜하우어는 『의지와 표상으로서의 세계』를 맺으며, 살려는 의지의 완전한 부정의 상태가 여전히 의지로 가득 채워진 사람들에게는 아무 것도 아닌 것처럼 보이겠지만, 우리가 사는 이 세상은, 그 모든 행성들과 은하들, 즉 무한 범위의 시간 및 공간과 함께, 살려는 의지를 이미 부정한 개인에겐 하찮은 것이 된다는 사실은 남아 있다고 말한다.

　이 하찮음은 위에서 기술한 바와 같이 해석될 수 있다. 말하자면, 그 것은 어떤 새로운 세계나 더 높은 차원도 드러내지 않지만, 무관심하고 자유로우며 고요한 삶에 대한 관점을 제공하는, 욕망으로부터의 해방이 주는 하나의 상황(마치 어떤 이가 취한 사람들로 가득 찬 세상 속에서 말짱한 정신을 유일한 사람이거나, 거의 완전히 중독자들로만 이루어진 세상에서 유일한 비중독자인 것 같은 상황)으로 해석가능하다. 또한 그것(그 하찮음)은, 신비적인 경험의 예에 따라서, 의지와 플라톤적 이데아들을 넘어서는, 비공간적이고 무시간적인 의식의 상태, 물자체의 새로운 차원이 드러나는 의식 상태로의 이동을 포함하는 것으로서도 해석가능하다.

　위의 두 해석의 방식들과 일관되게, 이 해방의 상태는, 신을 보는 것 (vision of God)처럼, 인격적이고 도덕적인 우주의 중심을 드러내 주지는 않는다. 쇼펜하우어는 무신론자이고, 그래서 우리가 완전한 살려는 의지의 부정으로부터 비롯하는 이 의식 상태를 어떻게 기술하든, 그 것은 그의 저술들을 통해 일관적으로 드러나는 유신론에 대한 그의 반대를 무너뜨리진 않는다.

　이는 완전한 의지의 부정이 더 높고 추가적인 물자체의 차원들을 드러내준다는 제안이, 그것(의지의 부정)이 오직 "소극적인"(negative) 경험을 낳는다는 관점보다 덜 그럴듯한 이유들 중 하나이다(비록 쇼펜하우어 스스로가 계시적이고[revelatory], 황홀하며 신비적인 경험과 살려는 의지의 부정을 연결하고, 그래서 우리는 의지의 부정이 그런 물자체의 차원들을 드러내 준다고 주장하고픈 유혹을 받지만 말이다). 그리고 의지의 부정에 대한 이러한 "소극적인" 관점은 쇼펜하우어가 쾌락을 고통의 부재로 규정한다는 사실과도 조화된다.

　그럼에도 불구하고, 1821년 작성된 쇼펜하우어의 노트 속에서 발견되며 1844년의 재판(再版)에서 거의 동일하게 등장하는 한 지문은, 물자체가 우리에게 절대 알려질 수도 없고 상상될 수도 없는 구조, 속성, 존재의 양식을 지닐지도 **모른다**는 것을 인정한다.[46] 그 지문은 우리가 물자체를 시간의 "얇은 베일"을 통해서 파악한다는 쇼펜하우어의 주장과 짝지어진 채 등장하고, 그래서 일관성을 위해, 그것은 의지 그 자체와 얇은 베일을 통한 우리의 파악 사이에 존재하는 작은 공간에 관한 쇼펜하우어의 사변으로서 해석될 필요가 있다. 이 상황을 이해하기 위해서, 우리는 유색 셀로판지를 통해 대상을 파악하는 것을 상상해 볼 수 있다. 그 셀로판지를 통해 대상을 볼 때, 우리는 대상을 명료하게 파악할 수는 있어도 그 대상을 있는 그대로 파악하고 있다고까지 말할 수는 없다. 이로부터 두 개의 논점들이 생겨난다. 그 중 하나는, 이 해석적 이슈와 관련해서 "전기" 대 "후기" 쇼펜하우어의 구분이 존재하지 않는다는 것인데, 그 이유는 논란이 되는 그 발췌문은 1821년으로 거슬러 올라가며, 1844년의 제 2판에서 반복되기 때문이다. 두 번째 논점은, 여기서 쇼펜하우어는 단지 철학적 완벽성을 위해서, 우리가 물자체

46　이 노트 발췌문은 *Manuscript Remains*, Vol.III, Reisebuch 1818-22, Section 98, p.40에 있고, 『의지와 표상으로서의 세계』, 제 2권, 18장, "On the Possibility of Knowing the Thing in itself"(trans. E. F. J. Payne), pp.196-198에도 그것과 유사한 발췌문이 있다.

를 파악하는 방식과 물자체가 그 자체로서 존재하는 방식 사이의 작은
틈 속에 (그가 인정하는) "얇은" 시간의 베일에 의해 불명확해지는 물
자체의 어떤 실질적인 차원이 존재할지도 모른다는 약간의 가능성을
인정한다고 주장될 수도 있다는 점이다.

다른 각도에서 보면, 우리는 쇼펜하우어가 물자체가 더 이상의, 절대
적으로 알지 못하는 차원들을 지닐지 모른다는 것을 인정하는 것이, 그
가 의지의 완전한 부정으로부터 생겨날지도 모른다고 믿는, 황홀하고
계시적인 신비적 체험의 유형들에 긍정적인 여지를 남겨 두려는 시도
라고 생각할 수 있다. 왜냐하면, 실제로 그는 그의 철학이 제공할 수 있
는 것을 넘어서는 다음 단계로서의, 신비주의자들의 형용불가능한 경
험으로 주의를 돌리도록 하기 때문이다.[47] 하지만 이런 해석방식을 피
해야 하는 좋은 이유들이 있다. 첫째로, 만약 물자체가 (쇼펜하우어가
가정하는) 시간의 얇은 베일 이면에 무수히 많은 은폐된 측면들을 품
고 있는 것으로 이해된다면, 그 베일은 더 이상 얇은 것이 아니게 되고,
이는 물자체로서의 의지를 인식하는 것에 대한 쇼펜하우어의 많은 기
술들과 모순된다.

둘째로, 다차원적인 물자체의 가설은 쇼펜하우어가 물자체를 자족적
인 "의지" 자체로 규정하는 것과도 모순될 뿐 아니라, 그의 철학을 무
너뜨린다. 물자체가 실질적으로 의지가 아니라면, 물자체가 충족이유

---

47 우리는 이런 해석을 니콜스(Moira Nicholls)의 에세이인 "The Influences of
Eastern Thought on Schopenhauer' s Doctrine of the Thing-in-Itself", in Christo-
pher Janaway, *The Cambridge Companion to Schopenhauer* (Cambridge: Cam-
bridge University Press, 1989)에서 발견한다. John Atwell의 *Schopenhauer on the
Character of the World*: *The Metaphysics of Will* (Berkeley/Los Angeles/London:
The University of California Press, 1995)은 Julian Young이 그의 *Schopenhauer*
(London and New York: Routledge, 2005), chapter 4에서 제시하는 해석과 상당히
비슷한 내용을 담고 있는 것으로 보인다.

율에 의해서 나눠질 때, 폭력성이 발생할 수 있는 어떤 이유도 없다(그리고 폭력성은 쇼펜하우어의 세계관에 있어 핵심적이며 1차적으로 의지 부정의 동기를 부여하는 것이다). 물자체가 의지라는 것을 인정하지 않으면, 항상적인 고통과 욕구라는 필연적인 특질을 표상으로서의 세계에 귀속시킬 수 없고, 일단 우리가 이 점을 인정한다면, 쇼펜하우어의 철학은 붕괴된다.

유일하게 그럴듯한 해석 방식은, 우리가 이제껏 제안한 바와 같이, 완전한 의지의 부정이 더 이상의 형이상학적 지식을 낳을 수 있는 것으로 이해될 수 없다고 주장하는 것이다. 그 경험은, 사실상 모든 곳에 침투해 있는 중독을 정복한 것으로부터 오는 크나큰 안도감과 고요함 이상의 것을 포함하지 않는다.

절대적으로 부담이 없는 이 최종적 상태는, 라파엘로와 코레지오의 그림들에 등장하는 인물들의 평온한 표정과 조화된다. (그 그림들은 제 3부의 말미에서 쇼펜하우어가 완전한 기독교적 의식에 대해 기술할 때에도 소개된다.) 결국 쇼펜하우어는 엄격한 기독교 교리의 옹호자로서가 아니라, 기독교의 기본 정신의 옹호자로서 말한다. 그는 기관으로서 혹은 교리들의 총합으로서의 기독교엔 관심이 없다. 쇼펜하우어는 다만, 독자들이 사물들의 단지 외적이고 과학적으로 이해 가능한 껍질에만 너무 주의를 기울이는 것과는 반대로, 그것들의 내적인 실재를 관조하고 느끼도록 독려하는 철학적 노력 속에서, (아마도 예수가 경험했을) 진정한 금욕적 의식을 제시하는 것에 관심이 있다.

쇼펜하우어가 직접 소장했던, 『의지와 표상으로서의 세계』의 제 3판(1851)의 사본에서, 그는 자신의 철학의 종착지가 "정확히 불교도들의 반야바라밀다"(Pradschna-Paramita)(즉 주관과 객관의 구분을 넘고 모든 지식을 초월하는 상태)라고 친필로 적어 놓았다.[48] 우리가 그 텍스

트의 마지막 부분에서 볼 수 있듯이, 쇼펜하우어는 그 최종 상태를 (그
자신이 이해하는 대로의) 불교적인 "열반" 혹은 힌두의 "브라만에의
재흡수"와 동일시하길 바라지 않는다.

　오히려, 쇼펜하우어는 암묵적으로 『금강경』(*Diamond Sutra*)(선 불
교 전통에서 유명한 하나의 경전)을 염두에 두고 있다. 우리는 더 이상
의 설명을 위해 이 책을 살펴볼 수 있다. 이 경전(sutra)의 주요 측면들
중 하나는, 어떻게 단어들이 실재를 포착하지 못하는지를, 어떻게 어떤
개념도 신성하지 못한지를, 그리고 어떻게 진리가 오직 직접적인 통찰
을 통해서만 드러날 수 있는지를 말로써 설명한다. 형이상학적인 진리
를 드러내는, 일종의 철학적 경전으로 간주될 수 있는 문헌인 『의지와
표상으로서의 세계』에 이 내용이 적용되었을 때, 우리는, 세계가 그 모
든 행성들과 은하들과 함께 하찮기에, 그 물리적 우주의 일부로서의 쇼
펜하우어 자신의 저서도, (그 철학적 표현으로 높이 평가받아야 하겠
지만) 그가 살려는 의지의 부정으로서 언급하며 불교적인 반야바라밀
다(*Prajñāpāramitā*)와 연결시키는, 언어로 표현될 수 없는 마음의 상
태에 대한 표지와 지시물에 불과하다는 입장에 도달하게 된다.

　이런 면에서, 그리고 쇼펜하우어가 이 후의 사상가들에 끼친 영향에
대한 앞으로의 논의를 예상토록 하기 위해 말하자면, 쇼펜하우어의
『의지와 표상으로서의 세계』의 결론은 비트겐슈타인의 『논리-철학 논
고』(*Tractus Logico-Philosophicus*)의 결론에 영감을 주었다고 하겠다.
후자의 책은 100년 남짓한 시간 후인 1921년에 간행되었는데, 그것 역

48　쇼펜하우어가 참조한 문헌은 Issak Jakob Schmit(1779-1847), "On the Mahaja-
na and Pradschana-Paramita"이다. I. J. Schmidt, *Über das Mahâjâna und Prad-
schnâ-Pâramita der Bauddhen*, *Mémoires de l' Académie Impériale des Sciences de
St. Pétersbourg*, 6th Series, pt. 2 (Sciences Politiques, Histoire et Philologie), IV
(1836), pp.145-149를 참조하시오.

시 직접적인 통찰과 침묵의 불교적 논점으로 우리를 인도한다. 비트겐슈타인은 아래와 같이 적는다.

> 6.54 나의 명제들은 이렇게 설명한다: 나를 이해하는 사람은, 그가 그 명제들을 통해서 위로 올라가고, 그것들 위에 올라섰을 때, 그 명제들이 종국에는 의미가 없다는 것을 확인한다(말하자면 그는, 사다리를 통해 위에 올라선 후에는, 그것을 던져 버려야 한다). 그는 이 명제들을 극복해야 한다; 그러면 그는 세계를 정확하게 볼 수 있다.

> 7. 우리는 말할 수 없는 것에 대해 침묵해야만 한다.[49]

연구를 위한 물음들

1. 쇼펜하우어는 어떻게 "그름"과 "나쁨"을 정의하는가?
2. 쇼펜하우어에 따르면, "정의로운" 사람, "고귀한 사람", 그리고 "성스러운" 사람들 간의 차이점은 무엇인가?
3. 왜 살려는 의지의 완전한 긍정은 용기, 두려움 없음, 그리고 영생의 느낌들을 일으키는가?
4. 왜 성스러운 사람은 살려는 의지를 부정하는가?
5. 자살이 한 사람의 생을 마감하는 행위라면, 왜 자살이 살려는 의지의 긍정의 예가 되는가?
6. 완전한 살려는 의지의 부정은 더 이상의 형이상학적 지식을 제공하는가?

---

49 Ludwig Wittgenstein, *Tractatus Logico-Philosophicus* [1921-22], in *Schriften*. Frankfurt am Main: Suhrkamp Verlag, 1060, p.83 (저자 번역)

『의지와 표상으로서의 세계』는 쇼펜하우어의 생애 대부분의 시간 동안
에는 큰 영향력을 지니지 못했다. 그 책은, 그가 63세였던 1851년, *Par-erga and Paralipomena*가 출판된 이후에서야, 많은 이들에게 높이 평
가되었다. 1850년대 이후로 줄곧, 쇼펜하우어의 영향력은 음악, 문학,
미술, 심리학, 철학 등의 영역으로 급속히 퍼져 나갔고, 그 영역들의 대
표자들 중 일부의 마음을 흔들었다. 이 책을 마무리하는 앞으로의 논의
속에서 분명해지겠지만, 그가 가장 강력하게 영향을 준 사람들은 음악
가, 화가, 그리고 작가들이다.

　현대의 철학적인 청중들에게는, 쇼펜하우어의 음악 이론은, 그것이
지금은 한물간 **의지**의 형이상학에 의존한다는 이유로, 여전히 영감을
주는 것이라기보다는 하나의 역사적인 유물 정도의 의미를 지닌다. 거
대 담론 형식의 체계적인 형이상학적 사변이 여전히 주류의 지적 활동
이었던 19세기 후반 동안에는, 그의 음악 이론은 심대한 영향을 끼쳤
다. 음악가들 중에서, 쇼펜하우어의 음악 이론과 그의 철학 전체에 대
한 가장 잘 알려진 옹호자는, 현대 음악의 토대를 확립한 기린아적 이
상주의자인 바그너(1813-83)이다.

　바그너가 1870년에 쓴 베토벤에 대한 에세이에서 알 수 있듯이, 바
그너에게 가장 감명을 준 생각은, 의지가 끝없이 투쟁하는 에너지이고,
그 에너지는 (그것의 최고의 발현들 속에서) 갈망하는 욕구의 연속체

로서 정서적으로 자신을 표현한다는 것이다. 이 욕구의 연속체가 소리
로 번역되었을 때, 그것은 연장된 기간 동안 결코 충분히 해소되지 않
는 정서적인 부유(浮遊)상태(emotional suspension)속에 우리를 붙잡
는 음악적 흐름을 산출한다. 그 소리의 흐름은 정서적 부유, 기대, 내적
인 긴장을 지속토록 하는 새로운 구조들로 반복적으로 변형된다. 바그
너의 후기 음악은 이런 종류의 경험을 제공하는데, 이는 진실로 바그너
가, (의지 자체가 개인적 의지에 반영되는) 이상적 음악가에 대한 쇼펜
하우어의 생각을 자기-의식적으로 구현했기 때문이다.

바그너는 1854년에 『의지와 표상으로서의 세계』를 읽고, 화성적인
걸림(harmonic suspension)과 반음계의 작곡 양식(chromaticism)의
사용하는, 쇼펜하우어 이론의 사례가 될 뿐 아니라 이후의 작곡가들이
전통적인 음조에 대한 관점들과 결별하게끔 영감을 준 음악적 스타일
을 발전시켰다. 바그너 자신의 예는 그의 오페라 『트리스탄과 이졸데』
(*Tristan and Isolde*)(1856-1859)에서 모범적으로 발견된다. 그 오페
라 속에는, 유명한 "트리스탄 코드"(Tristan chord)(F, B, D#, G#의 음
표들로 표현되는 인터벌들)안에서 압축된, 20세기 음악으로의 형식적
인 돌입이라고 때때로 평가되는 정서적인 긴장과 부유의 상태가 존재
한다.

바그너로부터 무조(無調) 음악으로의 길은 직접적이진 않다. 이는
세잔느가 피카소의 씨앗을 포함하더라도 피카소에 도달하기 위해서 세
잔느의 회화스타일을 상당히 변화시켜야 하는 것에 비유될 수 있다. 무
조 음악의 중심적인 대표자인 아르놀트 쇤베르크(Arnold Schönberg)
(1874-1951)는 그의 작품에서 쇼펜하우어와 바그너 양자의 중요성을
인지하고 있다. 쇼펜하우어의 글들에 대한 언급은 쇤베르크의 『화성의
이론』(*Theory of Harmony*)(1911)과 구스타프 말러(Gustav Mahler)

에 대한 강의(1914)에서도 등장한다.

무조의 구조들(atonal structures) 자체의 표현적 특질들에 대해 고
찰하기만 하더라도, 우리는 쇼펜하우어의 20세기 음악에서의 현존을
이해할 수 있다. 그 구조들은 종종 귀에 거슬리고, 고통스러우며, 혼란
스럽고, 혼돈스러우며, 분노를 자아내고, 불안하게 한다. 이런 것들은
항상 투쟁하지만 항상 좌절하는 의지를 특징짓는 복잡한, 해소되지 않
은 감정들을, (바그너에서 자주 발견할 수 있는) 부드럽고 몽환적인 방
식이 아니라, 보다 금속 같고, 갑작스러우며, 불안정한 방식으로 표현
한다. 이런 방식은, 해결되지 않은 외상(外傷)의 심리적 특성들은 말할
것도 없이, 20세기 초반의 혼란과 혹독한 절망의 문화적 정신의 특징
중 하나이다. 이런 면에서, 그리고 로시니와 모차르트에 대한 쇼펜하우
어 자신의 개인적 선호에도 불구하고, 1818년 『의지와 표상으로서의
세계』가 최초로 출판되고 한 세기가 지난 후 쇼펜하우어의 음악 이론
과 형이상학은, 바그너가 영감을 준 20세기의 무조 음악 안에서 적절한
예술적 발현의 형식을 찾았던, 고통 받는 영혼을 표현하는 특성들을 개
방한다.[1]

쇼펜하우어가 바그너에게 영향을 준 한에서, 후자가 영화 음악에 영
감을 주었다는 것 역시, 초기 영화들과 이후의 현대 영화들 속에서의
쇼펜하우어의 현존을 나타낸다. 초기 영화들에서 인물들 각각은 특정
한 주제 음악 혹은 라이트모티프(leitmotif)와 연결되고, 현대 영화에

---

1   바그너가 그의 『니벨룽겐의 반지』(Der Ring der Niebelungen)의 사본을 쇼펜하우
어에게 보냈을 때, 쇼펜하우어는 바그너가 음악가보다는 시인으로서 더 훌륭하고 작
곡을 그만두는 편이 나으며, 자신은 로시니와 모차르트에 여전히 충실하다고 응답하
였다. Arthur Hübscher, The Philosophy of Schopenhauer in its Intellectual Context:
Thinker Against the Tide, trans. Joachim T. Baer and David E. Cartwright (Lewis-
ton, NY: Edwin Mellen Press, 1989), p.428.

서는, 바그너가 의미 있는 방식으로 창안한 더 복잡한 화성학적 개념들 덕분으로, 인물들의 정서적인 측면들이 더욱 풍성한 음악적 표현을 지니게 된다. 바그너의 영향, 그리고 함의에 의해서, 쇼펜하우어의 영향은 맥스 스타이너(Max Steiner)(예컨대, 『바람과 함께 사라지다』[1939]), 존 윌리엄스(John Williams)(『스타워즈』[1977]), 그리고 하워드 쇼어(Howard Shore)(『반지의 제왕』 3부작[2001-3])의 스타일을 반영하는 영화 음악들로 확장된다. 일반적으로 말해서, 바그너 안에서 새로운 수준으로 발휘되고 있는, 음악 안에서 복잡한 감정들을 묘사하는 능력은 음악을 의지의 직접적 표현으로 간주하는 쇼펜하우어의 이론에 그 뿌리를 두고 있다.

우리가 바그너의 환경(milieu)으로 다시 돌아가면, 쇼펜하우어의 음악 이론과 삶의 긍정은 니체의 비극에 대한 이론의 형성에도 기여했다. 니체는 『의지와 표상으로서의 세계』의 §54에서 영감을 떠올리는데, 완전히 삶을 긍정하는 인간 유형에 대한 비옥한 묘사가 여기에서 등장한다. (비록 쇼펜하우어는 그런 [삶의 긍정의] 태도를 옹호하진 않지만 말이다.) 우리가 이미 이전 장에서 살펴보았듯이, "삶 자체"에 대한 에너지들과 동일시하면서, 초인적인 용기, 대담성, 영감, 열정, 그리고 모든 생명체 속에서 자신의 삶이 계속해서 반복된다는 느낌을 자극하는, 영원한 삶에 대한 의식이 발생하게 된다.

완전하게 삶을 긍정하는 사람에 대한 쇼펜하우어의 기술이 니체의 성숙한 철학 속에서 나타나는 초인과 영원회귀의 개념들에 끼친 영향과는 별도로, 니체의 초기 저작들은 고대의 비극이 그 전성기의 공연들과 함께, 어떻게 청중들에게 형이상학적 위안을 주었는지를 보여 주기 위해 쇼펜하우어의 삶의 긍정에 대한 설명에 의지하고 있다. 이런 형이상학적 위안은 청중들이 삶 자체의 에너지들과 자신을 동일시하도록 자극할 수 있는 비극이 지닌 힘으로부터 비롯된다. 그리고 니체는 비극의 합창과 그 에너지들을 연결시키는데, 그 에너지들에 대한 관념은 쇼펜하우어가 음악을 의지의 모사로서 간주하는 것으로부터 나온다. 니체의 어휘로 표현하자면, 이런 "디오니소스적" 에너지들은 모든 예술 장르들 중에서 음악을 통해 가장 잘 표현되고, 이런 관찰로부터 니체는, 바그너의 음악이 야생의 생명력과의 일체감을 불러일으킴으로써, 19세기 유럽의 문화를 부활토록 할 수 있다고 굳게 믿었다. 이런 생각을 담은 『비극의 탄생』(The Birth of Tragedy)을 니체가 썼을 때, 바그너와 니체는 사실상 부자관계와도 같은 절친한 친구관계를 맺고 있었는데, 이는 그들 모두 쇼펜하우어와 음악에 매료되었다는 사실에 기초한다.

　의지가 물자체라는 쇼펜하우어의 주장은 니체의 힘에의 의지 사상에도 반영된다. 두 사상가들은 모두 의지가 사물의 내적인 실재라고 생각한다. 어떤 맥락에서 니체는, 그 자신이 쇼펜하우어와 칸트의 내적 실재들에 대한 관심과 밀접하다는 것을 드러내는 언어적 형식을 사용해서, 힘에의 의지를 세계의 "가지적인 성격"이라고 언급한다.[2] 니체가 쇼펜하우어의 생각들을 수용하는 거의 모든 경우들에서 그러하듯, 니체는 창조적으로 쇼펜하우어의 원래의 생각들을 변형한다. 의지와 관련해서 말하자면, 그는 쇼펜하우어의 **결여**로서의 의지 개념을 타오르는 태양과 같은 항상적인 에너지의 **넘쳐흐름**(overflow)의 개념으로 변형시키고, 그것을 **힘에의** 의지라고 더욱 적절히 기술한다. 쇼펜하우어의 의지 개념이 갈망, 결핍, 욕망, 요구, 빈곤, 갈증 등을 연상케 하는 반면, 니체의 그것은 범람, 과잉, 잉여, 넘쳐 남, 분출, 그리고 방사(ra-

---

2   *Beyond Good and Evil*, §36.

diation) 등을 암시한다.

그럼에도 불구하고, 갈등으로 가득한 경기장으로서의 시-공간적 세계에 대한 쇼펜하우어의 시각은, 니체가 그의 초기 저작들에서 고대 그리스의 놀라운 문화적 힘의 비밀을 기술하기 위해 언급한 아곤(*agon*) 혹은 경쟁에 대한 언급과 잘 들어맞는다. 아곤의 개념을 통해 또 한번, 쇼펜하우어의 보편적인 투쟁의 개념(홉스에 의해 유명해진, 악한 *bellum omnium contra omnes*)은 한발 앞서가려 하는 것, 정정당당한 경쟁에 대한 사랑과 승리에 대한 건전한 관점으로 긍정적으로 변형된다.

시-공간적 세계에 대한 쇼펜하우어의 광폭한 이미지 역시, "삶"에 대한 니체의 무르익은 관점과도 들어맞는데, 이 관점은 착취, 공격, 상해, 폭력, 전유, 억압, 곤란, 기만, 권력에의 본능, 무도덕성, 그리고 약자에 대한 강자의 지배로 구성된다.[3] 쇼펜하우어가 기술하는 방식대로, 충족이유율은 이런 관점에 선행하는 것인데, 다만 공격성은 니체에 의해 거부되기보다는 포용된다.

독자들에게는 지금쯤, 쇼펜하우어와 니체의 논의들이 가끔씩 그것들의 언어적 표현 면에서 서로 비슷하다는 것이 명확해졌을 것이다. 그 논의들 사이의 차이점들은 고통과 괴로움의 의미와 가치에 대한 대조되는 태도들에 있다. 쇼펜하우어는 전통적인 도덕적 정서를 구현하며 고통으로 가득한, 시-공간적인 세계에 역겨워하고, **의지**가 독을 품은 힘이라고 본다. 보다 덜 연민-지향적인 정신을 지닌 니체는 무도덕적인 우주적 에너지의, 건강함을 생성할 수 있는 잠재적 속성들을 칭송한다. 쇼펜하우어와 니체 간의 이런 대조는 리하르트 스트라우스(Rich-

---

3 예를 들어, *Beyond Good and Evil* (1886), §259, *The Birth of Tragedy*, "Attempt at Self-Criticism", §5 (1886), *On the Genealogy of Morals*, Second Essay, §11 (1887), 그리고 *The Antichrist*, §6 (1888)을 참조하시오.

ard Strauss)(1864-1959)의 상반된 태도들에서 나타난다. 스트라우스
는 그의 초기 작품들, 예컨대 오페라 『군트람』(*Guntram*)(1894)에서는
쇼펜하우어의 생각들을 구현했으나, 이후에는 결국 그것들을 버리면
서, 음시(音詩)(tone poem)인 『차라투스트라는 이렇게 말했다, Op.
30』(*Also Sprach Zarathustra, Op. 30*)(1896)에서 알 수 있듯이, 더 니
체적인 관점 쪽으로 기울어지게 되었다.[4]

쇼펜하우어가 바그너와 니체에 영향을 주게끔 한 것은 서양 철학의
주류적인 정신으로부터의 쇼펜하우어의 이탈이다. 그 정신은, 1700년
대 말에 이르기까지, 곧 "무의식"이라고 규정될 심리적이고, 본능적이
며, 생물학적인 과정들에 대해 오직 미미한 역할을 부여해 왔다. 쇼펜
하우어를 예고하며, 노발리스(Novalis)(1772-1801) 등의 독일 낭만주
의 작가들은 무제한의 의미적인 깊이를 갖는 것인 동시에 정신병의 근
원으로서 마음의 무의식적인 부분을 충격적으로 언급한 바 있다.[5] 독
일 낭만주의의 철학자 셸링 역시 무의식이 하나의 형이상학적 원리라
고 말했다. 쇼펜하우어는 셸링의 철학을 공부했고 칸트의 철학에도 심
취했다. 칸트의 철학은 그 자체로서 정신의 숨겨진 측면들을 인지하
고, 이런 측면들을 시간과 공간으로부터 독립한 영역에서 사변적으로
찾았다.

주지하듯이, 쇼펜하우어는 무의식적인 충동들을 사물의 핵심에 위치
한 내부적인 의지의 발현들로 보았다. 이 충동들은, 식물과 동물들의
행동들 속에서 특히 분명히 드러나고, 모든 것의 밑에 깔려있는 형이상

---

4 Charles Youmans, "The Role of Nietzsche in Richard Strauss's Artistic Devel-
opment", *Journal of Musicology*, Vol.21, No.3 (Summer 2004), pp.309-342.
5 L. L. Whyte, *The Unconscious before Freud* (New York: Basic Books, 1960),
p.121.

학적으로 동기화하는 힘들로서 현존한다. 이런 관점에 있어 지배적인 것은 생존과 재생산의 의지이고, 그 관점은 생의 긍정과 성적 충동들을 직접적으로 연결한다. 이에 따라 쇼펜하우어는 §60에서, 성적인 충동과 관심은 삶의 긍정의 영역을 지배한다고 기술하고, 자연적인 인간의 심리에 대한 그의 관점은 성욕의 만족을 삶의 가장 설레게 하는 목표들 중 하나로 본다. 프로이트를 예고하며, 쇼펜하우어는 우리의 살려는 의지 안에서 구현되는 무의식적 에너지들이 근본적으로 성적이라고 제안한 최초의 사상가들에 속한다.[6]

이런 면에서, 쇼펜하우어가 맹목적으로 추구하고, 비이성적이며, 모순되는 형식들을 발현하고, 시간으로부터 독립해 있고, 무-도덕적이고, (더 복잡한 생명의 형식 속에서 발현될 때) 성적인 것으로 의지를 규정하는 것은 프로이트의 "이드"(Id)에 대한 생각을 예비하며 그것과 잘 비교가 된다. 이것은 무의식의 지배적인 부분이고, 다양한 형태의 성적인 에너지들의 자리이며, 우리 행동의 주도적인 추동력들 중의 하나이다.[7]

프로이트와 쇼펜하우어 간의 역사적 관계는 아직 불분명한 상태로 남아 있다. 왜냐하면 말년이 되어서야, 오직 제한된 의미에서 프로이트는 쇼펜하우어의 생각과 그의 정신분석학 사이의 유사성을 인정하였기 때문이다.[8] 억압 이론과 같은 몇 몇 구체적인 논점들과 관련해서, 프로

6 『의지와 표상으로서의 세계』(*The World as Will and Representation*) 제 2판에 등장하는 "The Metaphysics of Sexual Love"(「성적인 사랑의 형이상학」)이란 이름의 챕터(chapter XLIV)는 이점을 가장 명확하게 알려 준다.

7 프로이트의 *New Introductory Lectures on Psychoanalysis* (1933), trans. James Strachey (New York: W. W. Norton & Company,1965) pp. 65-66에서, 우리는 이드(the Id)의 본질에 대한 설명을 접할 수 있다.

8 *New Introductory Lectures on Psychoanalysis*, p.95

이트는 쇼펜하우어를 접함으로써 자신의 사상에 도달하였다는 것을 명시적으로 부인한다.[9] 그럼에도 프로이트의 "이드"와 쇼펜하우어의 "의지" 간의 내용 면에서의 강한 일치성은 무의식을 주로 성적으로 바라보는 그의 이론이 쇼펜하우어적인 뿌리를 지닌다는 것을 시사한다.

쇼펜하우어는 그 자신의 내면 깊숙한 곳을 들여다보고, 그가 그 곳에서 발견한 충동적이고 성적이며 비합리적이고 본능적인 에너지들의 원천을 파악하여, 이 발견을 실재의 내적인 본질에 대한 가설로서 투사했을 것으로 보인다. 객관적으로 제시된 시-공간적 세계의 내적인 본질을 의지(Will)로 간주하는 쇼펜하우어의 의지의 형이상학은, 그 자신이 시-공간적 세계를 (성적으로 추동되며 확대된 "의지"[will]와 "표상"의 내·외적 측면들을 지니는) 인간 신체의 대우주적인 변형으로 파악했다는 것을 대규모적으로 표현한다.

우리가 일단, 쇼펜하우어가 자연미를 왜곡된 방식으로 쾌감을 주는, 보이지 않는 내부적 실재를 감추는 외양으로서 간주한다는 점을 회상하면, 프로이트와 쇼펜하우어의 인간의 삶에 대한 규정들 간에 유사성이 있음을 분명히 알아차릴 수 있다. 쇼펜하우어에 의하면, 이 내부적 실재는 인간의 영혼 안에서, 더 나아가 다른 모든 존재들 안에서, 폭력적이고, 고통스러워하고, 공격적이며, 비도덕적인 에너지로서 자신을 객관화한다. 프로이트에 따르면, 이 내부적 실재는 살육적이고 근친상간적인, 같은 종류들의 에너지를 포함한 **이드**이다. 쇼펜하우어와 프로이트 모두, 밖으로 드러난 객관적인 외양들이 그 이면의 혐오스럽고도 가공할 만한 내부적 실재를 은폐하고 있다고 보고 있는 것이다. 프로이트가 보기에, 심리적인 현상들 가운데 꿈이란 것은 이 내부적 실재를

9　프로이트는 그의 1914년 저서인 *The History of the Psychoanalytic Movement* (Kessinger Publishing, 2004), p.7에서 이를 명시한다.

보여주면서도 감추는 기능을 한다. 쇼펜하우어가 보기에, 플라톤적 이 데아들은 유사한 방식으로 내부적 실재를 표현함과 동시에 그것을 진 정시킨다.[10]

근본적으로 광폭한 실재에 대한 이미지가 유발할 수 있는 염세주의 와 관련하여 말하자면, 쇼펜하우어의 영향력은 (그가 이미 중년일 때 태어난) 일군의 염세주의적인 철학자들에게 확장되었다. 이런 철학자 들은 하르트만(Karl Robert Eduard von Hartmann)(1842-1906), 마 인랜더(Philipp Mainländer)(1841-76) 그리고 반젠(Julius Bahnsen) (1830-1884) 등인데, 이들 모두는 쇼펜하우어의 관점을 변형시켜 보 다 더 온건한 (하르트만의 경우) 혹은 더 강도 높은 (반젠과 메인랜더 의 경우) 버전의 염세주의를 만들어 냈다.[11] 보르헤스(Jorge Luis Borg- es)(1899-1986) 역시 쇼펜하우어의 영향을 받았는데, 존 돈(John Donne)의 자살에 대한 고찰, 즉 비아타나토스(*Biathanatos*)와 관련한 논의의 맥락 속에서, 마인랜더에 대해 기술했다.[12] 보르헤스가 간결하 게 마인랜더의 관점을 기술하는 방식대로라면, 마인랜더는 "신은 존재 하길 원하지 않으셨기에, 우리는 시초에 자신을 파괴하신 신의 파편들

---

10 니체는 *The Birth of Tragedy*에서 꿈과 플라톤적 이데아가 함께 "아폴론적인" 예 술적 기록(artistic register)을 규정하는 것이라고 언급하며 양자(꿈과 이데아)를 통찰 력 있게 연결시킨다.
11 반젠과 마인랜더의 주요 저서들의 영어 번역본은 현재로선 없다. 반젠의 관점들 에 대한 요약을 참조하고 싶다면, Harry Slochower, "Julius Bahnsen, Philosopher of Heroic Despair, 1830-1881", *The Philosophical Review*, Vol. 41, No. 4(July 1932), pp.368-384를 보시오. 마인랜더의 주저는 1876년부터 77년까지 집필된 *Philosophie der Erlösung*(『구원의 철학』)이다.
12 보르헤스는, 자신이 볼 때 정확한 세계상을 제공하는 유일한 철학적 관점은 쇼펜 하우어의 그것이라고 기술한다. Jorge Luis Borges, *Other Inquisitions, 1937-1952*, trans. Ruth L. C. Simms (Austin: University of Texas Press, 1964), "Avatars of the Tortoise", p.114를 읽어 보시오.

이다."라고 생각한다.[13] 현대의 용어로, 그리고 느슨하게 적자면, 빅 뱅
(Big Bang)은 신의 자살을 표현한다.

　바그너, 니체, 하르트만, 마인랜더, 반젠, 그리고 보르헤스의 관점들
내에선, 쇼펜하우어의 영향은 명시적이고도 광범위하다. 프로이트의
경우, 아마도 그의 영향력은 프로이트가 인정하고자 하는 것보단 더 넓
게 행사되었을 것이다. 다른 인물들, 특히 문학가들도 쇼펜하우어에 의
해 영향을 받았다고 종종 언급되지만, 쇼펜하우어가 그들에 미친 영향
이 크다고 주장하는 것에 대해 조심스러워 할 필요가 있다. 그 이유는,
쇼펜하우어로부터 영향을 받았을 것이라고 언급되는 작가들 스스로가
그 점을 기꺼이 인정하지 않는다는 사실이다. 통상적으로 한 작가에 대
해 많은 영향들이 존재하고, 그 영향들은 때때로 간접적이다. 몇 몇 해
석자들에 따르면 이는 콘래드(Joseph Conrad)(1857-1924)의 경우 맞
는 얘기인 것으로 보인다. 콘래드의 문학 안에서 쇼펜하우어의 영향은
존재하더라도, 그것은 간접적일 가능성이 높다. 어떤 연구자들은, 콘래
드가 쇼펜하우어적인 논점들에 대해서 배우긴 했으나 주로 다른 작가
들로부터 그렇게 했고, 쇼펜하우어에 대한 공부를 많이 하진 않았다고
주장한다.[14]

　멜빌(Herman Melville)(1819-1891)과 쇼펜하우어 간에는 묘한 관
계가 성립한다. 멜빌의 작품들엔 꽤 많은 쇼펜하우어적인 이미지들과
주제들이 담겨있지만, 그는 말년에 『의지와 표상으로서의 세계』의 첫
번째 영어 번역본(1883년 발행)을 얻게 된 후, 쇼펜하우어에 관심을 가

13　Jorge Luis Borges, *Other Inquisitions*, *1937-1952*, "The Biathanatos", p.92.
14　Owen Knowles, " 'Who' s Afraid of Arthur Schopenhauer?' : A New Context
for Conrad' s Heart of Darkness", *Nineteenth Century Literature*, Vol. 49, No.1
(June 1994), pp 75-106.

졌다. 그는 이 책을 주의 깊게 읽었고, 그것에 주(註)를 달기도 했다. 멜빌은, 그가 젊었을 적이었던 1849년, 유럽 여행 중 조지 아들러 (George J Adler)(1821-68)라는 이름의 뉴욕대학교 독문과 교수를 통해서 쇼펜하우어를 접했을 수도 있다. 하지만, 멜빌의 대표작인 『모비딕』(Moby Dick)(1851)은 쇼펜하우어의 사상과 작품들의 영어판 해설서들이 발행되기 전에 저술되었다.[15] 멜빌이 죽기 직전에 쓴 작품인 『선원 빌리 버드』(Billy Budd, Sailor)(1886)는 쇼펜하우어와의 강한 유사성을 지니는 데, 예를 들면, 빌리 버드는 쇼펜하우어가 §67에서 묘사하는 좋은 사람의 한 사례가 된다. 그래서 이 작품에의 쇼펜하우어의 영향은 더욱 분명하다고 하겠다.[16]

하디(Thomas Hardy)(1840-1928)와 쇼펜하우어의 관련성도 비슷한 경우들 중 하나이다. 하디와 쇼펜하우어의 관계에 대한 많은 연구들은 쇼펜하우어가 상당히 하디에게 영향을 미쳤다는 것에 동의한다. 우리는 그의 마지막 두 소설들인, 『테스』(Tess of D'Urbervilles)(1891) 그리고 『비운의 주드』(Jude the Obscure)(1895)의 불운으로 가득한 행로만 보더라도, 이 명제(즉, 쇼펜하우어가 하디에게 상당한 영향을 미쳤다는 것)가 외견상 그럴 듯하다는 것을 이해할 수 있다. 하디는 그가 쇼펜하우어를 읽었다는 것을 인정했지만, 동시에 다른 인물들, 예를 들면 다윈, 헉슬리, 스펜서, 콩트, 흄, 그리고 밀을 더 폭넓게 읽었다고 덧붙이는데, 이 말은 쇼펜하우어가 그에 미친 영향을 불분명하게 한다.[17]

---

15   R. K. Gupta, "Moby Dick and Schopenhauer", *International Fiction Review*, 31.1-2 (2004), pp.1-12.

16   Olive L. Fite, "Budd, Claggert and Schopenhauer", *Nineteenth-Century Fiction*, Vol. 23, No. 3 (December 1968), pp. 336-343.

17   T. J. Diffey, "Metaphysics and Aesthetics: A Case Study of Schopenhauer and Thomas Hardy", in Dale Jacquette (ed.), *Schopenhauer, Philosophy and the Arts*

그는 쇼펜하우어의 핵심적 생각과 이미지들의 일부를 흡수했지만, 여전히 어떤 연구가들은 하디의 쇼펜하우어에의 노출이 피상적인 것은 아니었을까 의심한다.[18]

대조적으로, 우리는 1908년에 로렌스(D. H. Lawrence)(1885-1930)가 쇼펜하우어의 사랑에 대한 형이상학적 논의를 읽고 주해했으며, 그의 문학작품들의 대부분을 그 이후에 저술했다는 사실을 알고 있다.[19] 조지 엘리엇(George Eliot)은, 쇼펜하우어 철학의 첫 번째 영문 개요가 『웨스트민스터 리뷰』(The Westminster Review)에 실렸을 때, 그 잡지의 부편집장을 지냈다. 그 역시 쇼펜하우어의 생각들을 흡수했고, 어떤 이들의 주장에 따르면, 그것들을 그의 영향력 있는 소설인 『미들마치』(Middlemarch)에 통합시켰다.[20]

톨스토이(1828-1910)는 1869년에 쇼펜하우어를 꽤 오랜 시간 읽었고, 『의지와 표상으로서의 세계』가 러시아어로 번역되도록 하는 데 일조했다.[21] 그는 역시 『안나 카레니나』(Anna Karenina)를 집필하는 동

(Cambridge: Cambridge University Press, 1996), pp.229-248.

18   Bryan Magee는 그의 The Philosophy of Schopenhauer (Oxford: Oxford University Press, 1983), pp.382-385에서 쇼펜하우어가 하디에 미친 영향에 대해 논한다. Robert Schweik은 그의 논문, "The Influence of Religion, Science and Philosophy on Hardy's Writings", The Cambridge Companion to Hardy (Cambridge: Cambridge University Press, 1999), pp.54-72에서 반대되는 견해를 제시한다.

19   Mitzi M. Bumsdale, "The Effect of Mrs. Rudolf's Translation of Schopenhauer's 'The Metaphysics of Love' on D. H. Lawrence", Rocky Mountain Review of Language and Literature, Vol. 32, No.2 (Spring 1978), pp. 120-129.

20   Penelope LeFew-Blake, Schopenhauer, Women's Literature, and the Legacy of Pessimism in the Novels of George Eliot, Olive Schreiner, Virginia Woolf and Doris Lessing (Lewiston: The Edwin Mellen Press, 2001), p.13. "Iconoclasm in German Philosophy"라는 제목의 개요적인 에세이가 Westminster Review(Vol. 59 [January and April, 1853], pp.388-407)에 무기명으로 실렸다. 그것의 저자는 John Oxenford였다.

안(1873–1877)에도 쇼펜하우어를 읽었는데, 이 소설은 쇼펜하우어에 대해 언급하고 있다.[22] 톨스토이의 소설 『이반 일리치의 죽음』(The Death of Ivan Ilych)(1886)은, 심지어는 가족 중 한 명이 죽는 맥락 속에서 (쇼펜하우어가 쉽게 상상할 수 있었던 방식대로) 죽음을 소소한 것으로 보는 관점을 표현한다. 톨스토이의 더 개인적이며 자전적인 작품인 『고백』(A Confession)도, 6, 7, 8, 9, 10장 그리고 12장에서 쇼펜하우어에 대해 이야기한다.

1899년에, 톨스토이는 『예술이란 무엇인가?』(What is Art?)라는 짧은 책을 발행하는데, 이 책에서 그는 감정의 소통으로서의 예술 이론을 발전시킨다. 쇼펜하우어와 톨스토이 양자에 따르면, 예술가는 모종의 실재를 파악하고, 그 실재를 예술작품 속에서 구현하고, 그것에 대한 자신의 경험을 정확히 타자에게 전달한다(전자에 의하면 이 모종의 실재는 플라톤적 이데아이고, 후자에 의하면 이는 어떤 종류의 감정이다). 이런 점에서, 톨스토이의 예술론은 쇼펜하우어의 그것과 구조적으로 동일하다고 할 수 있다. 같은 방식으로, 쇼펜하우어의 예술론은 1860년대부터 80년대까지의 프랑스 상징주의자들에도 영향을 미쳤다. 이들은 영구적 진리의 소통에 대해 초점을 두고, 자연을 독창성 없이 모사하거나 다른 예술가들을 파생적으로 모방하는 방식에 반대하며, 그들의 예술작품과 시에서 무시간적인 실재를 표현하고자 노력했다.[23]

---

21   이는 톨스토이의 친구, A. A. Fet에 의해 1881년에 완성되었다.

22   Anna Karenina의 8부, 9장을 보시오.

23   쇼펜하우어와 상징주의의 관계에 대한 설명으로서, "Schopenhauer According to the Symbolists: The Philosophical Roots of Late Nineteenth-Century Aesthetic Theory" (Shehira Doss-Davezac, in Schopenhauer, Philosophy and the Arts, ed. Dale Jacquette [Cambridge: Cambridge University Press, 1996], pp. 249–276)를 참조하시오.

세계의 반대편에서는, 중국의 학자요 작가이며 시인인 왕 구오웨이 (Wang Guowei)(1877-1927)가, 이제껏 여기서 언급된 그 어떤 이 보다도 더 공감적이고 직접적인 방식으로, 쇼펜하우어의 관점에 깊이 몰두해 있었다.[24]

우리는 모파상(1850-1893)과 토마스 만(1875-1955)도 쇼펜하우어가 영향을 준 주요 작가들의 리스트에 올릴 필요가 있다. 어떤 맥락에서, 모파상은 쇼펜하우어를 "이제껏 지상에 살아왔던 모든 사람들 중에서 가장 위대한 꿈의 박탈자"라고 칭했다.[25] 토마스 만은 쇼펜하우어의 철학이 "세상의 철저한 비참함에 대한 진술, 인용, 증명이 어우러진, 비참하면서도 매정한(pitiful-pitiless) 합창"이라고 기술한다.[26]

로렌스가 23세의 나이에 그랬듯이, 사무엘 베케트(Samuel Beckett)(1906-1989)은 비교적 젊은 나이인 24세 때 쇼펜하우어를 처음 읽었고, 이후 30세가 되었을 때 그것을 다시 읽으며 쇼펜하우어의 작품들 속에서 불행을 정당화하는 가장 위대한 지적인 노력을 발견했다.[27] 인간 존재의 무의미함을 구현한 작품들을 저술한 또 한 명의 작가인 에밀 시오랑(Emile Cioran)(1911-95)과 베켓과의 친교는 쇼펜하우어로부터의 영감하에서 글을 쓴 한 쌍의 절망하는 영혼들을 나타낸다. 시오랑

24 Joey Bonner, "The World as Will: Wan Kuo-wei and the Philosophy of Metaphysical Pessimism", *Philosophy East and West*, Vol 29. No. 4 (1979), pp. 443-466.

25 Guy de Maupassant, "Beside a Dead Man" (1889), *The Works of Guy de Maupassant, Volume VIII* (Teddingdon, UK: The Echo Library, 2008), pp.194-197.

26 Thomas Mann, "Schopenhauer"(1938) in *Essays by Thomas Mann* (New York: Vintage Books, 1957), p.267.

27 Gottfried Büttner, "Schopenhauer's Recommendations to Beckett", *Samuel Beckett, Today/Aujourd'hui, Samuel Beckett: Endlessness in the Year 2000/Fin Sans Fin en l'an 2000*, edited by/édité par Angela Moorjani and/et Carola Veit, pp.114-122 (9).

은 젊었을 때 쇼펜하우어를 연구했고, 그가 보르헤스가 마인랜더와 조
우했다는 사실을 발견했을 때, 그는 보르헤스 뿐 아니라 마인랜더로부
터도 특히 깊은 인상을 받았다.[28]

　덜 알려지긴 했으나 결코 덜 중요하다고 할 수 없는, 브라질의 가장
위대한 작가들 중 하나인 마카도 데 아시스(Maria Machado de Assis)
(1839-1908)의 글에서도 쇼펜하우어의 사유가 반영된다. 마카도 데
아시스의 사유에 대한 영어로 된 최초의 연구들 중 하나에서, 우리는
마카도 데 아시스가 쇼펜하우어로부터 명시적으로 논증들을 끌어오면
서, 한 젊은 소년의 고통스런 죽음을 인간 조건의 하나의 예로서 간주
한다는 기술을 발견할 수 있다.[29]

　20세기의 주도적인 철학자들과 관련해서, 쇼펜하우어의 젊은 시절
의 비트겐슈타인(1889-1951)에 대한 영향이 가장 많이 거론된다. 비
트겐슈타인이 오스트리아의 군인으로서 참전한 1차 대전 중이던 1916
년부터 쓴 노트엔, 『의지와 표상으로서의 세계』에 대한 비트겐슈타인
의 고찰들이 여기저기 흩어져 있다. 이런 고찰들은, 전쟁으로 인해 소
모되는 삶들로 둘러싸인 환경 속에서의 비트겐슈타인의 인간성에 대한
우려와 연관해서 생겨난다. 삶의 전반적인 의미에 대한 내재적인 관심
을 비트겐슈타인의 후기 작품들에 투사함으로써, 우리는 (우리가 제 4
부에 대한 논의의 말미에서 살펴본 것과 같은) 『의지와 표상으로서의

28　Emil Cioran, "Borges", in *Anathemas and Admirations* [1986-87] (London:
Quartet Books, 1992), p.225. 쇼펜하우어와는 달리 (하지만 니체와 같이), 시오랑은
고통이 전적으로 혐오스러운 것이라기보다는 우리에게 계시적인 것이라고 믿는다.

29　Earl E. Fitz, *Machado de Assis* (Boston: Twayne Publishers, 1989), p.110. 마
카도의 작품들 일반과 관련해서, Fitz는 다음과 같이 적는다. "마카도 데 아시스는 토
마스 하디와 적절히 비교할 수 있는데, 전자는 후자처럼, 운명과 무관심한 우주의 힘
들이, 어떻게 인간 본성의 일관성 없고 많은 경우 모순적인 측면들과 결합하여 사람들
을 무너뜨리고 파괴하는지를 보여 준다."(p.13)

세계』의 결론과 비트겐슈타인의 『논리-철학 논고』의 결론들 간의 긴밀한 관계를 넘어, 비트겐슈타인의 전집을 관통하며 확장되는 쇼펜하우어의 영향력을 가늠할 수 있다.[30] 오스트리아에서의 쇼펜하우어의 영향을 대표하며, 구스타프 클림트(Gustav Klimt)(1862-1918)도 빈 대학교의 중앙홀에 전시된 (논란거리가 되는) 세 점의 회화 작품들, 즉『철학』(Philosophy)(1900), 『의학』(Medicine)(1901), 『법학』(Jurisprudence)(1903) 속에서 쇼펜하우어적인 생각을 제시한다고 주장되어 왔다.[31]

　그렇다고 쇼펜하우어의 영향들 모두가 자랑할 만한 것은 아니다. 린츠(Rinz)에서 비트겐슈타인의 급우였던 히틀러 역시 1차 대전 중 바바리아(Bavarian) 군대에서 복무할 때 쇼펜하우어의 책의 사본을 들고 다녔다는 것은 이상한 우연이지만 언급할 만한 가치가 있다[32](비트겐슈타인과 히틀러는 6일 차이로 태어났고, 14세 때였던 1904년에 같은 반에 있었다). 히틀러는 쇼펜하우어의 관점에 친근감을 가졌고, 『나의 투쟁』(Mein Kampf)(1925-1926)에서 반유대주의적 논점과 관련해서 쇼펜하우어를 인용한다.[33] 히틀러는 전쟁의 공포로부터의 탈출이라는

30　이런 생각을 발전시키는, 쇼펜하우어의 비트겐슈타인에의 영향에 대한 한 챕터 분량의 논의로서, Robert Wicks, *Schopenhauer* (Oxford: Blackwell Publishing, 2008), pp.173-183을 참조하시오.

31　Peter Vergo, "Between Modernism and Tradition: The Importance of Klimt's Murals and Figure Paintings" in Colin B. Bailed (ed.), *Gustav Klimt. Modernism in the Making* (New Work: Abrams; Ottawa: National Gallery of Canada, 2001), pp.19-39.

32　2차 대전 당시 강점된 폴란드 영토의 총독이었던 한스 프랑크(Hans Frank)는, 그가 뉘른베르크(Nuremberg)에 억류되어 있을 동안, 히틀러가 전쟁 중에 호머와 쇼펜하우어의 책을 가지고 다녔다고 언급한 바 있다. H Frank, *Im Angesicht des Galens* (Munich, 1953), p.46을 참조하시오.

33　약 30년 동안 쇼펜하우어는 프랑크푸르트의 유대인 거주지에서 걸어서 몇 분이

오아시스를 제공하기 위해 독일이 폭격을 당할 동안에도 계속 콘서트
장들을 열어야 한다고 주장했는데, 이 역시 쇼펜하우어의 미학과 일치
하는 점이 있다. 우리가 역시 알고 있는 것처럼, 히틀러는 바그너의 음
악과 사상에 열광적이었다.[34] 쇼펜하우어가 바그너에 영감을 주었다는
사실로부터 볼 때, 지엽적인 방식으로나마 나치즘의 어두운 역사 속으
로 쇼펜하우어를 끌어들이는 것을 피하기는 어렵다.

　다른 개념적인 차원에서, 수학의 퍼지 집합(fuzzy sets) 이론의 밑바
탕을 이루는 통찰들을 쇼펜하우어와 연관시키는 연구들이 최근 몇 년
에 걸쳐 있어왔다.[35] 이런 연결은 『의지와 표상으로서의 세계』의 §9에
서 쇼펜하우어가 도해(圖解)한, 중첩하는 개념 영역들에 대한 그의 논
의와 관련해서 발생한다. 비트겐슈타인적인 사고와 20세기 영미 철학
과 관계해서 말하자면, 1950년대의 영향력 있는 책들 중 하나인 길버
트 라일(Gilbert Ryle)의 『마음의 개념』(The Concept of Mind)(1949)
은 쇼펜하우어적인 생각들을 상당수 담고 있다.[36]

면 갈 수 있는 곳에 살았다. 그의 저술들에서, 그는 유대교를 기독교, 힌두교, 불교와
대비시켰고, 이론적인 관점에서 그가 통상 칭송하던 다른 세 종교들을(기독교, 힌두교,
불교)과는 대조적으로, 유대교의 낙관주의를 비난하였다. 쇼펜하우어는 또한 "동물을
[단지] 인간의 사용을 위해 만들어진 존재로 간주하는 유대교적 관점"에 대해서 상당
히 비판적으로 말한다.(Parerga and Paralipomena, Vol. II, chapter XV, "On Reli-
gion", pp.370-377)

34 예술과 아름다움이 심리적인 위안을 제공한다는 생각은 일반적인 관점으로, 프로
이트에 의해서도 지지된다. 역시 쇼펜하우어에 의해 영향을 받은 우디 앨런이 영화제
작을 인간 존재의 번민 가운데 기쁨, 매혹, 그리고 평화의 오아시스를 제공하는 목적
에 봉사하는 것으로 간주하는 한에서, 앨런도 이런 생각의 옹호자라고 하겠다. Robert
E. Lauder, "Whatever Works: Woody Allen's World"(Commonweal, April 15,
2010)을 참조하시오.

35 Manuel Terrazo, "Schopenhauer's Prolegomenon to Fuzziness", in Fuzzy
Optimization and Decision Making, Vol.3, Issue 3 (September 2004), pp.227-254.

36 Bryan Magee, The Philosophy of Schopenhauer (Oxford: Oxford University

더글러스 호프스태터(Douglas R. Hofstadter)의 퓰리처 상 수상작인 『괴델, 에셔, 바흐: 영원한 황금의 끈』(Gödel, Escher, Bach: An Eternal Golden Braid)에서 쇼펜하우어는 언급되지 않지만, 『의지와 표상으로서의 세계』 §7, §27, 그리고 §39에 대한 앞의 논의에서 이미 살펴보았듯이, 쇼펜하우어는 사유의 기반에서 "이상한 고리"의 구조를 활용한 철학자들 중의 하나로 인정되어야 한다. 반복컨대, 쇼펜하우어 철학 안에서 이는 내 마음이 내 머리 속에 있지만, 내 머리는 내 마음 속에 있고, 내 머리가 내 마음 안에 있지만, 내 마음은 내 머리 안에 있다고 말하는 이상함을 포함한다. 마음을 사로잡는 이 생각은 우리들을 한동안 멈추게 하는데, 그 이상한 고리의 복잡하게 뒤엉킨 특성을 일깨우고 그것이 조용하면서 당혹스럽게 작동토록 하면서, 우리는 『의지와 표상으로서의 세계』에 대한 현재의 논의를 마무리할 수 있겠다.

Press, 1983), pp.125-145.

더 읽어야 할 책들

1. 1차적 문헌

A. 쇼펜하우어의 저술들(원전의 제목과 출판년도로 기재)

1813, *Über die vierfache Wurzel des Satzes vom Zureichenden Grunde* (*On the Fourfold Root of the Principle of Sufficient Reason*)

1816, *Über das Sehn und die Farben* (*On Vision and Colors*)

1819, [1818], *Die Welt als Wille und Vorstellung* (*The World as Will and Representation*)[first edition, one volume]

1836, *Über den Willen in der Natur* (*On the Will in Nature*)

1839, "*Über die Freiheit des menschlichen Willens*" ("On Freedom of the Human Will")

1840, "*Über die Grundlage der Moral*" ("On the Basis of Morality")

1841[1840], *Die beiden Grundprobleme der Ethik* (*The Two Fundamental Problems of Ethics*) [joint publication of the 1839 and 1840 essays in book form]

1844, *Die Welt als Wille und Vorstellung* (*The World as Will and Representation*)[second edition, two volumes]

1847, *Über die vierfache Wurzel des Satzes vom zureichenden Grunde*(*On the Fourfold Root of the Principle of Sufficient Reason*)[second edition, revised]

1851, *Parerga und Paralipomena*

1859, *Die Welt als Wille und Vorstellung* (*The World as Will and Representation*)[third edition, two volumes]

B. 「의지와 표상으로서의 세계」(*Die Welt als Wille und Vorstellung*)의 영어 완역본

1883: *The World as Will and Idea* (3 Vols.), trans. R. B. Haldane and J. Kemp. London: Roultledge and Kegan Paul Ltd., 1883.

1958: *The World as Will and Representation*, Vols. I and II, trans, E. F. J. Payne[1958]. New York: Dover Publications, 1966.

2007: *The World as Will and presentation*, Vol. I, trans, Richard Aquila in collaboration with David Carus. New York: Longman, 2007.

2. 2차적 문헌

A. 쇼펜하우어의 칸트 비판

Guyer, Paul. "Schopenhauer, Kant, and the Methods of Philosophy," in *The Cambridge Companion to Schopenhauer*, ed. Christopher Janaway. Cambridge: Cambridge University Press, 1999, pp. 93-137.

Kelly, Michael. *Kant's Ethics and Schopenhauer's Criticism*. London: Swan Sonnenshein, 1910.

Tsanoff, R.A. *Schopenhauer's Criticism of Kant's Theory of Experience*. New York: Longmans, Green, 1911.

_____. "Schopenhauer's Criticism of Kant's Theory of Ethics." *The philo-*

sophical Review, Vol. 19, No. 5 (September 1910), pp. 512-534.

Wicks, Robert. "Schopenhauer's Naturalization of Kant's *A Priori* Forms of Empirical Knowledge." *History of philosophy Quarterly*, Vol. 10, No.2 (April 1993), pp.181-196.

Young, Julian. "Schopenhauer's Critique of Kantian Ethics." *Kant-Studien* 75 (1984), pp. 191-212.

B. 『충족이유율의 네 가지 근원에 관하여』(*The Fourfold Root of the Principle of Sufficient Reason*)

Criffiths, A. Phillips. "Wittgenstein and the Fourfold Root of the Principle of Sufficient Reason." *Proceedings of the Aristotelian Society*, Supplementary Volume L (1976), pp. 1-20.

Hamlyn, D. W. "Schopenhauer on the Principle of Sufficient Reason." *Royal Institute of Philosophy Lectures* (1971), 5:145-162, Cambridge: Cambridge University Press.

Hamlyn, D. W. *Schopenhauer*. London: Routledge and Kegan Paul, 1980.

Jacquette, Dale. "Schopenhauer's Circle and the Principle of Sufficient Reason." *Metaphilosophy*, Vol 23, No. 3(1992), pp. 279-287.

White, F. C. *On Schopenhauer's Fourfold Root of the Principle of Sufficient Reason*. Leiden: E.J. Brill, 1992.

_____. "The Fourfold Root," in Christopher Janaway (ed.), *The Cambrdige Companion to Schopenhauer*. Cambridge: Cambridge University Press, 1999, pp. 63-92.

White, F. C. (ed.). *Schopenhauer's Early Fourfold Root: Translation and Commentary*. Aldershot: Avebury, Ashgate Publishing, Ltd, 1997.

C. 쇼펜하우어와 의지

Atwell, J. *Schopenhauer on the Charater of the World.* Berkeley: University of California Press, 1995.

Copleston, F. *Arthur Schopenhauer: Philosopher of Pessimism* [1946]. London: Barnes and Noble, 1975.

Gardiner, Patrick. *Schopenhauer.* Middlesex: Penguin Books, 1967.

Jacquette, Dale. *The Philosophy of Schopenhauer.* Chesham, UK: Acumen, 2005.

Janaway, Christopher. *Schopenhauer.* Oxford: Oxford University Press, 1994.

_____. *Self and World in Schopenhauer's Philosophy.* Oxford: Clarendon Press, 1989.

Magee, Bryan. *The Philosophy of Schopenhauer.* Oxford: Clarendon Press, 1983.

Neeley, S.G. *Schopenhauer: A Consistent Reading.* Lewiston, NY: Edwin Mellen Press, 2004.

Soll, Ivan. "On Desire and its Discontents" *Ratio: An International Journal of Analytic Philosophy*, Vol. 2 No. 2 (December 1989), pp.159–184.

Wicks, Robert. *Schopenhauer.* Oxford: Blackwell Publishing, 2008.

Young, J. *Schopenhauer.* London and New York: Routledge, 2005.

_____. *Willing and Unwilling: A Study in the Philosophy of Arthur Schopenhauer.* Dordrecht: Martinus Nijhoff, 1987.

D. 쇼펜하우어와 미술/음악/미학/플라톤적 이데아들

Alperson, Philip. "Schopenhauer's Account of Aesthetic Experience." *The British Journal of Aesthetics*, Vol. 30, No. 2(1990), pp. 132–142.

_____. "Schopenhauer and Musical Revelation." *The Journal of Aesthetics and Art Criticism*, Vol. 40, No.2(Winter 1981), pp. 155–166.

Chansky, James D. "Schopenhauer and Platonic Ideas: A Groundwork for an Aesthetic Metaphysic," in Luft, Eric von der (ed.), *Schopenhauer: New Essays in Honor of His 200th Birthday*. Lewiston, NY: Edwin Mellen Press, 1988, pp. 67–81.

Gupta. R. K, "Schopenhauer on Literature and Art." *Schopenhauer-Jahrbuch*, 62 (1981), pp. 156–168.

Hall, Robert W. "Schopenhauer: Music and the Emotions." *Schopenhauer-Jahrbuch*, 83 (2002), pp. 151–161.

Hein, Hilde. "Schopenhauer and Platonic Ideas." *Journal of the History of Philosophy*, Vol. 4, No. 2 (1966), pp. 133–144.

Jacquette, D.(ed.). *Schopenhauer, Philosophy and the Arts*. Cambridge: Cambridge University Press, 1996 (contains 13 essays).

Jacquette, Dale. "Schopenhauer on the Antipathy of Aesthetic Genius and the Charming." *History of European Ideas*, Vol. 18, No.3 (May 1994), pp. 373–385.

Knox, Israel. "Schopenhauer's Aesthetic Theory," in Micheal Fox(ed.), *Schopenhauer: His Philosophical Achievement*. Sussex: The Harvester Press; Totowa NJ: Barnes & Noble Books, 1980, pp. 132–146.

Krueger, Steven. "Schopenhauer on the Pleasures of Tragedy." *Schopenhauer-Jahrbuch*, 82 (2001), pp.113–120.

Neeley, G. Steven. "Schopenhauer and the Platonic Ideas: A Reconsideration." *Idealistic Studies*, Vol. 30, No. 2 (Spring–Summer 2000), pp. 121–148.

Neill, Alex and Christopher Janaway(eds.) *Better Consciousness: Schopenhauer's Philosophy of Value*. London: Wiley-Blackwell, 2009.

Neureiter, Paul R. "Schopenhauer's Will as Aesthetic Criterion." *Journal of Value Inquiry*, Vol. 20 (1986), pp 41-50.

Taylor, Terri Graves. "Platonic Ideas, Aesthetic Experience, and the Resolution of Schopenhauer's Great Contradiction." *International Studies in Philosophy*, Vol.19, No.3 (1987), pp.43-53.

Trigg, Dylan. "Schopenhauer and the Sublime Pleasure of Tragedy." *Philosophy and Literature*, Vol. 28, No. 1 (April 2004), pp. 165-179.

Vandenabeele, Bart. "On the Nation of 'Disinterestedness' : Kant, Lyotard, and Schopenhauer." *Journal of the History of Ideas*, Vol. 62, No.4 (October 2001), pp. 705-720.

_____. "Schopenhauer on the Beautiful and the Sublime: A Qualitative or Gradual Distinction?" *Schopenhauer-Jahrbuch*, 82 (2001), pp. 99-112.

White, Pamela, "Schopenhauer and Schoenberg." *Journal of the Arnold Schoenberg Institute*, Vol. 8 No. 1 (1984), pp. 39-57.

Young, Julian P. "The Standpoint of Eternity: Schopenhauer on Art." *Kant-Studien*, 78 (1987), pp 424-441.

E. 쇼펜하우어와 도덕

Atwell, John. *Schopenhauer: The Human Character*. Philadelphia: Temple University Press 1990.

Berger, Douglas L. "Does Monism do Ethical Work?" : Assessing Hacker's Critique of Vedāntic and Schopenhauerian Ethics." *Schopenhauer-Jahrbuch*, 88 (2007), pp. 29-37.

Cartwright, David E. "Compassion and Solidarity with Sufferser: The Meta-physics of Mitleid," in Alex Neill and Christopher Janaway(eds.), *Better Consciousness: Schopenhauer's Philosophy of Value*. London: Wiley-Blackwell, 2009.

_____. "Kant, Schopenhauer, and Nietzsche on The Morality of Pity." *Journal of the History of Ideas*, Vol. 45, No. 1 (January–March, 1984), pp. 83–98.

_____. "Schopenhauer as Moral Philosopher—Towards the Actuality of His Ethics." *Schopenhauer-Jahrbuch*, 70 (1989), pp. 54–65.

_____. "Schopenhauer's Axiological Analysis of Character." *Revue Internationale de Philosophie*, 42 (1988), pp. 18–36.

_____. "Schopenhauer's Compassion and Nietzsche's Pity." *Schopenhauer-Jahrbuch*, 69 (1988), 557–567.

_____. "Schopenhauer's Narrower Sense of Morality," in Christopher Janaway (ed.), *The Cambridge Companion to Schopenhauer*. Cambridge: Cambridge University Press, 1999, pp. 252–292.

Goodman, R. B. "Schopenhauer and Wittgenstein on Ethics." *Journal of the History of Philosophy*, Vol. 17, No. 4(1979), pp. 437–447.

Griffiths, P. "Wittgenstein, Schopenhauer and Ethics," in G.Vesey(ed.), *Understanding Wittgenstein*. London: Macmillan, 1974, pp 96–116.

Lauxtermann, P. F. H. *Schopenhauer's Broken World View: Colours and Ethics Between Kant and Goethe*. Dordrecht: Kluwer Academic Publishers, 2000.

Maidan, Michael. "Schopenhauer on Altruism and Morality." *Schopenhauer-Jahrbuch*, 69 (1988), pp. 265–272.

Mannion, Gerald. *Schopenhauer, Religion and Morality: The Humble Path to Ethics*. Burlington, VT: Ashgate Publishing Company, 2003.

Marcin, R. B. *In Search of Schopenhauer's Cat: Arthur Schopenhauer's Quantum-mystical Theory of Justice*. Washington, D.C.: The Catholic University of America Press, 2006.

Nicholls, Rodericks. "Schopenhauer's Analysis of Character," in Michael Fox (ed.), *Schopenhauer: His Philosophical Achievement*. Sussex: The Harvester Press; Totowa NJ: Barnes & Noble Books, 1980, pp. 107–131.

Taylor, Richard. "On the Basis of Morality," in Michael Fox (ed.), *Schopenhauer: His Philosophical Achievement*. Sussex: The Harvester Press; Totowa NJ: Barnes & Noble Books, 1980, pp. 95–106.

F. 쇼펜하우어와 동양철학

Abelsen, Peter. "Schopenhauer and Buddhism." *Philosophy East & West*, 43, 2 (1993), pp.255–278.

App, Urs. "Schopenhauer's Initial Encounter with Indian Thought." *Schopenhauer-Jahrbuch*, 87 (2006), pp. 35–76.

Barua, Arati (ed.) *Schopenhauer and Indian Philosophy*. New Delhi: Northern Book Centre, 2008.

Berger, D. L. *The Veil of Maya: Schopenhauer's System and Early Indian Thought*. Bingahamton, NY: Global Academic Publishing, 2004.

Bonner, Joey. "The World as Will: Wang Kuo-Wei and the Philosophy of Metaphysical Pessimism." *Philosophy East and West*, Vol. 29, No.4 (October,1979), pp. 443–466.

_____. *Wang Kuo-Wei: An Intellectual Biography*. Cambridge, MA: Harvard

University Press, 1986.

Dauer, Dorothea W. *Schopenhauer as Transmitter of Buddhist Ideas*, European University Papers, Series 1, Vol. 15. Berne: Herbert Lang, 1969.

Dharmasiri, Gunapala. "Principles and Justification in Morals: The Buddha and Schopenhauer." *Schopenhauer-Jahrbuch*, 53 (1972), pp.88–92.

Kishan, B. V. "Schopenhauer and Buddhism," in Machael Fox (ed.), *Schopenhauer: His Philosophical Achievement*. Sussex: Harvester Press, 1980, pp. 255–261.

Nanajivako, Bhikkhu. *Schopenhauer and Buddhism*, Sri Lanka: Buddihist Publication Society, 1970.

Nichollas, Moira. "The Influences of Eastern Thought on Schopenhauer's Doctrine of the the Thing-in-Itself," in Christopher Janaway (ed.), *The Cambridge Companion to Schopenhauer*. Cambridge: Cambridge University Press, 1999, pp. 171–212.

Pandey, Kanti Chandra. "Svantantryavada of Kashmir and Voluntarism of Schopenhauer." *Schopenhauer-Jahrbuch*, 48 (1967), pp.159–167.

Sedlar, Jean W. *India in the Mind of Germany: Schelling, Schopenhauer, and Their Times*, Lanham, MD: University Press of America, 1982.

Vukomanović, Milan. "Schopenhauer and Wittgenstein: Assessing the Buddhist Influences on Their Conception of Ethics." *Filozofija i društvo*, XX-IV (2004), pp. 163–187.

G. 쇼펜하우어와 니체

(아울러 쇼펜하우어와 도덕에 대한 위의 절을 참조하시오.)

Copleston, Fredrick. "Schopenhauer and Nietzsche," in Michael Fox (ed.),

Schopenhauer: His Philosophical Achievement. Sussex: The Harvester Press: Totowa NJ: Barnes & Noble Books, 1980, pp. 215-225.

Dolson, Grace Neal. "The Influence of Schopenhauer upon Friedrich Nietzsche." *Philosophical Review*, 10(1901), pp. 241-250.

Janaway, Christopher. "Nietzsche, the Self and Schopenhauer," in Keith Ansell-Pearson (ed.), *Nietzsche and Modern German Thought*. London: Routledge, 1991, pp. 119-142.

_____. (ed.). *Willing and Nothingness: Schopenhauer as Nietzsche's Educator.* Oxford: Clarendon Press, 1998.

Ray, Matthew Alun. "Subjectivity and Irreligion: Atheism and Agnosticism in Kant, Schopenhauer and Nietzsche." *Review of Metaphysics*, Vol. 59, No. 1(2005), pp. 194-196.

Santayana, George. "Schopenhauer and Nietzsche," in *The German Mind: A Philosophical Diagnosis*. New York: Thomas Y. Crowell, 1968, pp. 114-122.

Schweitzer, Albert. "Schopenhauer and Nietzsche," in *Civilization and Ethics* (*The Philosophy of Civilization*, Part II), trans. C.T. Campion, 2nd edition. London: A.&C. Black, 1929, pp.165-180.

Simmel, Georg. *Schopenhauer and Nietzsche* [1907], trans. Helmut Loiskandl, Deena Weinstein, and Michael Weistein. Amherst: University of Massachusetts Press, 1986.

Taminiaux, Jacques, "Art and Truth in Schopenhauer and Nietzsche." *Man and World*, Vol. 20, No. 1(Maarch 1987), pp. 85-102.

Touey, Daniel. "Schopenhauer and Nietzsche on the Nature and Limits of Philosophy." *The Journal of Value Inquiry*, Vol. 32, No.2(June 1998), pp.

243-252.

Ure, Michael. "The Irony of Pity: Nietzsche contra Schopenhauer and Rous-
seau." *Journal of Nietzsche Stidies*, Issue 32(2006), pp. 68-91.

Vandenabeele, Bart. "Schopenhauer, Nietzsche and the Aesthetically Sub-
lime." *Journal of Aesthetic Education*, Vol. 37, No. 1 (Spring 2003), pp.
90-106.

Wicks, Robert. "Schopenhauerian Moral Awareness as a Source of Nietzsche-
an Non-Morality." *Journal of Nietzsche Studies*, Issue 23(2002), pp. 21-
38.

Young, Julian. "Immaculate Perception: Nietzsche contra Schopenhauer."
Schopenhauer-Jahrbuch, 74(1993), pp. 73-85.

H. 쇼펜하우어와 독일 관념론(피히테, 셸링, 헤겔)

Angus, Ian. "A Historical Entry into the Problem of Time: Hegel and Scho-
penhauer," *Kinesis: Graduate Journal in Philosophy*, Vol. 6(Fall, 1974),
pp.3-14.

Ausmus, Harry J. "Schopenhauer's View of History: A Note." *History and
Theory: Studies in the Philosophy of History*, Vol. 15 (1976), pp. 141-145.

Chansky, James. "The Conscious Body: Schopenhauer's Difference from
Fichte in Relation to Kant." *International Studies in Philosophy*, Vol. 24,
No. 3(1992). pp. 25-44.

Gottfried, Paul. "Arthur Schopenhauer as a Critic of History." *Journal of the
History of Ideas*, Vol. 36 (April-June, 1975), pp. 331-338.

Korab-Karpowicz, W.J. "A Point of Reconciliation Between Schopenhauer
and Hegel." *Owl of Minerva*, Vol.21, No. 2 (Spring, 1990), pp.167-175.

Lauxtermann, P. F. H. "Hegel and Schopenhauer as Partisans of Goethe's Theory of Color." *Journal of the History of Ideas*, Vol. 51, No. 4(October–December, 1990). pp. 599–624.

Soll, Ivan. "On Desire and its Discontents." *Ratio: An International Journal of Analytic Philosophy*, Vol. 2, No. 2 (December 1989), pp. 159–184.

Wicks, Robert. *Schopenhauer*. Blackwell, 2008, chapter 12, "Schopenhauer, Hegel and Alienated Labor," pp. 161–172.

I. 편집된 일반적 논문집

Fox, M (ed.). *Schopenhauer: His Philosophical Achievement*. Brighton: Harvester Press, 1980.

Janaway, Christopher. *The Cambridge Companion to Schopenhauer*. Cambridge: Cambridge University Press, 1999.

Luft, Eric von der (ed.). *Schopenhauer: New Essays in Honor of His 200th Birthday*, Lewiston, NY: Edwin Mellen Press, 1988.

Vandenabeele, Bart (ed.). *Companion to Schopenhauer* (Blackwell Companions to Philosophy Series). Oxford: Wiley–Blackwell, 2011.

J. 영문 쇼펜하우어 전기

Bridgewater, P. *Arthur Schopenhauer's English Schooling*. London and New York: Routledge, 1988.

Cartright, David E. *Schopenhauer: A Biography*. Cambridge: Cambridge University Press, 2010.

McGill, V. J. *Schopenhauer: Pessimist and Pagan* [1931]. New York: Haskell House Publishers, Ltd., 1971.

Safranski, R. *Schopenhauer and the Wild Years of Philosophy*, trans. Ewald Osers. London: Weidenfeld and Nicholson, 1989.

Wallace, William. *Life of Arthur Schopenhauer*. London: Walter Scott, 1890.

Zimmern, Helen. *Arthur Schopenhauer: His Life and Philosophy*. London Longmans Green & Co., 1876.

3. 참고문헌

Aristotle. *Poetics*, trans. Richard Janko. Indianapolis/Cambridge: Hackett Publishing Company, 1987.

Atwell, J. *Schopenhauer on the Character of the World*. Berkely: University of California Press, 1995.

Augustine. *The Confessions of Saint Augustine*, trans, Edward B. Pusey, D. D. New York: Washington Square Press, 1951.

Berkeley, George. *The Principles of Human Knowledge* [1710], ed. Colin Murray Turbane. Indianapolis/New York: The Bobbs-Merrill Company, Inc., 1970.

Berlin, Isaiah. "Two Concepts of Liberty" (1958), published in his *Four Essays on Liberty*. Oxford: Oxford University Press, 1969.

Bonner, Joey. "The World as Will: Wang Kuo-Wei and the Philosophy of Metaphysical Pessimism", *Philosophy East and West*, Vol. 29, No. 4(October, 1979), pp.443-466.

Borges, Jorge Luis. *Other Inquisitions, 1937-1952*, trans. Ruth L. C. Simms. Austin: University of Texas Press, 1964.

Burnsdale, Mitzi. "The Effect of Mrs. Rudolf Dircks' Translation of Scho-
penhauer's 'The Metaphysics of Love' on D. H. Lawrence", Rocky Moun-
tain Review of Language and Literature, Vol. 32, No. 2 (Spring 1978).

Bütter, Gottfried. "Schopenhauer's Recommendation to Beckett", Samuel
Beckett, Today/Aujourd'hui, Samuel Beckett: Endlessness in the Year 2000/
Fin Sans Fin en l'an 2000, edited by/lédité par Angela Moorjani andlet
Carola Veit, (9).

Cioran, E. M. "Borges." Anathemas and Admirations [1986–87]. London:
Quartet Books, 1992.

Doss–Davezac, Shehira. "Schopenhauer According to the Symbolists: The
Philosophical Roots of Late Nineteenth–Century Aesthetic Theory." Scho-
penhauer, Philosophy and the Arts, ed. Dale Jacquette. Cambridge: Cam-
bridge University Press, 1996.

Fite, Olive L. "Budd, Claggert and Schopenhauer." Nineteenth–Century Fic-
tion, Vol.23, No.3(December 1968), pp. 336–343.

Fitz, Earl E. Machado de Assis. Boston: Twayne Publishers, 1989.

Frank, H. Im Angesicht des Galgens. München–Gräfelfing, Munich: Friedrich
Alfred Beck Verlag, 1953.

Freud, Sigmund. New Introductory Lectures on Psychoanalysis (1933), trans.
James Strachey. New York: W. W. Norton & Company, 1965.

_____. The History of the Psychoanalytic Movement[1914]. Whitefish, MT:
Kessinger Publishing, 2004.

Gardiner, Patrick. Schopenhauer. Harmondsworth, UK: Penguin Books,
1967.

Gupta, R. K. "Moby Dick and Schopenhauer." International Fiction Review,

31.1–2(2004), pp. 1–12.

Hegel, G. W. F. *The Philosophy of History*. New York: Dover Publications, Inc., 1956.

Herrigel, Eugen. *Zen in the Art of Archery*[1948], trans. R. F. C. Hull. New York: Vintage Books, 1971.

Hofstadter, Douglas R. *Gödel, Escher, Bach: An Eternal Golden Braid*. New York: Vintage Books, 1980.

Hübscher, Arthur. *The Philosophy of Schopenhauer in its Intellectual Context: Thinker Against the Tide*, trans. Joachim T. Baer and David E. Cartwright. Lewiston, NY: Edwin Mellen Press, 1989.

Kant, Immanuel. *Critique of the Power of Judgement*, trans. Paul Guyer and Eric Matthews. Cambridge: Cambridge University Press, 2000.

Knowles, Owen. "'Who's Afraid of Arthur Schopenhauer?': A New Context for Conrad's Heart of Darkness." *Nineteenth Century Literature*, Vol. 49. No. 1 (June 1994).

LeFew–Blake, Penelope. *Schopenhauer, Women's Literature, and the Legacy of Pessimism in the Novels of George Eliot, Olive Schreiner, Virginia Woolf and Doris Lessing*. Lewiston: Edwin Mellen Press, 2001.

Lewis, Peter B. "*Schopenhauer's Laughter*." *The Monist*, Vol. 88, No. 1 (2005).

Locke, John. *An Essay Concerning Human Understanding*. London: Thomas Tegg, 1841.

Magee, Bryan. *The Philosophy of Schopenhauer*. Oxford: Oxford University Press, 1983.

Mainländer, Philipp. *Philosophie der Erlösung* (1879). Whitefish, MT: Kessinger Publishing, 2009.

Mann, Thomas. "Schopenhauer" (1938). *Essays by Thomas Mann*. New York: Vintage Books, 1957.

Maupassant, Guy de. "Beside a Dead Man" (1889), *The Works of Guy de Maupassant, Volume VIII*. Teddingdon, UK: The Echo Library, 2008.

Mc Taggert, John Ellis. "The Unreality of Time." *Mind: A Quarterly Review of Psychology and Philosophy*, 17(1908), pp.456-473.

Nicollas, Moria. "The Influences of Eastern Thought on Schopenhauer's Doctrine of the Thing-in-Itself," in Christopher Janaway (ed.), *The Cambridge Companion to Schopenhauer*. Cambridge: Cambridge University Press, 1999.

Nietzsche, Friedrich. *Beyond Good and Evil*, trans. Walter Kaufmann. New York: Vintage Books, 1966.

_____. *On the Genealogy of Morals*, trans. Walter Kaufmann. New York: Vintage Books, 1969.

_____. *The Antichrist, in The Portable Nietzsche*, trans. Walter Kaufmann. New York: The Viking Press, 1954.

_____. *The Birth of Tragedy*, trans. Walter Kaufmann. New York: Vintage Books, 1967.

Schmidt, I. J. *Über das Mahâjâna und Pradshunâ-Pâramita der Bauddhen*, *Mémoires de l'Académie Impériale des Sciences de St. Pétersbourg*, 6th Series, pt. 2 (Sciences Politique, Histoire et Philologie), IV (1836), pp. 145-149.

Schopenhauer, Arthur. *Essays on the Freedom of the Will*, trans. Konstantin Kolenda. Indianapolis and New York: The Bobbs-Merrill Company, Inc.,

1960.

_____. *The Fourfold Root of the Principle of Sufficient Reason*, trans. E. F. J. Payne. LaSalle, Ill: Open Court Publishing Company, 1974.

_____. *Manuscript Remains in Four Volumes*, ed. Arther Hübscher, trans. E. F. J. Payne. Oxford, New York, Munich: Berg, 1988.

_____. *On the Basis of Morality*, trans. E. F. J. Payne. Indianapolis and New York: The Bobbs–Merrill Company, Inc., 1965.

_____. *On the Fourfold Root of the Principle of Sufficient Reason and On the Will in Nature: Two Essays By Schopenhauer*, trans. Mme. Karl Hillebrand. London: George Bell and Sons, 1891.

_____. *Parerga and Paralipomena: Short Philosophical Essays*, trans. E. F. J. Payne, Vols. I and II. Oxford: Clarendon Press, 1974.

_____. *The World as Will and Idea*, (3 Vols.), trans. R. B. Haldane and J. Kemp. London: Routledge and Kegan Paul Ltd., 1883.

_____. *The World as Will and Representation*, Vols. I and II, trans. E. F. J. Payne. New York: Dover Publications, 1966.

Schweik, Robert. "The Influence of Religion, Science and Philosophy on Hardy's Writings," in *The Cambridge Companion to Hardy*. Cambridge: Cambridge University Press, 1999.

Slochower, Harry. "Julius Bahnsen, Philosopher of Heroic Despair, 1830–1881." *The Philosophical Review*, Vol. 41, No. 4 (July 1932).

Stendhal (Maris–Henri Beyle), *De l'amour* [1822]. Paris: Gallimard, 1969.

Tarrazo, Manuel. "Schopenhauer's Prolegomenon to Fuzziness." *Fuzzy Optimization and Decision Making*, Vol.3, Issue 3 (September 2004).

Vergo, Peter. "Between Modernism and Tradition: The Importance of

Klimt's Murals and Figure Paintings." *Gustav Klimt. Modernism in the Making*, Colin B. Bailed (ed.). New York: Abrams; Ottawa: National Gallery of Canada, 2001.

Whyte, L. L. *The Unconscious before Freud*. New York: Basic Books, 1960.

Wicks, Robert. *Schopenhauer*. Oxford: Blackwell Publishing, 2008.

Youmans, Charles. "The Role of Nietzsche in Richard Strauss's Artistic Development." *Journal of Musicology*, Vol. 21, No. 3 (Summer 2004), pp. 309-342.

Young, Julian. *Schopenhauer*. London and New York: Routledge, 2005.

찾아보기